MUNDO DAS LETRAS E TRIBUNAIS

MUNDO DAS LETRAS E TRIBUNAIS

AUTOR
Círculo Cultural do Supremo Tribunal de Justiça

CAPA
José Adriano Souto de Moura

ILUSTRAÇÕES
Lúcio Teixeira
Hugo Lopes

COORDENAÇÃO E REVISÃO
Fernando Costa Soares

DISTRIBUIÇÃO
EDIÇÕES ALMEDINA, SA.
Avenida Fernão Magalhães, 584, 5.º andar
3000-174 Coimbra, Portugal
T: 239 851 904 | F: 239 851 901 | editora@almedina.net
www.almedina.net

PRÉ-IMPRESSÃO
G.C. GRÁFICA DE COIMBRA, LDA.

IMPRESSÃO | ACABAMENTO
PAPELMUNDE, SMG, LDA.
V. N. de Famalicão

Dezembro, 2012
DEPÓSITO LEGAL
352574/12

Os dados e as opiniões inseridos na presente publicação
são da exclusiva responsabilidade do(s) seus(s) autor(es).

Toda a reprodução desta obra, por fotocópia ou outro
qualquer processo, sem prévia autorização escrita do editor,
é ilícita e passível de procedimento judicial contra o infractor.

Biblioteca Nacional de Portugal – Catalogação na Publicação

PORTUGAL. SUPREMO TRIBUNAL DE JUSTIÇA. CÍRCULO CULTURAL

Mundo das Letras e Tribunais
ISBN 978-972-40-4934-2

CDU 34
821

ÍNDICE

Prólogo	5
MUNDO DAS LETRAS	9
Cheguei de Véspera	11
Passagens de um Julgamento	17
Contra o Branco Papel a Negrura das Letras	21
O Velho Azevedo	25
Ricardo, o Carcereiro	29
O Dia Internacional da Mulher	33
A Droga	39
Duas Histórias da Golegã	43
Pedaços de uma Trilha Judicial	47
Excesso de Nervosismo de uma Testemunha	85
O "Macho Latino"	87
O Requerimento Incompreensível	89
De Cadastrado a Cidadão Exemplar	91
Uma Celebridade na Prisão	95
A Segunda Visita	99
Ossos de Ofício	107
"Que je m'en Fiche"	143
Uma Questão de Rito	149
Eu e os meus Irmãos que não Nasceram	153
Acontecimento na Aldeia	159
Recordando	161
TRIBUNAIS	169
A Crise da Justiça	173
A Imagem de Oito Séculos de Crise da Justiça em Portugal	185
Biografias	255

PRÓLOGO

Numa conversa informal com o nosso prezado colega e associado, Conselheiro Noronha do Nascimento, já lá vão uns tempos, perguntou-me ele se eu não acharia interessante organizar, com os colegas do Círculo Cultural, uma colectânea de textos cujo conteúdo, para além de abranger questões directamente ligadas ao funcionamento dos tribunais, seria constituído por narrativas das suas experiências profissionais nas quais surgissem, entrelaçadas, vivências de uma humanidade pura em que o magistrado aparecesse despido dos significados formais da sua concreta situação. Aderi imediatamente a essa ideia e comprometi-me a levá-la por diante.

Não era fácil, mas o Círculo Cultural tinha já uma experiência consolidada de intercâmbio cultural entre os seus associados que permitiria reunir os textos pretendidos e realizar tal projecto; por este caminho, acabei por me comprometer, embora sem o manifestar imediatamente, com todos os colegas do Círculo. Pena foi que não pudesse cumprir mais cedo essa tarefa. Mas a motivação desta última e aqueles compromissos, entretanto assumidos e comunicados, tinham de florescer, mais cedo ou mais tarde, na obra que agora oferecemos aos leitores.

É do conhecimento de todos como é difícil, muitas vezes, saber onde se situa o direito, eticamente entendido, no permanente devir do fluxo da vida, em grande parte ilógico e caótico, e, daí, também, a dificuldade em aplicar esse mesmo direito, entendido agora em sentido jurídico, aos acontecimentos sociais virtualmente carecidos da sua tutela. Os operadores judiciários que cuidam daquela aplicação, o juiz em última análise, vão caldeando a sua formação técnica com a sua formação humana, em termos de, no fundo, a sua personalidade, criada entre o ser e o dever ser, aparecer como um todo onde o homem e o jurista se confundem e onde, por isso mesmo, é ténue e oscilante a linha que separa um do outro; e a complexidade dessa formação técnica, desde logo determinada pela antinomia implicada naquela dualidade de conceitos, não pode, como é óbvio, deixar de se comunicar a todas as situações que ele é chamado a resolver, assim como não pode deixar de marcar indelevelmente o homem, que esse juiz também é, em toda a sua existência, criatividade e mundividência.

Será, pois, primária e simplista uma perspectiva que considere as situações mais insólitas da vida real que se deparam ao juiz no exercício das suas funções como meros episódios caricaturais; tal como será redutor ver nos seus trabalhos de carácter eminentemente jurídico criações intelectuais estritamente técnicas, sem que nelas aflore a experiência e o sentimento do homem comum.

Os textos ora apresentados revelam isso mesmo: uma incontornável ligação entre a vida e o direito, entre o homem e o jurista; como revelam ainda, para além da singularidade dos estilos pessoais, uma sensibilidade transversal a todos eles que remete, em última análise, para uma grande compreensão humana e uma profunda consciência do dever cumprido.

Espelhando as vertentes literária e jurídica do juiz, entendemos planificar o presente livro em termos de agrupar sob o título Mundo das Letras aquela primeira vertente, e a segunda sob o título Tribunais.

A terminar este breve intróito, quero, sinceramente, agradecer a todos os colegas que colaboraram na realização deste trabalho que, sem eles, jamais seria possível.

Fernando Costa Soares

MUNDO DAS LETRAS

CHEGUEI DE VÉSPERA

Cheguei de véspera, às seis da tarde, Domingo, disfarçado em calças de ganga, camisola de Outono e a indiferença dos que me olhavam, estranho. Cidade pequena de província onde um forasteiro, se não é inimigo ou impostor tem de ser adivinhado. Domingo, ainda sem o regresso de gente ausente. Ao longo do miradouro que dá para o vale e no extremo, uma oliveira centenária serviu-me a sombra. Mais abaixo, na inclinação para o vale, um afluente do rio convidava a um banho sereno, com o fundo das pedras a brilhar entre os peixes em manchas de prata. Divertia-me a atirar seixos à água. Atrás da azinheira mergulhada até aos ramos, entretinham-se dois jovens metidos no rio. Cabeças à tona da água como se fosse fundo o leito. Não era. Viam-se os seixos. Sentados frente a frente. Tão em silêncio que o vento se ouvia na superfície do rio. Observava-os não em diversão ou «voyeur», mas a saber das gentes daquele fim do mundo onde ia iniciar o meu trabalho. Tocavam-se debaixo da água. Ela agarrava-o com ambas as mãos. Ele, com a parte macia dos pulsos, esfregava-lhe os mamilos. Não me viam, não porque me escondesse mas porque cerravam os olhos esquecidos de tudo em volta.

Quando entrei no rio do outro lado da margem, ela abriu os olhos, inclinou a cabeça para trás e tive a certeza que contraiu o rosto várias vezes, os lábios abertos, com a volúpia que a água transporta. Riu-se de um riso que não distingui, se disfarce, se pela evidência do gozo. Voltou-se de costas para ele, ambos de joelhos, e assim ficaram, sem constrangimentos. Passei ao lado de lá da margem, calcei os sapatos e subi pelo caminho que me levou ao adro que desconhecia. Ao adro onde uma igreja diz a idade no alto da porta e em laje saliente informa que ali nasceu D. Egas. Sentei-me junto ao paredão do mirante. Vi-os subir e, ao aproximarem-se, os seios dela e o cabelo molhado excitaram-me. Encostei-me ao carro de onde tirei a folha do Diário da República que traduzia a minha nomeação para a Comarca. Era a certeza que precisava. A ausência de gente, o silêncio do Domingo, a minha descoberta dos lugares, a excitação dos jovens na ribeira, tudo me era estranho.

"Amanhã inicio funções". Disse alto para eu mesmo escutar a minha voz.

Passei no quiosque, o único de uma pequena avenida. Comprei cigarros sem que qualquer vício de tabaco me atormentasse. Era a companhia, o cheiro da cidade, dos bares, do restaurante onde almoçava, do café Poeta, do jazz no Labirinto. Tabaco e um mapa da região, que dizia "seis mil e quinhentos habitantes, sete freguesias, casa do povo, casa do prior, posto da GNR (contingente: um sargento e dois soldados), centro de saúde, um hospital e morgue adjacente. Aqui nasceu D. Egas. Estátua de D. Egas inaugurada em 1933 por sua Excelência o Chefe de Estado".

Passa um ou outro automóvel. Vêm da cidade do mar, do passeio de Domingo, havia crianças a sair de um carro. Os dois jovens do rio, sentados no paredão, beijavam-se ainda. Imaginei-os dentro do rio, os dedos dele a trincar-lhe os mamilos, sem roupa, as cabeças ao nível das águas, escondendo na transparência o corpo.

Amanhã será o meu primeiro dia de trabalho, aqui, onde não conheço ninguém, ninguém sabe que vim, quem sou e muito menos que vou ficar e o que vou fazer. Mas sinto já familiares os processos que vou ter na secretária, são meus, como seu dono, filhos que vou criar do nascimento até ao fim, sem que seja eu a gerá-los.

Os jovens do rio passam junto a mim, riem-se enquanto me pedem fogo para o cigarro. Ela leva a mão à cintura, desce a calça até ao umbigo, e assim fica. Riem os dois.

"Olha como a pele está arrepiada da água fresca, pele de galinha", diz, enquanto lhe acendo o cigarro. Ri-se outra vez, faz o gesto da água, seguem abraçados, rindo sem motivo. Sem olhar para trás, ela voltou a cabeça e para que eu ouvisse:

"Não és de cá?! Amanhã vamos ao rio outra vez, junto à azinheira. Vai. Gosto do banho nua".

Caminhei ao longo do mirante a disfarçar a excitação. Da janela de uma casa térrea saía o som de um samba antigo, esganiçado em gira-discos de som agudo. Música deslocada naquele fim do mundo de montes e Outono. Da rua vi duas moças jovens, não mais de dezasseis anos. Dançavam no centro do quarto, arredaram a mesa e cadeiras junto ao divã e dançavam, com a música muito alto, propositadamente alto quando me viram passar. No fundo do quarto, pela janela, eram evidentes os enleios de cio jovem e gargalhadas misturadas. Repetiam o estribilho viradas para a janela, fixando-me quando parei. Ninguém na rua a ver-me, e cantavam:

Mi dá, mi dá, mi dá,
Teu suco d´água
E da língua longa
Mi dá, mi dá, mi dá
A espuma da boca
Que bate na onda
Mi dá, mi dá, mi dá

Gargalhavam desencontradas no estribilho, como se o inventassem agora, forçado, para mim, em exibição a um estranho. Traziam um calção curto de ganga, a revelar pernas magras e altas. Curtos até à base das coxas a apertar-lhes a anca.

Mi dá, mi dá, mi dá,
Teu suco d´água
E da língua longa

Torciam os gestos em oferta de riso. No canto e na dança lançavam uma à outra vapores de perfume forte que saía pela janela. Os jovens do rio iam longe, mas pressenti o perigo, agora não dos movimentos disfarçados debaixo da água, mas dos movimentos vivos das meninas da janela térrea. Parei outra vez.

Quando bate na onda....
Mi dá, mi dá, mi dá
Teu suco d´água...

"Queres saltar? Sobe, que a janela é baixa. A mãe foi à cidade, não vem hoje. Salta. Vem dançar. Traz tabaco".

O perigo a sondar-me. Esquecido numa cidade pequena, ainda vila, onde amanhã vou tomar posse e hoje sou forasteiro, como se fosse o último dia antes da Quaresma e tudo me fosse ainda permitido, sem constrangimentos, que amanhã era-me exigível um comportamento irrepreensível, exemplar, como de um monge que abraça a vida de renúncia dos prazeres do mundo.

As meninas da janela baixa debruçaram-se afrontosamente no parapeito, à altura da minha cara, roçavam as mamitas pequenas na madeira, à distância de um toque, da vontade.

"Traz tabaco e sobe".

Fizeram o gesto de me ajudar a subir pela janela. Brilhavam de lascívia inocente. Como se a inocência transportasse lascívia. O medo voltava, deixavam-me nervoso e mais insistiam. Era o meu último dia antes que de manhã passasse a ser o novo juiz da comarca. Nunca mais tomaria banho no rio. Nunca mais subiria pela janela do quarto das jovens que dançavam o samba ao som daquele estribilho,

Mi dá, mi dá, mi dá
E da língua longa

A que parecia mais velha iniciou o fumo do cigarro com sofreguidão como se fosse vício antigo não satisfeito.

"Chamo-me Ivone. Esta é a Lucas".

Todas as interrogações e respostas me assaltaram ao mesmo tempo. Quantos anos tinha a Ivone e a Lucas, que escola, que classe frequentavam, que faziam, a família, o quarto com duas janelas ao nível da rua, porque me convidavam numa tarde de Domingo sem gente, a dança, a provocação. Tudo fazia parte de um risco que não queria correr ou de um perigo tão próximo que respondi:

"Vou embora".

Deixava-lhes o tabaco, quando uma me agarrou a mão.

"Não vás. Dançamos para ti, o que quiseres, mas não vás".

Fecharam as janelas, e sozinho na pequena avenida esperei sem saber o quê. O fim da tarde estava ainda quente. Abriu-se uma porta e entrei, contrariando aquele imprevisível encontro que adivinhava medo.

"Como vieste parar aqui? Ninguém cá vem e a cidade onde há mar fica longe. És visita ou trabalhas cá? Nunca te vimos. Também não interessa. Dança connosco.".

Iniciavam o canto, moviam as ancas, em oferta:

Mi dá, mi dá, mi dá
Teu suco d'água

....

Quando fiz o gesto de sair, Ivone, mamilos salientes debaixo da blusa, encostou-se à porta a rir. Fez caretas e em voz serena e doce:

"Vou dançar para ti, eu e a Lucas. Trouxeste cigarros e entraste. Ninguém nos faz isso, gentil. Fica. Dançamos para ti, dançamos".

Empurrou-me para o sofá com um gesto de tranquilizar. Subiram ao sofá e dançaram sobre mim, como a barrar-me a vontade de sair. Riam. Na rua ouviam-se passos e a voz de uma mulher em monólogo, a repetir:

"Nunca mais passa o Domingo, raio de dia".

Ouvi um cão a ladrar ao longe e um carro passou. Dançavam sobre mim, em frenesi, a cinza do cigarro a cair-me na cara. Pararam e a que disse chamar-se Lucas, de rabo empinado, sentou-se no meu peito, junto ao pescoço, as pernas ao longo dos meus ombros.

"Vais beber connosco".

Beberam e rapidamente caíram no sono. Beberam sem me olhar, como quem quer dormir ou descansar profundamente.

A porta estava fechada, sem chave, nem trinco. Devagar saí debaixo do peso, pouco, de Lucas. As janelas encerradas também. Acordei de manhã cedo. Seis horas. A chave das portadas caída no sofá. Saltei pela janela quando confirmei o silêncio na rua. Na esquina acendia um cigarro, ainda escuro, um homem da minha idade, que, surpreendido, desatou a correr pela calçada fora. Um portão abriu-se e fechou em estrondo. Ninguém me conhecia ainda e eu estava a saltar de uma janela às seis horas da manhã. Ia ser o juiz da comarca a partir daquele dia. Zelador dos bons costumes, guardião da moral e da justiça. Por isso não queria pensar naquele Domingo.

Sentei-me no sofá da casa que me tinham destinado, aguardei pela hora em que ia sentar-me na cadeira de onde ia julgar. Já não era tanto o silêncio. Automóveis a passar, o zumbido do escape de uma motorizada, as vozes junto ao tribunal. Um jipe da GNR passou sem me reconhecer ainda. Ninguém me tinha visto nunca por ali. Desci a calçada da avenida, passei na esquina da casa térrea. Parei junto à janela com as portadas abertas por onde saltei. O sol entrava, atrevido e cheio. De dentro, o som de um gira-discos a rodar sozinho ao som do samba, não acordara ainda a Ivone e a Lucas.

Teu suco d'água
E da língua longa
Mi dá, mi dá, mi dá ....

António Sampaio Gomes

PASSAGENS DE UM JULGAMENTO

Foi preso no Brasil por mero acaso.

Dirigira-se a um stand de aluguer de automóveis, sendo reconhecido pelo funcionário que o atendeu, por, momentos antes, ter visto publicada, num jornal do Rio de Janeiro, a sua fotografia e uma pequena notícia que dava conta ter sido ele o autor de um duplo homicídio que cometera em Portugal: havia assassinado os pais da namorada, dizia a notícia, enrolando-os em fita adesiva, para, depois, os poder meter em malas, conjuntamente com ela, escondendo-os durante uma semana na mala do carro e num armário do quarto de dormir e abandonando-os, de seguida, em Espanha.

"Volte daqui a meia hora, o tempo necessário para ultimar os papéis para o aluguer do carro", disse-lhe o empregado que o atendeu.

Ao regressar ao stand, aguardava-o a polícia, entretanto avisada pelo referido funcionário, que o prendeu.

Decorria o julgamento e a estratégia da defesa da R. era a de fazer crer que os homicídios haviam sido cometidos apenas pelo R., sem o concurso dela. Mas, logo no início do julgamento, ele descreveu pormenorizadamente o «iter criminis», referindo claramente a participação activa daquela.

De nada valeu, pois, o depoimento do catedrático, estilista de linguística, que fora professor da R., no colégio de freiras, nem a demais prova testemunhal nesse sentido para fazer crer ao tribunal que a R. fora educada na mais santa educação, incapaz do procedimento horrendo de colaborar na morte dos pais, de que ela era filha única: depuseram freiras, aprumadamente engalanadas com vestes domingueiras, dignitários da igreja, de aspecto compenetrado e seráfico, gente da mais fina sociedade, todos eles em defesa da liberdade da R. e indiferentes ao alegado duplo parricídio.

Qualquer réu, assim incriminado pelo co-réu, desprezá-lo-ia sem apelo nem agravo.

Porém, chegado o intervalo para o almoço e, porque o tribunal andava em obras — poeira pelo ar, barulho das enxós, plainas e serras de corte, enfim, tribunais parentes pobres dos Órgãos de Soberania —, havendo apenas um anexo à sala de audiências onde os Réus aguardavam o carro celular, foram ali recolhidos ambos — ela e ele.

Ainda a porta se não havia fechado totalmente nem o Tribunal recolhera e já ambos se fundiam em abraços e beijos profundos, boca a boca.

Teias que o estranho frenesim do amor tece....

A R. conhecera-o por correspondência, quando ele cumpria a pena de 20 anos de prisão por ter morto, com premeditação, a madrinha que o criara e alimentava.

A R. apaixonara-se, já na casa dos 30, sublimando nele os recalcamentos de uma educação muito vigiada e severa, em colégio de freiras e sob a rigidez da educação paterna, ex-polícia, e talvez como reacção contra a natural firmeza que este usava com os presidiários a seu cargo, acarinhada sexualmente que andava pelo R., naquela idade.

Os cadáveres foram abandonados em Espanha, sendo identificados através de uma etiqueta aposta numa das malas pelo R..

O Presidente do Colectivo comentou, então, para o R. que não havia crimes perfeitos: embora abandonados os corpos em Espanha, foram identificados pela referida etiqueta... "há sempre um pormenor que escapa".

Mas o R. disse de imediato que a etiqueta não fora ali deixada por descuido mas, antes, para possibilitar uma mais rápida entrada dos RR. na posse da herança aberta por óbito das vítimas:

"Bem vê, Sr. Juiz, se os corpos não fossem encontrados, teria que ser declarada a morte presumida das vítimas, demorando muito mais tempo a entrarmos na posse da herança, como era nosso objectivo, basta consultar os arts. 114.º e 115.º do CC".

(O arguido frequentava, na cadeia, o segundo ano do curso de direito e ganhara a confiança do sistema prisional que até lhe confiara a direcção da biblioteca no estabelecimento prisional, autorizando-lhe saídas precárias).

Então, disse-lhe o Presidente do Colectivo: "para si o dinheiro é muito importante: imagine que via fugir com o vento uma nota de cinco mil escudos a uma pessoa e que ela lhe havia posto o pé em cima. Se a quisesse e a pessoa em causa lha não entregasse a bem, o Sr. escolheria a vida dele ou a nota?".

Resposta imediata do R., "a nota, Sr. Juiz".

Este julgamento foi um dos primeiros a iniciar a febre mediática sobre os tribunais e teve, também, um certo cunho histórico.

De facto, durante meses e anos apareceu nas televisões a notícia desse julgamento, com comentários apaixonados, uns adequados, outros nem tanto.

Falou-se da natureza humana e de paixões, de psicanálise, perversões do subconsciente, do sistema prisional e da sua falta de meios, de prevenção geral e especial, circulando pelos telejornais e, em debates, alegadamente grandes especialistas da comunicação, comerciantes da palavra, fala-baratos, sabedores e ignorantes de quase tudo, jograis do entretenimento que divertem a populaça e formam a opinião....

Não publicou a imprensa as condições em que o julgamento foi realizado, paredes-meias com o estaleiro das obras que estavam a ser realizadas no tribunal, porque isso nunca foi notícia; não publicou a imprensa as condições de segurança em que se trabalhava nesse tribunal, como na generalidade dos tribunais deste País, ainda hoje; a notícia para vingar nos média tem que ter um sabor a escândalo, ser apimentada para ter relevância e ser consumida, sem qualquer preocupação de formar o público no conhecimento dos meandros dos tribunais.

E foi também um julgamento histórico.

Foi presidido por um Juiz, tendo como adjuntos um outro Juiz e uma Juíza.

Mas na mesa do colectivo, sentaram-se várias pessoas dum lado e do outro, incluindo uma Juíza estagiária.

Pois, em livro histórico, embora elaborado por um político, historiador sem nome, ficou a constar que aquele julgamento representava bem a evolução trazida para o judiciário pelo 25 de Abril, com a abertura da judicatura às mulheres: ali estava a primeira Juíza a presidir a um colectivo, focando em fotografia bem exposta a imagem da Juíza estagiária!

Ao menos o "famoso" historiador podia ter escolhido para presidir ao Julgamento a Juíza adjunta do colectivo; mas não, foi logo escolher a estagiária que ficou para a história como a primeira Juíza a presidir a um colectivo após o 25 de Abril.

Sic gloria mundi.

Custódio Montes

CONTRA O BRANCO PAPEL
A NEGRURA DAS LETRAS

Corria o ano de 1963. Estágio e concurso feitos, tomei posse como Delegado do Procurador da República, efectivo, na Comarca de Oliveira de Frades. Cheio de entusiasmo, peito feito, entrei no tribunal com a convicção de que conseguiria, sem grandes dificuldades, adaptar-me rapidamente e ter o «serviço em dia»; não era uma comarca difícil: basicamente rural, boa gente beirã, processos rotineiros de crime pouco grave com uma ou outra querela de vez em quando, um acidente de viação, uma «Acção de Estado», raramente, por problemas de extremas de propriedades privadas confinantes com terrenos do domínio público...

O tribunal funcionava no piso superior de um edifício dos fins do século XIX ou princípios do século XX onde funcionavam também, como era usual ao tempo, a Câmara Municipal, as Conservatórias do Registo Predial e Civil e o Cartório Notarial; quando, no primeiro dia de trabalho, subia as altas escadas de acesso ao meu novo lugar, a frescura e leveza do ar invadiam-me – era Primavera – mas misturavam-se com uma insinuada apreensão de não saber bem ainda em que termos iria enfrentar a responsabilidade que assumira. Cá fora, indiferente, a atmosfera ia ficando inundada do aroma dos rebentos das flores que começavam a desabrochar por toda a parte...

Fui-me familiarizando com o juiz e funcionários e o meu gabinete começou a ser o centro do meu viver habitual: de mobílias austeras e grande pé direito, era uma pequena sala com uma grande janela que se abria para um terreiro onde duas frondosas árvores (cuja espécie não recordo já) dialogavam comigo quando o trabalho, nos seus intervalos, deixava a poética apoderar-se de mim. O Vouga e o seu vale – que quando não via estava a imaginar — apaixonavam-me: a vegetação luxuriante, o lírico cantar do correr das águas, o ar que os envolvia que, de tão puro, se transformava, ao mesmo tempo, em corpóreo e espiritual para, ao respirá-lo, nos sentirmos transportados a um estado de quase embriaguez e com qualquer coisa de erótico. Em frente à minha secretária ficava, um tanto mais ao lado, e à beira da porta, uma outra mais pequena onde o meu escriturário de instrução trabalhava com a máquina de escrever; uma velha máquina, já antiga, que ele manobrava com uma espantosa habilidade — direi mesmo virtuosista — e que sempre, ao mudar de linha, desencadeava o som de uma estridente campainha que ainda hoje, quando me lembro, me trinita nos ouvidos. Mesmo ao lado dessa secretária havia uma cadeira de madeira onde se sentavam, quando depunham, as testemunhas.

No Verão, a atmosfera adensava-se com o calor que lá fazia; a pujança da natureza circundante invadia aquele pequeno espaço pelo poder que dela irradiava e que me fazia senti-la como omnipresente. Tudo o que estava e o que se passava nesse austero lugar, desde as coisas mais simples — lembro-me do seco e desbotado cacto no seu canto — até aos processos mais complicados, as antigas mobílias e a beca pendurada no solitário cabide de madeira, tudo ficava impregnado desse calor que a sombra amenizava e que, escorrendo tépido e silencioso, espalhava uma força passiva que tudo envolvia numa lassidão onde pairava uma sensualidade que, do outro lado da janela, toda a luxuriante natureza respirava.

Nas tardes de instrução, as testemunhas que esperavam na sala que a elas se destinava não podiam ficar indiferentes à mesma atmosfera; e não era por começar o meu trabalho — com o escriturário pronto a disparar com as teclas, sem que lhe aflorasse ao rosto a mínima emoção — que essa ambiência se dissipava. Entretanto, uma por uma, homens e mulheres, iam sendo chamadas e prestavam os seus depoimentos sem que, normalmente, e para além das habituais vicissitudes dos interrogatórios, ocorresse qualquer circunstância de notar.

Numa dessas tardes, ia já adiantada, entrou a última testemunha. Identifiquei-a e fiz-lhe as habituais perguntas aos costumes. Não me lembro já do seu nome, mas lembro-me dela como se estivesse agora mesmo aqui ao meu lado. Era uma mulher de estatura pró-alto, trigueira, de cabelo quase preto, que rondava os quarenta anos; robusta e bem constituída, sem ser gorda, tinha no olhar uma determinação qualquer que a austeridade do lugar e da situação ensombravam mas a que não roubavam o fulgor; olhando bem, descobria-se-lhe na face uma bondade e uma ternura que nem a agrura dos trabalhos campestres tinha conseguido apagar; e ao falar, a doçura do grão da sua voz misturada com as sombras dos seus olhos – onde aflorava a timidez própria de quem, nas circunstâncias, se encontrava perante a «autoridade» – iam descobrindo uma escondida mas irrefreável beleza: uma beleza onde o corpo se entrelaçava com a alma para marcar uma inesquecível presença. Não podia mais ser-me indiferente. A inquirição, no seu prosseguimento, ia acentuando os contornos daquela situação e, inevitavelmente, foi-se estabelecendo uma corrente de cumplicidade entre mim e ela. O «crime» instruendo era uma questão de ultraje público ao pudor, uma «bagatela penal» mas, quando ela contava o que tinha visto e ouvido, tornava-se mais notória a sua timidez como mais se acentuava a cumplicidade que se gerara entre nós dois.

Entretanto, a cada mudar de linha da velha máquina de escrever, marcada pelo estridente toque da campainha, ela era invadida por um certo alvoroço – «ah! Estas máquinas modernas!...» pensaria ela – acentuando o leve rubor que lhe aflorava no rosto quando tinha de contar qualquer episódio por ela tido como menos «moral»; e adensava-se a nossa cumplicidade que, nessa altura, não imaginava tão intensa. Essa cumplicidade, um tanto explicada pelo que acabei de descrever, teria outras motivações e penso que não lhe seria indiferente uma vontade, da parte dela, de ter um patamar sócio--cultural mais próximo do meu para que um virtual estreitamento de relações pudesse ter uma maior base de compreensão e identidade; só isso, na sua perspectiva, poderia atenuar a distância que, em relação a ela, o meu «poder» prefigurava.

Nos silêncios da máquina e nos intervalos do interrogatório era mais forte a corrente que se estabelecera entre mim e ela. Quando já mais nada havia a esclarecer fiz-lhe a última e sacramental pergunta: «Sabe assinar o seu nome?». Então, com um rubor e uma aumentada timidez, um tanto trémula, com o grão da sua voz, agora quase ciciada e com tons mais sensuais, respondeu-me: «Oh! Sr. Dr. Delegado, eu assinar sei...mas à máquina... não!...». Disse-lhe, simples e suavemente, que não era preciso ser à máquina.

Estava então eu longe de saber, quando a vi, levemente inclinada, a escrever o seu nome com dificuldade mas quase religiosamente e depois sair – fechando a porta e lançando-me um adeus no seu último olhar – que acabava de partir uma das mulheres que mais marcaram a minha vida....

Vilar de Mouros, 25 de Agosto de 2010

Fernando Costa Soares

O VELHO AZEVEDO

Mal iniciara uma carreira de seis anos de acusador público. Mogadouro era a comarca. Litorâneo e de planície, fascinava-me o planalto e o interior nordestino onde o homem emana e irmana com a agreste paisagem, é avaro na palavra e alonga o sonhador olhar pela infinda planura, aqui e ali pontilhada de rocinantes freixos ou vetustos carvalhos.

Os quase vinte e sete anos passados não me fizeram esquecer a sua triste figura. Frágil, com não mais de sete palmos de comprido, bem enxutas eram as poucas carnes. Esparsas cãs nasciam-lhe da testa alta, curtida pelos frígidos nove meses de inverno, tisnada nos restantes meses de abrasador inferno, vividos pelos escalvados caminhos e desabrigadas estradas transmontanas, razão da sua vida, o seu maior amor. Os olhitos azuis retinham ainda mal escondida malícia.

Vi-o pela primeira vez ao tomar-lhe declarações, como acusado. Os pais de Susana, escorreita cachopa de dezassete anos, de verdes olhos e carnudos lábios, acusavam-no de lhes ter estuprado a filha.

Então para que um homem pudesse ser condenado por estupro, exigia o Código Penal a prova de três factos: desfloramento da virgem, com mais de dezasseis e menos de dezoito anos, por meio de sedução.

A estória que Susana contava era corriqueira. Vizinha do senhor Manuel Azevedo e terminados os seus rudimentares estudos, como não fosse precisa em casa, pois os pais tinham criados de servir, usava ela ir a casa do ancião, cantoneiro aposentado. Ao seu lado, os olhos perdidos nas crepitantes chamas que abraçavam os nodosos troncos de freixo, consumindo-se na enegrecida e tosca lareira, ouvia-lhe estórias de sonhar. Os anos foram correndo. As formas dela se arredondaram e o sal, mais, cada vez mais, condimentava as narrações, enveredando por pícaros caminhos, libertadores de recatados instintos, falentes nele, nascentes nela. E...aconteceu. Foi num dia em que a Ti Maria tardara, talvez mais trôpega na apanha das carrascas para o lume. Frutificou rebento. Não o podia negar! Todos diziam que era a cara chapada do velho Azevedo!

Por ciciadas palavras, com envergonhada vaidade, fez espontânea confissão.

Bem percorri os tratados de medicina-legal. Todos me recusavam um limite de idade para o homem procriar. Cumpri a minha obrigação... acusei-o. Mais custoso do que narrar os factos incriminadores na querela, foi dela sacar os vestígios da ternura que o septuagenário em mim fizera brotar.

O julgamento correu arrastado, sem calor. Os personagens sentiam-se dominados, não pela reprovabilidade do acto, mas por uma mal escondida vaidade machista, apimentada com as ingénuas e "sedutoras" estórias, instrumento do "criminoso" para a prática do "nefando" crime...

Os três juízes de tudo se convenceram e deram como provado, salvo a sedução...Como a todos, ficou-lhes a dúvida sobre quem fora o sedutor! O estupro estava afastado e também a dura pena maior. Ficava o atentado ao pudor... daí não podiam fugir, os factos bastavam. A pena era correccional. Caíram nove meses de prisão substituídos por igual tempo de multa. "Paternalmente", o corregedor admoestou-o, mandando-o em paz e liberdade...por ora!

Decorreu o tempo para ele pagar a multa e ele não o fez. Teria de ir aqueles meses para a cadeia. Procurou-me a velhinha Ti Maria, companheira do Azevedo. Pedia clemência. Mais de cinquenta anos levavam de matrimónio e nada tinham guardado salvo algumas, poucas, saudades. Pedira para o Brasil auxílio a um irmão do marido...o pouco dinheiro necessário estaria a chegar. O senhor doutor delegado não podia esperar?

Que podia fazer? A lei era clara, precisa e categórica... teria de ir nove meses para a cadeia. Negligenciei a minha obrigação de promover a sua entrada na prisão, retendo o processo em meu poder. Mas tudo tem limites. Felizmente, antes de estes chegarem, a luz salvadora surgiu. Lembrei-me de abrir uma subscrição entre os trabalhadores do foro para conseguir dinheiro para pagar a multa. Resultou! Assim não foi parar à cadeia o velho

Azevedo. Nunca lá estivera na sua longa existência. Nunca mais o vi desde a audiência e nunca mais o verei… há muito teria passado centúria. Jamais o esquecerei…

S. Martinho do Porto, 30 de Julho de 1985

Francisco José Galrão de Sousa Chichorro Rodrigues

RICARDO, O CARCEREIRO

Corria a última semana de Novembro de 1965. Na véspera, sozinho, sobre agitado mar, fizera a travessia da Ilha de S. Miguel para a de Santa Maria no «Ponta Delgada», diminuto paquete de mil toneladas, um dos dois que asseguravam o tráfego de passageiros e de mercadorias entre as nove ilhas do arquipélago.

Nos Açores, por esse tempo, só existiam três aeroportos, incluindo o «Aerovacas» na «Ilha Verde», assim cognominado pela necessidade de espantar os pachorrentos quadrúpedes das verdejantes pistas, sempre que alguma aeronave precisava de as utilizar.

Durante a travessia mal me levantei no camarote. O enjoo impediu-me de gozar a aproximação da ilha onde, pela primeira vez, iria julgar por dever de ofício. O navio ficou ao largo. Para o cais de Vila do Porto segui numa pequena lancha. Ali era aguardado pelas entidades gradas da comarca, avisadas da chegada do novo juiz.

Organizou-se cortejo de automóveis que trepou a íngreme e tortuosa rua de Gonçalo Velho, que do cais leva ao centro da Vila, onde se localiza o Convento de S. Francisco, belo na sua simplicidade e harmonia. Ao longo do trajecto, pela estreita rua, os meus olhos viram passar modestas e antigas casas, onde o basalto e a cal imperavam, sob um céu muito azul, onde, bem recordo, as nuvens céleres corriam.

O tribunal, como os Paços do Concelho, ficava no piso superior do Convento. Aí tomei posse e foram-me dirigidas circunstanciais boas-vindas. Respondi com mais ou menos gaguejadas promessas de cumprir. A tarde chegara ao fim. Levaram-me a jantar em casa de um dos médicos da ilha, o Dr. Pessoa, onde me serviram magnífica refeição. Mais tarde conduziram-me ao Hotel Terra Nostra, no aeroporto, onde pernoitei.

Eram nove horas quando, no dia seguinte, entrei no meu gabinete. Antes do dia acabar, apercebi-me quão idílica seria a minha profissão naquelas paragens, o que os anos vieram a confirmar. Rapidamente me desembaraçara do serviço, parado há perto de um mês, com a vaga do meu antecessor.

Meditava sentado no maple do gabinete, quando o Bom do gigante senhor Figueiredo, oficial de diligências, que também era dono da velha e modesta casa destinada ao juiz, bateu à porta e me perguntou se poderia receber alguém que me queria cumprimentar. A afirmativa fez entrar pela porta curiosa personagem. Homem novo, na casa dos trinta, vestido com inesperada elegância e irrepreensível limpeza e de bom falar. O sorriso e o aperto de mão que lhe ofereci libertaram-no do leve constrangimento que a sua face traía. Apresentou-se: Ricardo...o carcereiro. Quem diria!!!

Disse-me que vinha apresentar os seus cumprimentos, o que não pudera fazer no dia anterior, preso por imperativos profissionais. Era o único livreiro da ilha e tinha sido dia "SÃO VAPOR". Queria também dar-me uma explicação. Só era carcereiro no "Diário do Governo". De facto, as funções eram exercidas pelo seu pai, que toda a vida delas se incumbira, como única fonte da sua subsistência. Veio a "estória".

Anos antes a ilha fora visitada pelo Presidente da República. Fazia-se acompanhar por numerosa comitiva, com ministros e altos dignitários do continente e das ilhas, mais as respectivas consortes. As boas-vindas eram dadas no salão nobre da Câmara, situado no primeiro andar do Convento de S. Francisco. O cortejo tinha de passar os frescos claustros do piso inferior onde, em ala escondida, ficava a única cela prisional. A cumprir pena de prisão, encontrava-se no cárcere um só homem a quem os anos já pesavam. Pediu este ao carcereiro, pai do Ricardo, se o deixava ver passar o cortejo presidencial junto aos claustros. Conhecendo-lhe a índole pacífica e a impossibilidade de fugir da ilha, o guarda assentiu. Aconteceu que o "criminoso" se foi colocar perto de uma das damas da terra que acompanhava outra, mas esta continental. Ao vê-lo, a senhora local, com intuito de enaltecer a natureza pacífica dos ilhéus, chamou a atenção da companheira para a circunstância de ali perto se encontrar o condenado. Longe estava de adivinhar o burburinho que levantou, com o alarido feito pela aterrada senhora, o que obrigou o bom do carcereiro a recolher o homem à prisão, terminando com o "desaforo"!!!

Tamanho foi o escândalo, que foi levantado um processo disciplinar ao carcereiro, de que resultou a sua demissão do cargo.

Quando foi aberto concurso para carcereiro, ele, Ricardo, concorrera e ganhara, mas tão-só para possibilitar ao seu pai continuar a ter o ganha-pão; entregava-lhe o salário e o pai desempenhava-se da guarda, quando a havia, o que bem poucas vezes acontecia. Pedia a minha compreensão. Como negar-lha? Nem só Deus escreve direito por linhas tortas...

Lisboa, Abril de 1991

Francisco José Galrão de Sousa Chichorro Rodrigues

O «DIA INTERNACIONAL DA MULHER»

Vai para um ano. Acabara cedo os colectivos em Alenquer. Antes de regressar ao Maxial, fora a Vila Franca de Xira buscar o que me houvessem deixado sobre a minha secretária. Enchi a minha velha pasta com três ou quatro processos, que aguardavam a marcação de data para o seu julgamento.

Tinham batido as cinco da tarde. Saciado com um delicioso chá e o saboroso pão saloio, sentei-me à secretária do meu Pai. A Mãe, à minha frente, matava o seu tempo. Com vagar baralhava as cartas, rapidamente espalhadas sobre o verde pano da camilha, numa outra insolucionada paciência.

Não sei se foi no primeiro se no segundo processo. Tremi. Voltei a ler a acusação pública. Senti angustiante peso sobre o meu peito. Teria de julgar aquela mulher…? Olhei para a Mãe. Conto-lhe…hesitante, perguntei-me? Quase octogenária, com robusta e ancestral formação católica, apostólica, romana, e de inflexível moral. O tema era tão rico e profundo…temeroso que a sua reacção me deixasse em pungente e cortês silêncio, narrei-lhe o que acabara de ler.

A resposta caiu com fulminante esplendor: «O que essa mulher sofreu e sofre…!»

Uma mulher de vinte e nove anos, casada com um operário vinte anos mais velho, de quem tinha dois filhos de 7 e 8 anos, era acusada de ter morto por asfixia um filho de cinco dias.

Fora num dia de Abril, à boca da noite, quando a pé seguia para a sua casa, por ermo caminho. Um negro abordou-a. Convida-a a ter relações sexuais, a troco de quinhentos escudos. Acedeu. Porquê? Não dizia o libelo. A necessidade? Qual…?

Nunca vira aquele homem, nem o voltaria a ver. Nem lhe sabe o nome.

Os dias correram e a certeza chegou. Estava prenha. Poderia ser do marido, branco como ela. Calou e ficou a pensar. Era o dia dos Reis Magos e, numa ambulância, segue para o hospital em iminência de parto. Mas o bébé tem pressa e sai no caminho, amparado pelas enternecidas mãos do marido da mãe.

Mãe e filho ficam internados na maternidade. Quando lho trazem do berçário, deita fora o cansaço e devora-o com os olhos... a pele é branca! Ouvira dizer que à nascença são todos assim. No dia seguinte a dúvida ganha forma. Ao amamentá-lo repara que uns pontos da pele haviam escurecido. O olhar doce e compreensivo de uma enfermeira mestiça encoraja-a. Só com ela, pergunta-lhe...o silêncio fez sair a dúvida, empurrada pela aterradora certeza.

Teve alta três dias depois. O marido acompanhou-a sempre, não precisasse de alguma coisa. Noite tormentosa aquela primeira, regressada ao lar. Sempre a pensar em tudo e em nada...ondas de torpor e vagas de pavor sucediam-se, só entrecortadas pela necessidade de levar o filho ao peito. Que dirá o amigo companheiro? E os filhos? Já vão à escola!!! E os vizinhos? E a Humanidade dos homens? Hoje só ela sabe...e amanhã?

Veio o dia. O marido, diligente, foi à cidade em busca de algo necessário ao recém-nascido, rabugento durante a noite. Os filhos haviam saído para a rua, a brincar. Mal pensou. Foi rápido. Uma almofada esmagada contra a boca e nariz extingue aquele ser, belo e perfeito.

Regressa o marido. Soluçante, conta-lhe que a criança se apagara, em convulsões fortes e rápidas. Urge ir ao hospital pedir a certidão de óbito para o devolverem ao pó. Vão os dois. Dizem-lhes que precisam de encontrar um médico. Não saíra dali rijo e fino? O caso soou pelo tacanho hospital. Cruza-se com a enfermeira mulata...ah! aquele doce olhar... explodiu o remorso, abundante e salgado brotou o arrependimento. Purga-se numa espontânea confissão no tribunal de instrução criminal, para onde fora levada.

Admitem-lhe liberdade vigiada, enquanto o processo é instruído. Porquê? Nem quis saber...julguei compreender. Decorreram quatro longos anos até vir a acusação. Tímida e púdica na forma, brutal e real no conteúdo. Teria de julgar aquela mulher a quase cinco anos do seu feito... os autos nada diziam sobre o que se passara desde então no seio daquela família.

Como estava em liberdade, a urgência não era grande. Marquei o primeiro dia vago. Era do ainda longínquo Outubro. Respirei aliviado. Até lá muitos casos me passariam pelas mãos.

Mas os anos já não deixam o tempo tardar e, célere, o dia chegou. Faltou a ré. A sobrecarregada agenda atirou para o ano seguinte, oito de Março, o novo dia para o julgamento.

Na altura trabalhavam na comarca de Vila Franca de Xira duas juízas, ali colocadas no movimento de Verão. Bem diferentes uma da outra. Ambas jovens e pundonorosas. Manifestei-lhes o interesse de, comigo, integrarem o colectivo que interviria naquele trágico drama judiciário. As suas características, a meu ver, aconselhavam que aquela mulher fosse julgada, maioritariamente, por mulheres. Concordaram. Fácil foi obter a aquiescência dos outros três juízes da comarca.

Dias antes do designado, numa festa em Lisboa, três universitárias, duas de leis e outra de económicas, amigas do aniversariante meu filho, ao saberem do caso logo me pediram que as deixasse assistir. Com que agrado lhes disse que sim... Sentir-me-ia menos só... porventura melhor compreendido.

Ao levantar-me, pela rádio soube que aquele era «Dia Internacional da Mulher». Emocionou-me a imprevista e feliz coincidência.

Quando desci, conforme o combinado, à porta já me esperavam as três companheiras de jornada. Os trinta e poucos quilómetros que nos separavam do tribunal foram percorridos em descansativa marcha. Em vez da habitual música clássica que, àquela hora, no programa dois da R.D.P. costumava ouvir, rejuvenesci satisfazendo a chilreante e solícita curiosidade das Anas e da Rita sobre o que nos esperava naquele dia.

Depois das apresentações à chegada, aprontámo-nos, pois tudo estava a postos. Antes, a sós, ouvi as opiniões das juízas sobre se a audiência se devia realizar à porta fechada. Houve reticências. A Constituição... a necessária e justificante publicidade... o respeito pela sensibilidade e pela pessoa da ré. Pela entreaberta porta vi que só se encontrava sentada uma pessoa nos bancos da assistência... seria à porta aberta, decidi.

Tomámos os nossos lugares. Veio a contestação da acusada. A sua leitura deixou-me estupefacto. Ao arrepio do que sempre dissera no processo, afirmava agora que fora violada pelo negro. Só a bruta força dele a dobrara, sem possibilidades para a oferecida resistência. Seria uma inacreditável se bem que tranquilizante verdade? Ou, antes, como tudo indicava, jogo forte e arriscado do seu defensor, então afamado e credenciado nos jornais como bravo lutador e advogado de conhecido militar revolucionário.

No interrogatório da ré, nos seus fugidios olhares para a bancada da defesa, nas suas hesitações e silêncios, nas suas inteiras e meias verdades, julguei pressentir outra realidade, qual a de tentar vestir com um «manto diáfano» a vergonha do seu acto, a «crua e nua» realidade humana. Não insisti, crente de ver dor na dificuldade das respostas.

O marido da acusada, indicado como prova pela acusação, advertido que não era obrigado a prestar declarações, com dignidade e silencioso, recuou, e, protector, foi sentar-se no banco logo atrás da sua companheira.

Testemunhas do Ministério Público eram quatro. Todas por terem ouvido a confissão à ré. Impressionante e exemplar a humana e imparcial rectidão do depoimento da enfermeira mestiça. Chocante o alvar sorriso de um agente da autoridade, cego e surdo à tragédia. Imputei-o à verdura dos seus anos, em contraste com o outro polícia, amadurecido pelos anos, a espelhar compreensão.

Várias foram as testemunhas de defesa. Funcionárias dos serviços sociais ou da saúde e algumas vizinhas da acusada. Todas lhe reconheciam estremecida maternidade, amor pelo lar e pelo marido, que lhe perdoara, fecundando-a com um novo ser, que amorosamente cuidavam. Era tímida, bem comportada, e na sua conduta diária, depois do acontecido, sentia latente a dor.

As alegações do Procurador da República e do Advogado de Defesa foram breves, como inseguras e receosas no difícil e desconhecido percurso explicativo dos comportamentos humanos. Refugiaram-se em fáceis, amplos e cómodos lavabos: os códigos.

De olhos baixos e envergonhados, com o mutismo respondeu a ré à pergunta se mais alguma coisa queria dizer em sua defesa.

Recolheu o colectivo para deliberar.

Amparados uns nos outros, por curtas expressões e tímidas palavras, animados da vontade de encontrar a nossa *solução,* humana e concorde com a verdade e a lei, calcorreámos o duro caminho de julgar e atingimos o exigido veredicto.

Voltámos à sala.

Sob um religioso e expectante silêncio, ouvi-me a ler, clara e compassadamente, aquele frio e seco relatório, com os factos dados como provados, a lei que ofendiam e lhes dava remédio, culminando na decisão. Uma pena de prisão por três anos. Cumpriria só vinte e um meses, por beneficiar de duas amnistias, entretanto decretadas.

Só muito a custo obedeci à lei do processo, fazendo uma alocução final à ré. O tema era inesgotável. Fui breve. Mais do que falar sobre o desvalor do acto assim condenado, o que se me afigurava uma pena para aquele destroçado ser, e injúria aos assistentes, dei-me a filosofar sobre o valor incomensurável da vida, a insubstituibilidade de uma vida humana, a ausência de justificação, em quaisquer circunstâncias, para o homem matar o homem. Também falei do amor. Terminei com uma mensagem à ré, significando-lhe o alívio que para ela representava o termo do Calvário de mais de quatro anos de incertezas e de que, cumprida a pena, estaria expiada a sua dívida perante os homens, e pago aquilo de que eles a haviam julgado devedora.

Assim chegou mais um dia ao seu fim. Toda a carga emocional acumulada em longos meses se esvaziara naquele final. Mal me lembro como terminou a jornada. Trouxe comigo aquelas gentis companheiras. Consolava-me a esperança de que tivessem enriquecido os seus espíritos sobre a condição humana, ciência primeira para vivermos como homens e para os homens. E a esperança é tudo…

Sexta-feira, 8 de Março de 1985

Francisco José Galrão de Sousa Chichorro Rodrigues

A DROGA

Deve andar próximo dos dez anos. O caso não estava esquecido. Como tantos outros, guardava-o em recôndito vão da memória, espreitando a oportunidade de ver a luz do dia.

Não fora a insistência do Gonçalo Jara, ali ficaria. Até quando? Não sei...a saudosa recordação do seu pai, e o belo e tremendo esforço que o jovem vem fazendo, iluminaram a esperança que este relato seja pequena acha para a bruxuleante fogueira chamada «Le Patriarche», de quem só há poucos meses soube da existência, e que me pediu um texto sobre o tema para publicar na sua revista.

Judiciava em comarca limítrofe de Lisboa. Vivia-se o clima ventoso e salutar da «Revolução dos Cravos», com reflexos nos casos que, em catadupa, nos caíam no tribunal.

Um pai acusava uma filha, estudante com 18 anos, de lhe ter furtado de casa valores de montante à roda dos sessenta mil escudos. A conduta era sancionada no Código Penal com dois a oito anos de prisão maior. Para a punição, porém, necessária era a queixa dos pais ofendidos, a quem a lei concedia a faculdade de perdoar, fazendo cessar o procedimento criminal e a pena.

Logo irromperam do meu espírito um sentimento e uma vontade. Aquele, de revolta pela crueza e insensibilidade revelada pela queixa, accionante de uma máquina capaz de levar ao cárcere a carne da carne, ainda mal despegada do seio onde nascera e onde ainda se alimenta. Esta, um firme propósito de, na audiência de julgamento, obter do pai a graça que a isentaria da dura pena. Seria oportunidade a não deixar fugir, porque despertadora de profundas e silenciosas alegrias. Na jovem a da Gratidão... nos pais a do Amor... e em nós a da Sã Justiça!

Uma leitura mais atenta dos papéis indiciava que a droga estaria por detrás do feito. Mais uma razão, pensei! Tanto quanto o sabia, não era a ausência ou o doentio amor paternal a causa de tantos enveredarem por tão sedutor quão enganador atalho?

Como é bom e fácil à distância fazer juízos...

Chegou o dia. Três éramos os seus julgadores.

Retenho a beleza da sua face e a delicadeza da sua juvenil figura, ainda não maculadas pela droga. Com uma voz doce, espontaneamente, confessou-nos o facto. As suas palavras, claras e simples, pareciam vir de muito longe, de um mundo que me esforcei, inutilmente, por alcançar. Não tinha antecedentes criminais, e, sem ninguém acusar, exteriorizou um tímido arrependimento, aparentemente sincero.

Veio o pai. O aspecto geral harmonizava-se com a sua condição de modesto funcionário público. Poucas palavras... nada mais quis acrescentar ao que já dissera nos autos... não parecia difícil interpretar a sua atitude! Intervim. Comecei por lhe chamar a atenção para as possíveis consequências da sua queixa. Uma longa pena de prisão maior, por crime tido por desonroso, sujando o cadastro da sua filha, ainda tão nova. Seria aumentar-lhe a solidão, por frias celas. Entregá-la a dura e deformadora escola, quando compartilhasse com outras um acanhado quarto na penitenciária. Sujeitá-la-ia a incompreendida expiação, que ela, como todos os outros, só a ele imputariam. Não via que a lei, compreendendo, parecia apontar-lhe um caminho? Porque não segui-lo, em busca do amor trasviado? Não sei que mais lhe disse, num cómodo e fluente desenvolver de «princípios acertados».

Depois, satisfeito (!?), parei, para o ouvir.

Não retenho as palavras e expressões, breves, com que me deu resposta. Guardo o tom calmo, respeitoso e de dignidade não lamurienta com que o fez.

Ao rememorar aquele momento, sinto invadir-me de novo o mesmo frio gélido, o mesmo opressivo esmagamento que senti ao ouvi-lo. Senti-me descer do alto do estrado, subindo na minha condição humana.

Anos, longos anos de luta e de sofrimento sobre ele tinham passado. A incompreensão cercava-o... as portas não se abriam aos seus repetidos apelos. Não tinha meios, ou antes, esgotara os minguados que recebia, numa insofrida procura da recuperação da filha. Dominava-o o pavor de contágio de outro filho do casal, mais novo. Tinham-lhe dito que, para além dos Pirenéus, existiam centros de tratamento dos toxicodependentes... mas era caro. Onde arranjar o dinheiro necessário?

A prisão surgia-lhe, não como necessário purgatório, mas como limbo onde ainda havia lugar para ver raiar uma luz salvadora.

Não disse que perdoava... não disse que não perdoava. Como insistir?

Por esse tempo, não eram conhecidos em Portugal outros tratamentos para além dos psiquiátricos. Mesmo sobre esses, um médico da especialidade ouvido na audiência disse-nos que não davam qualquer resultado.

A ré, nos meses que já levava de prisão preventiva, não tomava droga. A pergunta nossa, as guardas prisionais disseram que naquela cadeia não entrava droga. Seria? Melhor seria não insistir...

Retirámo-nos para decidir.

Não parecia difícil. O facto estava provado. Era uma primária, menor e confessa arrependida. A determinante da sua conduta apontava para uma diminuição da culpa. Forte pressão para obter a satisfação de uma necessidade, em pessoa portadora de consciência e vontade debilitadas.

Como tantas vezes antes fizéramos, a pena teria de ser extraordinariamente atenuada, sempre inferior a dois anos de prisão. Mais, a sua execução teria de ficar suspensa, e por período não dilatado. Era, como sói dizer-se, dar-lhe uma oportunidade.

Oportunidade? De quê, perguntámo-nos? A resposta trazia-nos uma dúvida... em liberdade, o medo de cumprir a pena impedi-la-ia de cometer outro crime? Mas também nos dava uma certeza...!

Não foi preciso muito tempo para a decisão ser tomada. Concordámos numa pena de três anos de prisão. A sentença foi lida seca e rapidamente. Recolheu à cadeia.

Dois ou três meses depois, fui procurado pela mãe daquela rapariga. A filha tinha contra ela outra acusação, por cumplicidade em furto, já antiga. Sem ser julgada por tal, não poderia beneficiar da liberdade condicional, para o que já tinha tempo de prisão cumprida suficiente, e bom comportamento prisional. Obtida tal liberdade era possível enviá-la para uma clínica na Suíça, que lhe tinha sido facilitado. Que podia eu fazer?

Informei-me com o agente do Ministério Público. Era uma das muitas acusações que aguardava seguir para juízo. Seguiu e foi marcado julgamento. Não se provou a acusação e foi absolvida. Mais não soube sobre o que lhe aconteceu…nem quis saber.

Foi mais um caso. Como os outros? Talvez…

O certo é que me deu melhor conhecimento da vida e dos homens. Mais uma vez, monologuei em silêncio: «quanto mais sei, mais sei que não sei».

S. Martinho do Porto, Outono de 1987

Francisco José Galrão de Sousa Chichorro Rodrigues

DUAS HISTÓRIAS DA GOLEGÃ

Comecei a minha carreira de magistrado na Comarca da Golegã, em Fevereiro de 1964, como delegado do procurador da República, interino, tendo tomado posse num sábado, que então era dia útil. E nessa simpática terra ribatejana, de tão gloriosas tradições tauromáquicas, e não só, sendo muito conhecida pela sua tradicional Feira de S. Martinho, onde o toiro bravo era e é rei e senhor, dominando as conversas da rua e do café, de futebol, felizmente, quase não se falava –, o tribunal estava, na altura, instalado provisoriamente num primeiro andar, por cima do café da terra. Com a sala de audiências, a secretaria e os gabinetes dos magistrados distribuídos pelas divisões do andar, tudo, porém, funcionava com um mínimo de dignidade, eficiência e capacidade.

É que tinha havido um incêndio que destruiu o antigo edifício estadual do Tribunal e a solução foi a instalação provisória nesse andar de um prédio que pertencia ao célebre toureiro Manuel dos Santos. E, por causa desse incêndio, o fogo consumiu praticamente todos os processos, o que significou ser muito pouco o serviço na comarca, o que até foi bom para quem iniciava funções, como eu (alguém me disse que só um processo havia escapado do incêndio, porque havia sido atirado de uma janela para a rua, já com o edifício em chamas).

Ora, foi nessa comarca que se passaram comigo duas histórias, que não resisto a contar, e têm a ver com o funcionamento da Justiça e com o perfil de um juiz autoritário, brusco e inacessível, perfil de que hoje se fala, muitas vezes, a propósito dos juízes que servem as nossas comarcas.

A *primeira história* coincidiu, por mero acaso, com a minha primeira intervenção na comarca, na segunda-feira seguinte à tomada de posse, no meu primeiro julgamento, num processo de querela por crime sexual. Eu nada conhecia dos processos e das actuações dos operadores judiciários em actos do tribunal, sendo absoluta a minha ignorância, e, por isso, finda a audiência de julgamento, após as alegações, saí com os membros do tribunal colectivo e com eles entrei no gabinete do juiz da comarca, pois ninguém, na ocasião, me advertiu de que não o devia fazer.

Mal a porta do gabinete se fechou, ouvi o presidente do tribunal colectivo, então chamado juiz-corregedor, dirigindo-se aos outros dois juízes, dizer: Qual o modelo para este caso, o Modelo A ou B?.

Percebi pelas respostas que a opção por um desses modelos significava a condenação ou a absolvição do arguido e só depois, assente a opção, os membros do Tribunal Colectivo passaram a dar as respostas aos quesitos relativos à matéria de facto.

Quer dizer: escolhido o resultado do processo, ficou aberto o caminho mais fácil para as respostas aos quesitos, através das fórmulas usuais do "provado" e do "não provado", todas elas satisfatórias e congruentes, em princípio, com esse resultado, o que prontamente, e em curto tempo, foi feito na minha presença.

Recordo-me de, nessa cena, me ocorrer, de imediato, o ensinamento do meu professor de Processo Civil da Faculdade de Direito da Universidade de Coimbra, o saudoso Prof. A. Anselmo de Castro, que, nas aulas, se referia, às vezes, a "embuste" do funcionamento dos tribunais colectivos, porque os seus membros partiam do apuramento do resultado da causa para o assentamento da matéria de facto, através das respostas aos quesitos.

É claro que a oportunidade de voltar a entrar no gabinete do juiz, naquelas circunstâncias de reunião do tribunal colectivo, não voltou a repetir-se, porque percebi facilmente que a presença do Ministério Público era descabida e afrontava a fase final do julgamento, quando se tratava de decidir a causa. Só mais tarde, já como juiz, é que voltei a tomar contacto com os trabalhos dos tribunais colectivos, mas, por vezes, lá se repetia a cena do tal "embuste".

A *segunda história* decorreu na mesma comarca, num dia quente de Verão, logo após o almoço, quando eu e o juiz da comarca, um homem corpulento, brusco e autoritário, entrávamos no tribunal, o mesmo tribunal instalado provisoriamente, e à nossa frente seguia um cidadão em mangas de camisa, de tom azulado, pronto a começar a subir as escadas de acesso ao primeiro andar.

O juiz, certamente chocado com esse modo de trajar, em pleno tribunal, dirigiu-se ao cidadão e censurou-o por esse facto, chamando-lhe à atenção para o local onde se encontrava. Em resposta, foi dito pelo visado, em tom sereno e cortês, que o vestuário era próprio de um oficial da Força Aérea, localizada em Tancos, em pleno Verão, qualidade que ele provou com a identificação militar.

Porém, o juiz não se contentou com aquela resposta e retorquiu, em voz alta: "O senhor não pode estar assim trajado, em mangas curtas, num tribunal e sou eu, juiz da comarca, que ordena a sua saída, pois aqui quem manda sou eu e nem Deus manda!". Assim, sem mais conversa, e começámos a subir as escadas, enquanto o cidadão saiu do tribunal, em silêncio, certamente convencido da inutilidade de qualquer discussão com o juiz da comarca.

Quem pode, pode, e os outros que aguentem, é o que, infelizmente, apetece dizer.

Guilherme Fonseca

PEDAÇOS DUMA TRILHA JUDICIAL

PARTE PRIMEIRA

...não, deixo Lisboa.

Não caibo no aceno do Mestre para seguir a carreira diplomática.

Estávamos em 1963 e tinha terminado a minha licenciatura em Direito na Universidade Clássica de Lisboa.

Era grande a ansiedade de libertar meus Pais do peso económico da minha sustentabilidade em Lisboa por mais tempo. Éramos sete filhos. A todos meus Pais puseram a estudar e ainda ficavam dois a fazer os seus cursos.

Regressarei à minha terra, Vilarinho, uma aldeia algures Entre Douro e Minho, situada bem no fundo da garganta de dois contrafortes postados lado a lado em eterno namoro. De Nascente, o monte de S. Pedro, prenhe de lendas, guarda ainda no seu cume vestígios de ancestral presença humana, porventura celta ou até anterior; do Poente domina sobre outros montes o Monte das Regadas que vai fazer suporte a uma povoação do mesmo nome nele alcandorada.

Era uma aldeia quase sem vias de comunicação, quase ovo fechado ao resto do mundo. Até aos meus dez, doze anos, apenas um estreito caminho em saibro e penedia bem saliente em alguns sítios, – herdeiro de uma carral que se foi melhorando até admitir a designação de caminho vicinal primeiro e de estrada municipal depois, sempre térreos e graníticos, – a penetrava até à Igreja Paroquial. Este templo classificado como monumento nacional e com Mosteiro a ele colado é um dos ângulos do triângulo arquitectónico românico de Roriz e Serzedelo.

Se alguma vez visitarem este monumento deixem ficar um pouco os vossos olhos no altar-mor da igreja. É uma escultura, obra de meu Pai talhada num só bloco de "Granito da Ermida" e por ele sozinho movimentado para o trabalhar. Pensem nisto e, depois, voltem a meditar no enigma da deslocação e elevação das pedras das pirâmides do Egipto.

"In memoriam" e curtindo um pouco o pecado do meu ego genético, lembro mais aqui que uma boa parte da melhor Vizela arquitectónica e escultórica de fins de 1800 e primeiro terço de 1900, em que se conta a Igreja de S. João e o complexo termal da "Rainha das Termas", foi obra de meu Avô paterno com meu Pai também na parte final desse período. E de meu Pai, já independente do meu Avô, entre outras tantas obras, públicas e privadas, é também a construção em pedra do Mosteiro de Santa Escolástica em Roriz, Convento das Beneditinas.

Por 1945 aquela estrada é prolongada até ao Cemitério local passando pela nossa casa sita ao lugar da Estrada. Pode parecer estranho este toponímico até essa data em que não havia estrada nenhuma por aí mas ele vai enraizar-se por certo na calçada romana que por lá passava em direcção a Sudoeste, a Paradela, a parte mais alta da aldeia que só por aí se guindava.

Para Nordeste, descaindo-se lá do alto, a minha aldeia vai flartando de casa em casa e de campo em campo, sussurrando na água das cascatas meigos louvores verdes à Primavera ou revoltos lamentos cinzentos ao Inverno, até se espraiar docemente por Vila Boa e se entregar por fim ao Rio Vizela, "cavaleiro andante" que já varão maduro languidamente lhe beija os lábios.

Administrativamente forma uma freguesia pertencente ao concelho de Santo Tirso, mantendo-se fiel a essa vinculação apesar de ir adentro da Vila de Vizela, sede de concelho do mesmo nome, recentemente formado, e de, da sede daqueloutro, distar cerca de quinze quilómetros.

A minha aldeia não era servida de transportes públicos e, de princípio, só havia Escola Primária para rapazes.

As raparigas, se se pretendia que fossem além do simples contar e escrever o nome, quase limites da capacidade da Regente Escolar que um por outro ano lá havia, tinham de ir para outra povoação que sempre distava mais de três quilómetros e só vencíveis a pé.

Eu tinha cinco irmãs e, assim, duas delas, as mais velhas, tiveram de meninas de emigrar para não ficarem analfabetas, ou quase, como as demais da sua terra. Que eu saiba mais nenhuma menina da aldeia o fez.

Diga-se que a esse tempo também a atracção pela escola não era muita e, daí, talvez que o fenómeno melhor se explique por razões económicas e culturais. Por essa idade, tinha o comum das crianças de iniciar a aprendizagem dum ofício. É assim que eu era o único aluno que frequentava a quarta classe no meu ano mas, com a mesma idade, havíamos de nos apresentar à inspecção militar vinte e um mancebos.

Os estabelecimentos de ensino secundário mais próximos para o primeiro e segundo ciclo, limites académicos ao tempo de Santo Tirso ou Guimarães, ficavam a mais de doze quilómetros. Para o terceiro ciclo ficavam a mais de quarenta, Braga ou Porto.

Assim, estes estudos tinham de ser feitos em colégios internos ou com apoio de hospedagem junto dos estabelecimentos escolares. Tudo assim correu na casa de meus pais para os seus sete filhos. Podem então avaliar o grau de renúncia deles a qualquer interesse que não fosse o das suas crias.

No princípio, os rendimentos da nossa família advinham de alguma propriedade imóvel e da construção civil, actividade que meu pai exerceu, primeiro com meu Avô e depois sozinho, até quatro ou cinco anos após o fim da Segunda Guerra Mundial.

Depois, deixou esta actividade que, a propósito diga-se, não era de construtor civil ou empreiteiro como hoje se entendem estas categorias, mas como Mestre-de-obras. Perceberão a diferença se se questionarem como foi possível, sem engenheiros nem arquitectos, a antiguidade, mais longínqua ou mais próxima, ter-nos legado tão vasto e tão belo património arquitectónico, escultórico e urbanístico mesmo. E assim nas outras artes. Os Mestres eram mestres como os vemos assinar tantas grandes obras do Passado de que nos orgulhamos.

A testá-lo anotem: Na fase já de consolidação do que veio a chamar-se o estilo arquitectónico nacional "português suave" o Regime passou a exigir para os concursos de execução de obras do Estado que os concorrentes estivessem habilitados como "construtores de obras públicas". Criou para o efeito essa categoria técnica e prescreveu e regulamentou exames de acesso a ela. Pois bem, este senhor meu Pai já então espraiava seus méritos por Guimarães e pelo Porto. Para não defraudar nem ver espoliados seus créditos, inscreveu-se e apresentou-se a essas provas e posso dizer-vos que excedeu tudo quanto os senhores engenheiros e arquitectos escrutinadores pretendiam. Brilhou e penso que foi o primeiro "construtor de obras públicas" encartado do País, pelo menos no Norte.

Claro, ser-se mestre naquela altura não era como o empreiteiro de hoje que herda essa categoria ou, vai ao banco, pede um financiamento, abre uma actividade nas finanças, arrebanha uns tantos ucranianos ou/e africanos e já está um empreiteiro feito.

Tão-pouco era como, para ser-se mestre ou doutor em direito, ir daqui a uma Universidade Estrangeira, assinar um compromisso de honra de não exercício nesse país e pronto, já se é doutor ou mestre de diploma na mão para português ver.

E onde mais podíamos chegar agora em algumas das habilitações que se expõem para aí... quanta imposturice formalmente encartada! Quanto embuste nas habilitações académicas oferecidas aos fins de tardes de algumas semanas ou meses...quando o seu alcance sério leva anos a tempo inteiro!

Não, para ser-se mestre numa arte ou actividade muitos anos e provas era preciso passar. No caso concreto, meu Pai aos oito anos termina a escola primária, então terceira classe, e levou-o Mestre seu Pai para as obras, no momento a reconstrução de uma das torres do Santuário do Bom Jesus de Barrosas que havia desabado.

Passem por aí que não perderão vosso tempo. O lugar é dominador de todo o vale da ribeira de Sá com Santa Eulália e Vizela aos pés do Monte de S. Bento das Peras. O Santuário instala-se como varanda sobre esse quadro aprazível. Entre o mais pisarão terra do que foi, por poucos anos, sede de um concelho criado a meio da Primeira República, o concelho de Barrosas, extinto pouco depois da instalação do Estado Novo. Verão uma aldeia serrana "sui generis" por alguns traços urbanísticos citadinos, entre eles um amplo e bem enquadrado rossio, influência da assumpção a sede de concelho e que só por isso se entendem naquele lugar.

Aí iniciado, percorreu depois meu Pai todos os estádios profissionais como aprendiz, servente, ajudante e finalmente artista, mestre, na respectiva arte como pedreiro, canteiro, lavrista, assentador etc. Esse percurso vai ir até cerca dos seus vinte anos e só aos seus vinte e quatro é que alcança a categoria de mestre-de-obras, Mestre Teixeira, ou seja, dezasseis anos de aprendizagem e provas apesar de ser filho de Mestre.

O Altar-mor e o Convento das Beneditinas de que vos falei são verdadeiras prestações de actos públicos de adestramento em Mestre-Lavrista (Canteiro) e Mestre-de-Obras, respectivamente.

Mas, largada essa actividade, lançou-se na indústria têxtil para colocar os seus dois filhos mais velhos que tinham deixado de estudar. Fundou a "Fábrica de Tecidos de Algodão da Estrada" que começou como uma empresa familiar e era já uma empresa média quando eu a deixei.

Esta indústria havia conhecido tempos prósperos mas atravessava agora mais uma das suas sistémicas e cíclicas crises.

Delineado o enquadramento sociológico do narrador e também personagem desta trilha penso que ficais habilitados a poder compreender, entre o mais, como a sua consciência não lhe permitia escolher voos que exigissem dispêndios desmesurados no seu arranque.

Seguirei a Magistratura. De resto, foi este o rumo que cedo elegi como vida a trilhar. Obrigado sempre, Mestre, pelo bom augúrio e apoio oferecido na Carreira Diplomática.

A esse tempo entrava-se na Via da Judicatura pelo acesso ao Ministério Público através de concursos públicos com exames para Delegados do Procurador da República. Aí se percorriam três estádios, terceira, segunda e primeira classes.

Depois éramos chamados a novos concursos, agora para Juízes, com provas de exame também e com sujeição à ignomínia da reprovação quando já tínhamos os filhos à perna.

Se aprovados, éramos graduados segundo as classificações obtidas para efeitos do estabelecimento das prioridades nas nomeações para as comarcas em que pretendíamos ser colocados.

A propósito destas classificações/graduações ficou-me sempre a dúvida sobre se assentavam só no mérito dos conhecimentos demonstrados ou se também, em vista dos concorrentes, na bondade ou maldade das comarcas a preencher. E esta mesma dúvida vinha sendo transmitida de geração em geração pelos Juízes que, depois de serem colocados em comarcas que ninguém queria e depois de aí terem alguma vivência, concretamente nas ilhas e «máxime» nos Açores, reflectiam:

"Se entre o Continente e as ilhas houvesse uma ponte não éramos nós que vínhamos para cá".

Como todos os interessados fiz logo que me licenciei o meu requerimento ao Ministro da Justiça para a minha colocação como Delegado do Procurador da República Interino. Por esta forma demandava a auto-suficiência económica até à colocação como Delegado efectivo.

O cargo de Delegado Interino, sujeito a mero concurso documental, foi lançado pelo Ministério para cobrir os lugares de Delegado deixados vagos por falta de concursados.

Iam já decorridos meses sobre aquele requerimento. Eu aguardava mas o tempo só somava tempo e a minha nomeação não saía. O ano rodava para o fim e eu começava a ser assaltado por fantasmas que cravavam suas garras no meu cérebro questionando-me:

Não dás conta que te envolveste na crise académica de 1962 que muito os agastou?

Não te lembras que, em protesto contra o Governo, te encerraste na sala de convívio da Cantina Universitária em greve de fome com mais uns setenta companheiros de outras Faculdades de Lisboa?

Não recordas o desassossego que foi quando, alta noite, a polícia de choque começou a montar as metralhadoras pesadas à volta dessas instalações e a cercá-las com agentes quase de metro a metro?

E a náusea de derrota sentida quando ouviste, assim emoldurado, o "valente" Oficial da Polícia gritar ao megafone para que saíssemos do edifício?

E a detenção, a leva e depósito subsequente na Parada do Quartel da Polícia de Choque, à Parede, e aí deixados sem qualquer abrigo, agasalho ou protecção quer de noite quer de dia?

E aqueles interrogatórios? – Não recordas a miséria nojenta das insinuações?

Esqueceste que no ano lectivo de 1962/63 eras Vice-presidente da Direcção da Associação Académica da Faculdade de Direito de Lisboa saída da Lista Eleitoral ganhadora do João Alexandre?

Lembras-te que o Governo nunca homologou essa Direcção para a tingir de clandestina e assim tirar proveito desse ferrete por si socialmente elaborado para intoxicar a opinião pública e recriminar os com ele marcados? E que, não obstante essa ameaça sempre presente, a tua Direcção se manteve irreverentemente no governo da Associação?

Não vês que, ainda neste mesmo ano lectivo, para te livrares de ser novamente detido na Cantina Universitária como responsável por seres o dirigente associativo presente aos protestos aí então decorrentes, tiveste de, misturado com os empregados da Cantina, com eles seres arrancado pela cave do edifício na carrinha do Administrador que aqui cumprimento pelo préstimo solidário, pela autoria e eficácia do projecto de fuga?

E a angústia sofrida na passagem do controle da barreira policial aí montada à saída?

Em suma, ainda esperas receber algum agraciamento?

Depois desta tortura mental eu dava conta que era preciso fazer-se luz nesta demora que me amargurava, me tolhia e já sabia a impasse. Não era coisa que se resolvesse perguntando por que demoram ou não me nomeiam. Dizia-se que havia lugares vagos mas nada acontecia.

Resolvi seguir por outro caminho: No purismo do sistema, a Carreira do Ministério Publico começaria pela categoria de Subdelegado do Procurador da República. Era um cargo sem vencimento, uma espécie de estágio profissional gizado no século XX mas ainda ao gosto do século industrial, o século XIX, segundo o qual o único interessado nele era o estagiário mas o dono do proveito era sempre o patronato. Já era uma graça não ter de se pagar para o ser, entenderia o Legislador. Ainda hoje há estágios deste tipo e estou mesmo a lembrar-me de um que para o ver não é preciso levantar muito os olhos.

Pois bem, requeri a minha colocação como Subdelegado do Procurador da República sem prejuízo da pretensão a Delegado interino e aguardei.

Começava já a cansar de tanto esperar também por esta côdea de farelos e então decidi testar a saída pela Advocacia.

Seleccionei dois Advogados para patrocinar o meu estágio, um em Guimarães e outro no Porto. Tratava-se de dois Advogados muito conhecidos.

Ataquei o de Guimarães. Apresentei-me no seu escritório sem precedência de qualquer contacto e pedi uma entrevista. Recebeu-me e ainda eu não tinha acabado a minha exposição já ele, apercebendo-se da minha pretensão, me interrompia e, procurando convencer-me em meia dúzia de palavras de que a advocacia não era já uma actividade próspera, me exortava a seguir a Magistratura. Terminado este conselho sem mais, deu a entrevista por finda e convidou-me a sair a pretexto de que tinha uma diligência no exterior. Era verdade, daí a nada encontrei-o num bar da cidade à roda de uns camarões e duma caneca de cerveja.

Tentei então o do Porto que também procurei directamente. Recebeu-me e deixou-me expor e formular o meu pedido de patrocínio. Após isso, tomou pose retórica e começou a arengar um palavreado carregado de latinadas e enfeites gongóricos tais que não entendi nada. De momento senti-me profundamente amesquinhado e fiquei mesmo convencido de que não tinha pedalada académica para o exercício da advocacia. Terminada a arenga fiquei apenas sabendo que a sua recomendação era a do outro, devia seguir a Magistratura. Agradeci o douto ainda que para mim obscuro conselho.

Que fazer? Esperar mais um pouco, diziam-me os meus familiares que mal se apercebiam da existência dos meus fantasmas. Não via contudo outra saída para já.

Ia o mês de Janeiro de 1964 a meio e tomo então conhecimento da minha nomeação como Subdelegado. Tomei posse e, após ela, comecei a frequentar o gabinete do Delegado do Procurador da República do Tribunal para que fui nomeado.

Pouco tempo depois começou a aparecer no Gabinete do Delegado um outro neo-licenciado pretendendo desemburrar-se para não estar "in alvis" quando fosse chamado para um lugar de Delegado Interino que tinha requerido também. Este seu "estágio" porém não era oficial. Ele tinha-se licenciado e requerido um lugar de interino bastante tempo depois de mim e estava optimista.

Um dia, o Carnaval aproximava-se, o Delegado fez-me saber que eu, como rezava o Estatuto Judicial, ficaria a substituí-lo nas férias dessas festividades. Bons tempos esses em que ainda havia Férias de Carnaval. Acreditem que fiquei feliz naquele instante. A Lei não tinha preconceitos. Eram apenas dois dias de férias que eu mentalmente estendi para três e meio, contando a tarde de Sábado e Domingo precedentes, tal era a vontade de me experimentar ou desejo narcísico, pecado ingénuo da juventude, de ter um bocado do mundo nas mãos.

Rapidamente se esvaiu o meu encantamento. O Delegado voltou e eu remeti-me novamente a colher apontamentos e a assistir a diligências e julgamentos. As minhas finanças pioravam de hora a hora. Meus pais haviam-me dado um carro para eu me deslocar de casa para o Tribunal. Subsidiavam--me mas, com algum abuso meu, o combustível levava-me tudo.

Ia já fora o mês de Fevereiro. Mas um dia o Carteiro entrega-me uma carta com o timbre do Ministério da Justiça. Retive-a fechada nas mãos por alguns minutos. Confesso que o filme que corria na minha mente já era mais de terror por perder o lugar de Subdelegado que me estava levando à insolvência que de esperança numa nomeação para Delegado Interino que me salvasse as finanças.

Mas lá ganhei coragem e abri a carta. Trazia um ofício. Li-o uma, duas e três vezes. O seu texto, curto para ter força persuasiva e seco para esconder o que era ameaça de ou isto ou nada, fá-lo constituir para mim um dos documentos que hoje mais gostaria de possuir. Mas perdi-o. Rezava mais ou menos assim:

"Se quer ingressar na Magistratura tem um lugar de Delegado Interino na Ponta do Sol, Madeira".

Compreendi bem a mensagem e corri a comunicá-la ao meu Patrono e ao meu colega "estagiário não oficial" subtraindo, por alguma pudícia, o tom ameaçador da proposta do Ministério. Deram-me os parabéns.

Aceitei a nomeação para a Ponta do Sol e exonerei-me de Subdelegado. Tinha trinta dias para tomar posse segundo o Diário do Governo que em menos de quinze dias trazia o Despacho. Em minha casa a satisfação não foi grande. Estou mesmo convencido que apenas acompanharam a minha decisão para não serem desmancha-prazeres.

Cuidei de organizar as minhas coisas que até vacinas implicavam. Marquei a minha viagem e tratei de despachar o meu carro para a Ilha. Não conhecia lá ninguém e as informações que me davam eram de que a Ponta do Sol era um túmulo com tampa mesmo nos dias de capacete. Só a cidade do Funchal salvaria um cristão que precisasse de alimentar suas virtudes ou arejar seus enfados e esta ficava a mais de uma hora em viagem de carro ainda que não distasse muito mais de vinte quilómetros.

Seriam decorridas duas semanas sobre a publicação da minha nomeação para a Ponta do Sol e aparecia na Folha Oficial a nomeação do meu colega, "estagiário não oficial", como Delegado Interino também numa bem cobiçada comarca do Alto Minho.

O tempo voou e, depois deste facto insólito para mim, do mais que tenho consciência hoje foi do enjoo que tive durante toda a viagem para a Ilha no Paquete Funchal. No beliche escondi todo esse tremendo incómodo e quase vergonha da minha fraqueza. Quando cheguei à Madeira jurava que me tornaria cidadão madeirense para não mais passar aquela tormenta.

Cais do Funchal aos pés, preciso de sentir terra firme rapidamente. Alguém me chama pelos altifalantes. Acorro ao Bar e lá sou recebido pelos Senhores Juízes Corregedor e da Comarca do Funchal que me dão as boas--vindas.

Tinham sabido da chegada do novo Delegado da Ponta do Sol, que já não tinha Magistrado do Ministério Público há muito tempo, e resolveram vir cumprimentá-lo aproveitando a rotinada visita de saudade a este recanto do barco.

A visita ao Paquete Funchal era quase um culto que todo o continental, e até alguns madeirenses, praticavam sempre que aí aportava. Era como que uma liturgia em que o Barco era um templo onde entravam para revigoramento pátrio ao sol de um bom copo de whisky puro. O Paquete Funchal era uma bandeira nacional, era o barco das Viagens Presidenciais, inclusive para o estrangeiro, sempre que por mar estas se faziam.

Feitos os cumprimentos e recusada a bebida oferecida dado o estado calamitoso em que me encontrava ainda, mas agradecida, fui à procura do meu NSU Sport Prinz escarlate que já devia ter chegado há dias. Descoberto, dirigi-me a um funcionário portuário que por ali andava e perguntei-lhe como poderia tomar o meu carro. Fez cara de vaca pasmada, de quem nada percebeu do que disse e repeti-lhe a pergunta. Ficou na mesma e, então, aproximei-me do carro, indiquei-lho e disse-lhe:

É meu, queria levá-lo, que tenho de fazer?
Ah! A "abelhenha"?

Então reparo no moscardo pousado no pára-brisas e estupidamente insisto: Não, o automóvel, o carro.

A "abelhenha"? Tem de ir à Alfândega.

Caso perdido... Vamos à Alfândega.

Liberado o carro, afaguei-o e disse-lhe:

Qual "abelhenha"...! Como compreendo, cornaca Subhro, a tristeza que te foi na alma ao seres informado que o Arquiduque Maximiliano mudou o nome do teu Salomão para Solimão e, pior ainda, que daí em diante, tu próprio, te passarias a chamar Fritz e não mais Subhro (in "Viagem do Elefante" de José Saramago).

Não vê o pateta que, mesmo de estatura pequena mas esbelta, tens pedigree, descendes, é uma metáfora bem sei, de portentosos e garbosos equídeos? Lá agora um minúsculo, desajeitado, informe, desconjuntado e traiçoeiro insecto himenóptero da família dos apídeos...!? Ele nem sabe o que é isso.

Mais sossegado o meu "Prinz", coloquei-lhe a bagagem dentro e arrancámos em direcção à Ponta do Sol.

Dirigi-me ao Tribunal e depois instalei-me na Casa do Delegado. A comarca tinha boas casas de Magistrados e completamente equipadas com o que era preciso para nelas se viver.

No dia seguinte tomei posse e procurei inteirar-me do Serviço do Ministério Público, começando a dispor as coisas ao meu jeito. Havia muito que fazer.

Tinha sabido logo à chegada que a Comarca estava sem Juiz. Este embarcava para o Continente no Barco que me tinha trazido.

Também por isso regozijei-me por ter o automóvel comigo. De resto, a evidência do despovoamento e isolamento da vila era tal que já deu para perceber que os fins-de-semana não podiam ser sepultados ali. Tinha notícias de que em férias a coisa melhorava com o regresso de algumas universitárias da terra que tomavam a sua animação. Entretanto a evasão era premente, era preciso carregar baterias, respirar, encher os pulmões para aguentar toda uma semana no buraco.

Chegado Sábado, o primeiro na Madeira, dirigi-me à Capital e procurei o Clube/Bar que o meu Superior Hierárquico me indicou para nos encontrarmos. Não foi difícil. Ficava por detrás do Café Savoy, mesmo no centro da cidade.

Às onze horas lá estava. Fui o primeiro a chegar e informei o empregado de mesa que aguardava uma pessoa e logo via o que tomar. Daí a pouco entra um cavalheiro. Olhamo-nos e rapidamente percebemos que éramos os combinados. Levantei-me e ele avançou para mim. Cumprimentamo-nos anunciando as identificações e sentamo-nos.

O empregado aproximou-se e cumprimentou: Bom-dia Senhor Dr. Juiz. O meu Superior Hierárquico correspondeu e deu-lhe a chave do seu armário privativo dizendo-lhe para trazer Whisky e Madeira. Chegados os oblativos perguntou-me o meu interlocutor: Whisky ou Madeira?

Madeira, respondi.

Então, o meu Superior começou a falar sobre as variedades e preciosidades dos vinhos Madeira, de como são produzidos, suas castas e de como devem ser celebrados na sua toma se o merecem.

A propósito, contava-me que um dia serviu o vinho que iríamos beber ali a um ilustre convidado seu, um Ex-Presidente na América Latina, grande amigo da Madeira e melhor conhecedor e apreciador dos seus vinhos. Esse seu convidado, dizia ele, olhou-o, rodou-o, cheirou-o, suspendeu a respiração e então tocou um pouco do vinho na boca. Susteve-o entre os lábios e o maxilar superior embalando-o aí por uns momentos. Depois sorveu-o fazendo-o mais escorrer que engolir. Feito isto, levantou-se, elevou o cálice, fez uma saudação a Baco e, clamando que aquele vinho só podia beber-se ajoelhado, puxou-me. Caímos de joelhos os dois e brindámo-nos alguns pequenos e cerimoniosos tragos. Os presentes ofereceram silêncio ao rito.

Esse meu convidado era uma figura exuberante e genuína, rematou.

Após esse intróito serviu-me e serviu-se. Levantou-se e levantei-me. Tocámos os cálices e ele brindou à minha feliz estada na Madeira e eu à nossa saúde. Bebemos um Malvasia, Reserva "Garrafeira Particular", trinta anos, de Fajam dos Padres. Era efectivamente divino, doce, envolvente, um néctar de não beber, de degustar apenas.

Fomos conversando sobre questões e relacionamento de Serviço e, ele, ainda me fez uma breve apresentação da sociedade local destacando alguns dos seus ângulos mais pitorescos.

A sociedade madeirense, a mais tradicional, ainda é caracterizada por um pendor fortemente machista, dizia. Por cá, naquele escol claro, só é tido por marido idóneo aquele que também tem uma amante manteúda. Acredita esse machão-tipo que o alho é um potenciador sexual e que, quanto mais comer, melhor pode satisfazer àquela sina. Nessa convicção, faz ingestão maciça desse bolbo e, depois, tresanda a ele que tomba.

E outras facetas da Madeira social fez passar pela minha mente. Procurava, percebi-o bem pelos aspectos escolhidos, entrosar-me no meio social madeirense poupando-me a perdas de tempo e a tramas que me pudessem magoar. Por fim terminou desejando-me todo o sucesso do mundo na minha carreira e disponibilizou-me todo o seu apoio para o que precisasse. Despedimo-nos.

Fui dar uma volta pela cidade ainda e tratei de almoçar, deixando o café de remate para o Savoy.

Entrei aí e sentei-me numa mesa de lado no clássico salão-cafetaria do complexo hoteleiro. Nunca gostei de ficar ao centro de um espaço, defesa instintiva provinda de outra encarnação porventura. Pedi um café e enquanto o ia tomando ia pastando o olhar pelas mesas circunstantes sem qualquer objectivo definido. Eis senão quando, involuntariamente, meus olhos pousam no rosto duma jovem sentada numa mesa mais distante. Assim permaneci um bom bocado ignorando de todo as outras pessoas, mais quatro salvo erro, que se sentavam na mesma mesa.

Não queria acreditar mas o filme começou a rodar-me na mente: Lisboa, Cidade Universitária, Faculdade de Letras, Rua da Beneficência, é ela, é Eva. E, enquanto assim, como que hipnotizado permanecia fito naquele rosto. Num momento seus olhos dardejando o espaço, atitude que me era já familiar, bateram nos meus e dei conta duma sintonia de reconhecimento também.

Nem tomei o resto do café, levantei-me e fui direito a ela como náufrago que procura apanhar a primeira tábua que avista. Uma dúzia de passos nos separava e quando cheguei à sua mesa já ela estava de pé, o que me garantia não ir enganado e me tornava afoito a intrometer-me na sua vida.

Bom-dia, Eva, que acaso…

Bom-dia, Lúcio.

Então, a Eva também por aqui?

Sim, sou professora no Liceu do Funchal.

Eu sou Delegado do Procurador da República na Ponta do Sol. Este é o café que costuma frequentar?

Sim, às vezes.

Há quase um ano que a não vejo…

Sim. Estou cá desde Outubro.

Gostei muito de a encontrar e nesta terra. Havemos de nos ver mais vezes.

Sim.

E não conseguia tirar-lhe muito mais que este monossílabo. Eu não tinha intimidade com ela. Conhecíamo-nos da Universidade Clássica de Lisboa. Ela frequentava a Faculdade de Letras enquanto eu frequentava a de Direito. Víamo-nos bastantes vezes já pela romagem diária dos alunos de Direito àquela sua Faculdade, já porque morávamos na mesma Rua, a Rua da Beneficência, ao Rego, ela num Lar e eu numa casa particular, o que nos impunha alguns caminhos comuns.

Pesando o seu laconismo, o meu acanhamento muito por isso exponenciado e o facto de se manter de pé junto do seu grupo que não me apresentava, fiz terminar por ali o nosso encontro.

Então até outro dia, Eva.

Até outro dia, Lúcio.

Ela regressou ao seu grupo e eu fui pagar a bica e saí em direcção ao NSU Sport Prinz. Entrei um pouco excitado, é certo, mas notei logo nele algum azedume que bem confirmou ao responder-me mal ao "demarrer".

Que se passa, meu irmão? Devias estar contente e mais optimista…! Encontrei uma moça conhecida e talvez a nossa salvação neste degredo esteja ali. Hei-de apresentar-ta. Vais gostar dela.

— Pois é, não te iludas "pazinho", não confundas empatia com possível mera solidariedade entre deslocados. Depois, que pé de esperança te deu ela? Se for preciso até apenas te foi dizendo "Sim" e só "Sim" por mera simpatia ou afeição de encontro entre conhecidos fora do seu habitat.

Mas que se passa contigo?

— Não te apercebes que foi a vida que vos empurrou para aqui e que, juntando-vos nesta terra de desconhecidos, de solidão portanto, pode levar-te para um destino sem regresso.

Insistes!? Isso já não é só azedume por chegar tarde e teres ficado aqui sozinho a ouvir chamar-te de "Abelhenha". Por certo que acrescentavam "linda".

— Escusas de pôr mel na laranja azeda, será sempre azeda.

Pronto, queres desconversar mas descansa que ela não te substituirá. Poderá é somar carinho ao tanto que tenho por ti, e tanto me castigas meu tonto, toma lá tento.

— Porque tu és um desacautelado, nem reparaste se por lá mesmo não havia outros olhos gulosos a cercá-la?

Chega de desfolhar o malmequer, está bem? Ela ainda sabia o meu nome...

E rodava pela cidade sem ver ninguém naquela tarde de Sábado cheia de gente nas ruas. Ainda jantei por aí e rumei já noite ao meu buraco.

Das primeiras tarefas complexas que tive no Tribunal da Ponta do Sol foi a de reciclar o Perito-Médico-Legal da comarca. Então não é que este técnico não queria, a troco, dizia, da preservação do pudor das ofendidas, que o Delegado assistisse aos seus exames ginecológicos? Tive mesmo de me impor para acabar com o que de imediato me pareceu ser apenas atavismo seu. Claro, depois soube qual a verdadeira razão da sua atitude. Assentava ela, mal dos meios pequenos onde todos se conhecem e se devem, na complacência que a decisão médica devia ter para com a desonra da ofendida e vergonha da família evitando, sempre que conveniente, para estas o veredicto do desfloramento. Era a tese que depois me desenvolvia para ensaiar este ou aquele parecer de acordo com a vontade dos doridos. O que elas buscam muitas vezes é um selo oficial de virgindade não a comprovação da sua violação, reforçava.

E eu dizia-lhe: Não tem que adequar ou filosofar os seus pareceres. Descreva os dados do exame e depois conclua.

Era uma figura curiosa este Perito-Legista. Ele era o médico e o veterinário local e mal parecia saber onde acabava uma dessas actividades ou onde começava a outra.

Recordo aquele caso de violação de menor pelo pai em que ele não queria concluir pelo desfloramento. Para o afastar, não sei se por baralhação dos dois ofícios se por viciação intencional das artes, usava no exame da ofendida as medidas que ele utilizava no exame das vacas. Tive de lhe lembrar e já rudemente a bitola legista das perícias médico-genitais em humanos. Então ele pensava alto dizendo que era um crime destruir o casamento dos pais da ofendida, ia-se escangalhar a sua família. Ela é quem mais iria sofrer.

Mas os problemas da comarca lá se iam resolvendo e os dias e as semanas foram-se esvaziando.

Nos tempos livres era encontro aqui, encontro ali com Eva até que as minhas voltas por S. Vicente, Funchal, Camacha, Curral das Freiras, Ribeira Brava, Santa Cruz e todos os outros sítios da Madeira não mais foram só comigo e o meu NSU grená. Como previra, ele gostou da nova companhia e não a largava. Nós é que aproveitámos uma sua soneca e fomos sem ele passar uns dias ao Porto Santo. Ainda dormia numa oficina quando regressámos. Não deu conta.

Chegaram as Férias Grandes. Eva ainda se reteve uns dias na Madeira mas cedo regressou ao Continente e eu e o meu NSU sport Prinz ficámos a escrever-lhe cartas e a ler as dela. Não gostámos nada da primeira que lemos.

Ia entrado o mês de Setembro e o meu Superior Hierárquico veio mais uma vez visitar a minha comarca, ou descarregar a sua tensão numa cavaqueira talvez seja mais certo, pensei. Almoçámos na Ribeira Brava a convite seu. Era efectivamente mais um amigo que um Superior. Depressa percebi que este almoço foi desenhado por ele para se despedir de mim.

Quando tomávamos o café no fim do almoço tornou-se mais rígido e informou-me que os concursos para Delegados estavam próximos e que era bom que regressasse ao Continente para não os perder.

Observei-lhe que isso implicava a minha exoneração do cargo e assim a perda do vencimento e de antiguidade. Que aguardaria a publicação do Concurso no "Diário do Governo" e depois partiria com menor prejuízo. A isto respondeu-me que já não seria o primeiro a perder os concursos por estarem corridos quando a Folha Oficial chegou à Madeira.

Levantou-se, saímos e dando-me um abraço dizia-me: "Foi um gosto conhecê-lo, boa-tarde e boa viagem. Havemos de voltar a ver-nos". Partiu. A mensagem era firme e linear.

O Juiz-Ajudante do Procurador da República era um espírito fulgurante, amigo e participativo. Quem, que por lá tenha estado nesse período, não sabe quanto de solidariedade e abnegação investiu na obra de protecção às crianças de Câmara de Lobos, pequenos animais humanos atirados à rua à procura dum resto ou de um lugar na senda do crime?

Homem apaixonado, não cabia nas rotinas da vida.

Algumas vezes o surpreendi absorto olhando fixamente o mar e o horizonte no Cabo Girão. Cabo Girão, porto de dois destinos, o paraíso e o inferno. O Barco é a imensidão feérica em frente com o belo à proa e o horrível à ré naqueles penhascos lá do fundo. O destino só se sabe depois de embarcar.

Nunca mais nos vimos. A vida ser-lhe-á madrasta, soube mais tarde. A mando breve, ter-lhe-á posto na própria mão a morte dramática aqui no Continente. Para ele, o berço tinha virado degredo sem outra saída.

Adeus Madeira. Um beijo pelo retorno dos que me guardaste e outro pelas afeições que me trouxeste!

Largava do porto do Funchal para Lisboa num cargueiro italiano e pedia desculpa aos madeirenses pelo enguiço com o nome de "abelhenha" que davam aos carros. Eu não sabia que tinham sido eles os primeiros a consagrarem o automóvel como um equipamento eminentemente social fazendo-os andar sempre cheios de gente, "carregados como abelhas". Daí a "abelhenha" deles ser uma metáfora lisonjeira, não uma depreciação ou mimalhice balofa aos automóveis.

Agora fiz uma viagem agradável. Explicaram-me que a razão do conforto estava no grande calado do barco que por isso pouco se mexia com a ondulação.

Feitas as provas do Concurso voltei à casa paterna deixando a um colega que ficava por Lisboa, o outro exonerado como eu, o encargo de me avisar dos resultados logo que saíssem. Concorrer a efectivo para recuperar o meu vencimento e minorar a perda de antiguidade resultante da exoneração era agora o objectivo principal. Todos os nossos colegas interinos do Continente usufruíam de licença para os concursos e mantinham-se em exercício, ganhavam, "eram ricos", e seguravam posição.

O ano de 1964 ia fora e eu estava preocupado com o que me parecia ser já atraso a mais na publicação dos resultados dos concursos.

Passou-se o Janeiro de 1965 e então dirigi-me à Procuradoria da República no Porto a saber notícias deles. Aí informaram-me que já tinham ido para publicação no "Diário do Governo" as colocações dos novos Delegados. Gelei e, caídos os ombros, fiquei paralisado algum tempo a olhar fixamente para coisa nenhuma. Perguntavam-me se estava a sentir-me bem e não sabia responder. Depois, recobrando mas ainda atordoado, reuni algumas forças e perguntei se tinham os resultados dos concursos. Como me dissessem que sim, avancei o meu nome e, esticando-me e aprumando-me, esperei o tiro "de pé como as árvores".

Aprovado, saiu rápido o lenitivo.

Se ainda não concorreu faça-o já. No Continente tem vago apenas o lugar de Moncorvo, segundo o projecto de colocações que temos aqui. Nem mais, voltei a sentir que respirava e requeri imediatamente a minha nomeação para essa comarca.

Fui encontrar como meu vizinho, em Vila Flor, o colega que tinha ficado de me avisar da saída dos resultados. Explicou-me que, como demoravam, os alentejanos também desesperam, se tinha mandado para o Alentejo, sua terra natal, e que quando acordou, que feito, lhe disseram que já todos tinham concorrido.

PARTE SEGUNDA

E sete anos de Delegado servi por Moncorvo, Paredes, Moncorvo novamente, Bragança, Lamego e Vila Real.

Nesta última comarca fiquei sozinho o último sexto do mandato. Minha mulher veio para o Porto com os nossos dois filhos, de três e um anos de idade. Aqui fixou residência para poder frequentar o estágio no Liceu Alexandre Herculano e fazer o Exame de Estado a fim de poder efectivar-se como Professora Oficial. Concorri à primeira vaga de Delegado que houvesse no Porto e alcancei-a a poucos meses dos concursos para Juiz.

Quando fui tomar posse, o Senhor Procurador da República do Porto informou-me que eu não iria para o Juízo que tinha vagado mas sim para as duas Varas Cíveis da Comarca, porquanto o Delegado que nelas servira até aí precisava de tempo para se preparar para os Concursos e ali não o tinha. É ele que vai para o Juízo vago.

Ia dizer: mas eu estou nas mesmas condições com a agravante de que não tenho o serviço organizado ao meu modo e, pior que isso, não o conheço sequer. Não tive oportunidade de passar do "mas eu estou...". Ele interrompeu para dizer: Eu tenho muita confiança no "coleguinha".

Nesse momento lembrei-me que já tinha sido retido como Delegado, há dois anos, aquando dos últimos concursos para juiz que levou todos os colegas do meu concurso de Ministério Público. Pela minha posição se tinha partido a convocatória para essas provas, apesar da minha boa classificação profissional. Sabia já que a minha repescagem agora se devia a um voto de confiança dado por mim ao Sistema por este Senhor Procurador da República. Voto que nunca pedi nem nunca ele mo deu a conhecer, o que enobrece o prestador e sempre me torna seu devedor.

Era razão bastante para estar calado e calei.

Não vou dizer-vos tudo o que foram os dois ou três meses que precederam as provas do Concurso para Juiz naquelas Varas Cíveis. Tinha julgamentos todos os dias e, enquanto isso, os meus colegas passavam esse tempo nos seus gabinetes preparando-se para os exames. Nesse período tive de instaurar cerca de cem acções de investigação de paternidade ilegítima cujos prazos prescricionais estavam a precluir.

Acrescia que este lugar das Varas ainda tinha à sua responsabilidade a representação do Ministério Público na Comissão Arbitral do Porto cujo Juiz não dispensava também a presença do Delegado em qualquer audiência e ficava distante do Palácio da Justiça. Só me restavam bocados da noite para estudar. Todos sabem o programa de trabalho de muitos dos Magistrados para além do tempo no Tribunal.

Nunca esquecerei a falta total de solidariedade entre colegas, pior, a ignorância mesmo da existência sobrecarregada do outro. Competição pura...!? Que coisa feia, o "pura" está sempre a mais, ignóbil mesmo quando se monta na fraqueza ou desgraça alheia ou no umbigo próprio que é a mesma coisa.

Mas os concursos lá se fizeram e, saídos os resultados, requeri a nomeação como Juiz de Direito numa das comarcas que indiquei pela ordem de preferência. Fui parar outra vez às ilhas, agora à Terceira, Açores, comarca da Praia da Vitória.

Não sei porquê, talvez não deva expor tanta inocência, mas alguém do Olimpo Judicial, reconfortando-me, dizia-me: Vá que virá já no próximo movimento para o meu Distrito se o requerer. Claro que requeri e vim. Mas antes tinha de partir e parti. Lá vou.

Os ventos sopram a velocidade superior a cem quilómetros por hora.

– Senhores passageiros, apertem os cintos. Estamos chegados ao nosso destino. Terceira à vista, vamos descer sobre as Lajes.

O avião vibra todo contra o vento que muda constantemente de direcção. Parece ir desconjuntar-se. Mas faz-se à pista sempre balanceando. O trem de aterragem aproxima-se do solo, toca-o e, daí a nada, as pontas das asas vão nele raspando, ora uma ora outra, fazendo riscos de fogo, chispas do inferno. Dentro do avião o medo governa o comportamento. O silêncio é absoluto. O avião rola agora na pista e as pontas das asas continuam, à vez, a faiscar no asfalto. De repente calma e, mais uns segundos, ouve-se dentro do avião um som de sopro colectivo: Bufff…. O avião parou, as pessoas olham-se, confirmam que estão vivas com uma valente salva de palmas para a carlinga que se prolongam pela gare do aeroporto onde muitas pessoas esperam o avião.

– Senhores passageiros, chegamos. Obrigado pela vossa companhia, esperamos tê-los de regresso ou noutra viagem.

É a voz tranquila do Comandante.

Saí do avião e tinha o Representante do Ministério Público, os Senhores Conservador e Notário, e toda a Secretaria do Tribunal à minha espera. Apresentámo-nos entre saudações de chegada e felicitações pelo sucesso da aterragem que também em terra se chegou a temer como fatal. Apanhei a minha bagagem e seguimos para o Tribunal da Praia da Vitória no carro de praça que o Senhor Chefe da Secretaria já tinha cativo.

Aí chegados, fui conduzido pelos espaços do edifício, um barracão inestético e velho, herdeiro porventura de um abrigo de forragem para gado, ou, quem sabe, de uma cavalariça mesmo das tropas fiéis a D. Pedro. E daí não sei, seria uma péssima preservação como monumento à grande Vitória. Paupérrimo, cheio de fissuras, ostensivamente frágil sobretudo para um solo sísmico como aquele.

A sua fragilidade era tão vivida pelos seus ocupantes que a primeira prevenção que me fizeram foi a de que, quando sentisse o chão tremer, devia deixar o edifício imediatamente estivesse em que acto estivesse. Era essa a regra de sobrevivência e do salve-se quem puder herdada e ditada a todos os não avisados que ali iam chegando.

Combinámos com o Senhor Conservador do Registo Predial o acto de posse para o dia seguinte. Depois, o Senhor Chefe da Secretaria, Cargo correspondente ao actual Secretário do Tribunal, levou-me à Casa do Juiz.

Em qualidade, esta morada, um primeiro andar dum edifício de dois, estava para a casa do Tribunal. Tinha uma coisa excelente, o posicionamento da casa de banho, única da habitação. Era um compartimento onde sobressaía um pequeno tanque de betão a fazer de banheiro e um chuveiro por cima, de frente a uma janela a dar para o porto de mar e para a praia em areia, a única da ilha.

Dali víamos chegar toda a fartura da América e dali até parecia nossa. Nossa, minha e dos ilhéus, que engano!

As outras gares do mar não eram praias, eram "calhau". Era um regalo tomar duche naquele sítio. Fazia mesmo esquecer a pobreza e degradação da casa enquanto nos atirava para o refúgio do horizonte.

Esquecia-me de dizer que nesta ida à Casa de Magistrados fui também acompanhado pelo Notário. Veio, dizia, porque sabia que a casa não estava preparada para nela viver sem mais e queria oferecer-me a sua disponibilidade para me dar alguma ajuda no estabelecimento das condições mínimas. Claro que agradeci a amabilidade e pedi a todos uma pausa para abrir as malas, instalar-me e tentar descontrair.

Eles saíram e eu sentei-me a olhar o espaço procurando situar-me. O Notário ficou de me vir buscar ao fim da tarde para irmos jantar e mostrar-me como um desenraizado e só pode viver aqui, dizia ele. É verdade, é bom que diga que minha mulher e filhos ficaram no Porto. Às minhas novas relações já lho tinha dito. Esta estada aqui na Praia da Vitória, por ora, era apenas por uns trinta dias, ou seja, até ao fim de Julho. Depois eram férias que faria no Continente.

Fomos jantar à Messe dos Oficiais Portugueses já dentro da Base Aérea das Lages, onde o Notário tinha entrada e eu, no momento, como seu convidado.

Continuámos a conversa para além do jantar alimentando-a com o café e um bom digestivo. Acertámos ir almoçar no dia seguinte ao Clube dos Oficiais Americanos e tratar da minha admissão como seu sócio, obtendo o respectivo Cartão que me franquearia o espaço aberto dessa parte da Base, a afecta às instalações dos apoios americanos. Era uma graça deles para com as autoridades portuguesas locais.

Esta abertura dos serviços americanos a pessoas estranhas à base estava a ser uma coisa tão insólita para mim que perguntei ao meu anfitrião e cicerone da cidade, da vila ainda, qual a razão dessas regalias estrangeiras, estas do Clube e as outras mais mercantis. Ele foi-me dizendo que sendo uma prática de política de boa-vizinhança, era também parte duma visão pragmática deles de cobrir as insuficiências locais.

Na verdade, dizia, a coisa comercial aqui é tão descabelada como isto: O senhor Juiz não encontrará em toda a Praia da Vitória um estabelecimento que lhe venda uma simples lâmina de barbear. Os mercados civis não têm esses e quase todos os outros produtos indispensáveis a uma sobrevivência em civilização. E eles não têm porque o centro comercial americano, o "PIEX", tem tudo isso. É assim também uma espécie de ciclo vicioso ou pescadinha de rabo na boca.

Pois bem, mas nem todas as pessoas terão acesso a esse mercado, já percebi.

Certo, mas todas as pessoas da ilha têm um parente ou um amigo empregado na Base Americana que, por isso, tem ingresso no seu Mercado e lhes compra o que precisam. Claro que este jeito se desenvolve no carril da ilegalidade fiscal institucionalizada. Mas, que outro modo há aqui de satisfazer as necessidades de cada um, algumas até primárias?

O Snr. Juiz, de sua casa, vai ver chegar duas vezes por mês um grande navio, conhecido também pelo "PIEX", carregado de mercadorias exclusivamente para o centro comercial americano. Vai vê-lo descarregar durante muitos dias para um grande camião, até quase chegar o barco seguinte; é a animação do Porto de Mar da Praia da Vitória. Raramente verá lá outro barco.

A propósito desta faina vou contar-lhe uma história:

Aqui há uns anos, os Serviços do "PIEX" vinham dando conta que as mercadorias que recebiam eram sempre de quantidade inferior às que lhes facturavam. Andaram anos a recusar os pagamentos em causa com o fundamento de que lhes debitavam mais do que lhes enviavam. Mantendo-se sempre essa divergência, o fornecedor passou a localizar no transporte marítimo a fonte da divergência. Este por sua vez defendia-se dizendo que tudo quanto lhe entregavam no navio era descarregado no camião "PIEX".

Todos, confrontados com a situação, andavam e saltavam e nada, sempre faltava mercadoria. Resolveram seguir o seu curso desde a origem até à entrega naqueles Serviços Americanos, encarregando disso um agente por todos acreditado. As mercadorias foram controladas à saída do fornecedor, à entrada no barco e à descarga no camião "PIEX". Não obstante todo este controle a divergência final mantinha-se.

A falha sobrou para o camionista. Passaram a seguir o trajecto deste e verificaram que ele carregava as mercadorias, metia-se dentro do camião e só dele saía dentro dos armazéns americanos. Mas sempre diferença existia.

A coisa começava a adquirir foros estranhos, do foro do fantástico mesmo, e vinha-se arrastando já por anos. Um dia, porém, o camião entrou naqueles armazéns e, pese embora o desfalque de mercadorias, levava contudo algo a mais, levava um sujeito escondido nelas. Este, descoberto, tentou escapar-se mas agarraram-no e logo perceberam que a chave do enigma estava ali.

Os Serviços Policiais americanos trataram-no e ele descrevia o estratagema da falcatrua assim:

Esperava escondido no terreno lateral à via no sítio da maior subida para o Centro Comercial Americano, grande em inclinação e em extensão. Quando o camião, carregadíssimo, passava nesse sítio rodava muito lentamente e então ele saltava para cima da sua carga que, nesse ponto, ficava ao nível do dito terreno e, uma vez ali, atirava a mercadoria para o mesmo. Terminada a colheita saltava para o terreno ainda ao nível do cimo da carga do camião e recolhia o proveito. Mas daquela vez, entusiasmado demais, as encomendas eram muitas, deixou passar o pátio do terreno marginal e quando deu conta já não podia sair. Deixou-se ir, escondendo-se para fugir quando pudesse. O rato caiu na ratoeira por si armada.

Mas, como dizia, continuava o meu anfitrião, o comércio na ilha reduz-se ao que o mercado americano não vende, ou seja, quase só aos produtos locais. Esta vai ser uma das contrariedades por que o Sr. Juiz vai passar e vai ter de a contornar ou não sei como viverá.

Há uns bons anos atrás, o Juiz da comarca tinha entrada no "PIEX" mas depois Lisboa acabou com esse direito que, diga-se, era e é fundamental para o prestígio e a dignidade do Titular aqui do Poder Judicial. Mas eu tenho alguns amigos entre os militares portugueses que têm acesso a esse Mercado e até civis americanos da Base. Poderei ajudar alguma coisa, não muito.

Tudo se há-de resolver e o Sr. Juiz vai dar-se bem por estas terras, sobretudo se trouxer a família e tiver automóvel.

Trarei e terei com certeza e o que pode acontecer é eu agravar a situação com todas essas dificuldades que me vai apontando. Uma calamidade sobre um é diferente de sobre um grupo e pior ainda se há membros deste indefesos.

Bom, muito obrigado por tudo. A viagem foi maçadora, e desgastante mesmo nos minutos finais. São horas de ir descansar. Amanhã é um novo e diferente dia na minha vida, o primeiro com a tremenda carga do julgador de homens às costas.

No dia seguinte levantei-me cedo e, verificando o estado da cozinha, constatei que entre as maiores e mais evidentes faltas para poder ser-me útil estava a de quase não ter trem de cozinha. Nem sequer uma cafeteira havia, era o máximo. Eu, como dependente de café que era, até tinha trazido uma embalagem dele para as primeiras impressões. Que frustração!

Saí e fui procurar um local onde tomar um café. Enquanto caminhava pelas ruas da vila fui magicando na conversa do Notário sobre as deficiências do comércio local e fui admitindo uma reposição da entrada dos Magistrados nos estabelecimentos americanos da Base. Falarei com o Delegado do Procurador da República e com o Chefe da Secretaria para aquilatar de imediato da consistência daquelas informações sobre o mercado na Praia da Vitória. Depois eu próprio irei constatá-lo directamente e, para já, irei fazer o teste das lâminas de barbear.

Ia agora na direcção do Tribunal inflectindo de um rumo que me levava ao Porto de Mar, para onde a distracção me levou, e deparei com um estabelecimento mistura de bar e cafetaria. Tinha uma esplanada, sentei-me e pedi um café. Tomando-o, fui-me situando geograficamente no espaço em que me encontrava relativamente a minha casa e ao Tribunal. Tinha-me desviado bastante do destino Tribunal.

Chamei o empregado para pagar e, pagando e gratificando, fui-lhe perguntando onde podia comprar lâminas para barbear. Foi pronto na resposta:

Só no "PIEX", cá fora não há disso em toda a ilha.

— Nem em Angra?

Nem em Angra.

— Mas então como resolver se não sou de cá e certamente não tenho acesso a esse mercado americano?

Há sempre amigos ou familiares que têm entrada lá e resolvem esse problema e outros do género. Aqui, o que há nas lojas americanas não há cá fora.

— Bom, vamos até ao Tribunal, ordenei-me.

Já lá, entrei na Secretaria e, depois de cumprimentar todos os funcionários, pedi ao Chefe da Secretaria e ao Escrivão para virem comigo ao gabinete. Entre todos afinámos ritmos e métodos genéricos de trabalho sob a minha presidência do Tribunal, depois libertei o Escrivão e fiquei só com o Chefe de Secretaria. Acertámos melhor a hora da posse e, abordados os demais assuntos conexos com os Serviços que no momento ocorreram, levei a conversa para o problema dos comércios locais quanto ao abastecimento do necessário para a minha casa e família que iria trazer depois de férias.

— O comércio é pequeno, dizia-me ele. Há algumas coisas, produtos locais e até há uma boa loja de artefactos e louça chineses, por sinal perto da casa do Snr. Juiz, meia dúzia de passos acima.

Para já não me preocupa a louça que ainda nem vi se existe na casa. Falo, por exemplo, de lâminas para a barba ou de panelas para a cozinha que a casa quase não tem, nem uma cafeteira.

— Ah! Disso e de muitas coisas mais só é possível adquirir-se no "PIEX".

E eu posso lá entrar?

— Não. Em tempos o Juiz da comarca tinha "Cartão PIEX" mas depois Lisboa acabou com isso. Lisboa fica muito longe e é muito arrevesada!

Sabe, Sr. Juiz, diz-se que aqui nos arquivos da Câmara Municipal há um livro, uma história portuguesa antiga não divulgada, onde se lê que só a

Administração Filipina trouxe alguma coisa aos Açores. A portuguesa só leva.

Não estranhe se pressentir que este povo nutre alguma simpatia pelos castelhanos.

E então como posso resolver essa deficiência local, ou melhor, essa minha insuficiência?

— Isso só através de alguém que tenha entrada naquele mercado americano da Base. Ele há para aí umas pessoas que vão resolvendo isso aos que não têm familiares ou amigos a trabalhar ali. A forma de lá chegar não entra nos cânones da ética. Qualquer meio é meio socialmente aceite aqui, é corrente.

Mas eu não posso entrar nesse jogo.

— Está mal então, Sr. Juiz.

Nisto batem à porta, dá-me licença?

Entre, era o Notário.

Ainda bem que chegou, diz o Chefe da Secretaria e continuou: Aqui o Senhor Juiz precisa de lâminas para a barba e de algumas panelas para a cozinha e queria saber onde adquiri-las. Já disse que o mercado local não tem disso e que só na Base se podem obter. Haverá possibilidade de se conseguirem?

— Também já tinha explicado isso ao Sr. Juiz, devo conseguir. Deixe-me tomar nota e logo digo alguma coisa.

Muito obrigado e, já agora, também o sabão para a barba se também não há por aí. Pois não, sai um coro. Lá estava eu escorregando para onde não podia entrar.

Orientada esta lide doméstica no Gabinete do Juiz, que é o que acontece quando o Estado se demite da protecção dos seus Órgãos, foi cada um à sua vida. Eu ficava.

— Pelo meio-dia e meia venho buscá-lo para irmos então almoçar ao Clube dos Oficiais Americanos e tratar do cartão de Sócio. É bom levar uma credencial certificando a qualidade de Juiz da Comarca.

A Secretaria tratar-me-á disso já. O Chefe da Secretaria anuiu com a cabeça, saindo.

E comecei a dar uma espreitadela no rosto dos processos tomando o pulso ao género do movimento judicial. Até à hora do almoço uma grande parte dos processos contactados era de Adopção e de Medidas de Segurança. Era mesmo uma quantidade tal que atiçava a curiosidade de saber a sua razão. Começava a meter-me no seu interior quando apareceu o Notário a buscar--me. Segui-o.

Entrei para o seu carro e aí disse-me: Vamos primeiro a casa do Sr. Juiz deixar as panelas, as lâminas e o sabão para a barba.

Chegados ao Clube dos Oficiais Americanos tratámos da minha admissão como sócio e da obtenção do Cartão. Foi rápido. Já almocei debaixo desse título.

Todas as instalações do Clube, que imediatamente corri, eram esplêndidas, amplas e cheias de luz. A sala do restaurante era airosa, bem decorada e com pessoal todo fardado, aprumado e limpo no branco e preto da restauração. Com isto não tinham nada a ver as esfumadas e minimalistas instalações do Clube dos Oficiais Portugueses, um apontamento do estilo "português--suave", a que só voltei mais uma vez e em má hora. Foi por ocasião duma festa social militar e a convite dum Oficial Português apresentado pelo meu anfitrião seu primeiro convidado.

Se tiver tempo ainda contarei esse triste episódio de que foi protagonista uma das organizadoras do "society", a mulher do Comandante Português da Base que se tinha por a "comandanta" local. Um escândalo baixo simplesmente, quer na leitura civil quer na leitura militar que nos convidou.

Mas vamos ao almoço. A sala estava adornada ao centro com uma grande mesa redonda repleta de saladas e molhos multicolores, um espanto de arranjo e de produtos frescos chegados no dia da Califórnia. Só ver e sentir a frescura tesa e tenra dos seus verdes matizados, filigranas quebradiças e crocantes, dos rubros, brancos e roxos intensos das hortaliças e dos molhos suculentos dava para me extasiar e quase gritar: não comam, estamos satisfeitos, não estraguem. É verdade que os olhos também comem mas isso é à chegada. Depois, o que encheu os olhos começa a excitar o apetite e então é um desastre, não há lei que o contenha.

Eu estava fascinado com o espectáculo guloso da fragilidade do viço, da leveza erecta dos crus. Olhava e não me decidia.

Sr. Juiz, o pitéu das saladas é oferta da casa, dizia o meu anfitrião já de prato grande na mão, à americana. Servia-se generosamente. Imitei-o observando a composição da sua escolha para não fazer figuras. Recomendou os molhos com que devia regar, regar não, enxurrar as várias saladas e segui-o. Fomo-nos sentar a uma mesa junto duma janela.

Saboreadas as saladas com aqueles molhos que iam do queijo ao camarão passando por outros mais quentes e exóticos, que não deixei de experimentar, ofereceu-se-me dizer ao meu amigo que certamente era aqui que actualmente os deuses se revigoravam para serem esbeltos e fortes. Ele insistiu nas saladas. Eu, ainda que pouco à-vontade, segui-o e depois pedi galinha com batata frita por informação de que era um prato muito requisitado pelos americanos.

Tudo o que se consome aqui chega todos os dias dos Estados Unidos da América, informava o Chefe, português como todo o pessoal de serviço. A alta qualidade dos produtos é o timbre.

A propósito, relacionado com o grau de administração preventiva americana, referia o mesmo empregado que a carne que se consumia ali era a do sexto ano de congelação nos frigoríficos dos Estados Unidos. Os outros cinco anos eram reserva para o futuro.

Nada de novo: Lembram-se dos fartos celeiros faraónicos? De como afastaram a morte nos sete anos de fome que grassaram por terras de Canaan e se estenderam até ao Egipto?

Gente que previne o futuro tem o hoje e o amanhã. Há quem aprenda. Bom era que fosse por objectivos humanos, não militares apenas.

Por sugestão, bem-vinda claro, do meu amigo que se tinha ficado pelas saladas a que foi pela terceira vez, pedi também um café. Vinha servido numa chávena de chá cheia. Espantei-me e decepcionei-me, primeiro pela quantidade, depois quando o provei. Faltava-lhe o pico, a torra do nosso "cimbalino" ou "bica". Era assim um pouco de sabor acevadado mas de boa qualidade e altamente aromático.

Cavaqueando ainda um pouco mais antes de ir para a Tomada de Posse que estava marcada para as quinze horas, dizia-me o Notário que na Terceira, e estende-se o fenómeno a outras ilhas, toda a vida gira em torno da Base. Assim é com o emprego de toda esta gente, assim é com o comércio, assim é com a Justiça e com os serviços administrativos portugueses etc..

– Como assim com a Justiça? Observei.

Esta comarca tem muito serviço, continuou. Tem mesmo mais que a capital Angra do Heroísmo. É normal que o Colectivo ocupe pelo menos quinze dias por mês no tribunal da Praia e no de Angra oito dias chegam.

O Meritíssimo vai constatar que pelo menos metade dos processos do agora seu Tribunal é de Medidas de Segurança por prostituição, de Adopção e de Regulação do poder paternal, mas principalmente dos dois primeiros. A prostituição enxameia à volta dos militares americanos e nem sempre o objectivo principal é conseguir dinheiro imediato.

A grande fonte da prostituição arranca de moças assoladas na desgraça económica e social da família, desta e doutras ilhas. Muitas vezes, virgens ainda, a primeira finalidade da vida é conceberem um filho dos americanos tendo em vista uma de duas saídas. A primeira é a de através do golpe da barriga conquistarem um marido que lhes garanta um estado e as leve para a América, como amiúde acontece, e daí o engodo genérico espalhado entre a desgraça.

Se falhar entregam o filho, a troco duns dinheiros, para a adopção por americanos que, diz-se, mantêm aqui uma rede de angariação de bebés constituída por "senhoras de bem-fazer" sempre prontas a fomentar o negócio alimentando a miséria.

Diz-se mesmo que há encomendas de bebés a estas "mulheres do mundo".

Depois, feita a iniciação inglória, mantêm-se nesta faina e tentam novamente. Novamente e novamente até que já nada as diferencia das outras que deixaram de sonhar e se prostituem agora tão-somente para sobreviverem. Vão já no mesmo barco e, sem a sorte de arranjarem marido ou de conseguirem outro tipo de acasalamento, é seguro que, mais hoje ou amanhã, todas caem na rusga policial enleada nelas tantas vezes pelo empurrão da aqui também proliferante sombra da prostituição travesti temente da concorrência.

Detidas, são levadas ao Ministério Público que para todas vai propor sempre uma medida de segurança e nela, ciclicamente, irão rodar o resto da vida, com elas rodando as fraldas sujas da Base.

A Adopção, que se faz em série e quase exclusivamente para a América, bem como a Regulação do Poder Paternal são filhas em boa parte desta mesma calamidade e poucos serão os dias em que o Tribunal não tenha de movimentar processos desses.

Bom, vamos à posse. E já posse era esquecida.

Iam passadas duas semanas da minha chegada à Praia da Vitória e o tempo foi dando corpo a um montão de necessidades domésticas que eu não conseguia resolver no mercado local. Não tinha trazido automóvel para me deslocar a Angra onde ainda podia conseguir alguma coisa e o transporte público era raro e moroso demais para o consentir o movimento do Tribunal.

Mas não podia viver sempre na dependência do meu amigo Notário que, por sua vez, tinha os mesmos problemas que eu, ainda que com a diferença de que conhecia muita gente com acesso ao "PIEX", tinha mobilidade e não tinha as minhas limitações funcionais.

Decidido, elaborei uma exposição sobre a situação que me afligia. Salientava a inexistência de mercado local capaz de satisfazer inclusive necessidades básicas e peticionava o "Cartão PIEX" para os Magistrados Judiciais com vista à prossecução duma vida com dignidade e independência.

Dirigi-a ao Senhor Subsecretário de Estado da Aeronáutica e expedi-a. O mês de Julho caminhava já para o fim e não era crível que obtivesse qualquer solução até ao começo das Férias.

Acalentava alguma esperança como que advinda da fertilidade quase misteriosa destas exóticas pedras ásperas e negras semeadas ao longo da costa que a doçura desta gente amaciava chamando-lhe "biscoitos".

Entretanto fui vencendo as dificuldades agora também com o apoio dum ex-colega do Colégio João de Deus, do Porto. Era, a esse tempo na cidade invicta, um promissor jovem poeta que assinava por "Rei" e que circunstâncias advindas secaram no absurdo duma guerra de morte por um Portugal cada vez mais só.

O que restou dele, plantado depois na vida militar, ficou a chamar-se prosaicamente Silva, o que, associado à metamorfose corporal ditada pelo tempo, me dificultou o seu reconhecimento imediato. Era hoje Capitão da Força Aérea Portuguesa no quadro administrativo da Base das Lajes.

Fui encontrá-lo no Clube dos Oficiais Americanos a conversar com o Notário de quem já era conhecido há mais tempo que eu. Fiquei a saber que foi ele quem me arranjou as panelas e os acessórios de barba. O que são as coincidências. Que grande abraço!

As duas mulheres do Gólgota.
Escultura em rocha basáltica da Ilha Terceira (biscoitos), de Lúcio Teixeira

Vate promissor! O que te ficou do teu estro vaza-lo agora no teu "Mustang" às voltas da Ilha. À volta da ilha qual gato ronronando em mês fora de cio... "eu fui à terra do bravo, bravo meu bem"....

E à volta da ilha por terra navegando o mar e à volta da ilha por terra voando o céu, aqui e acolá esquecendo os olhos derramados naquelas nuvens dos Açores, aquelas nuvens que de tão nítidas ficavam tão próximas de nós, quase tocávamos com os dedos!

Algumas vezes lhes atirei as mãos, que logro! Aquele algodão, aquelas cores, aqueles novelos fofos, que recorte! Aqueles reflexos matizados, lustrosos num "mar de azeite", veludo suavemente mexendo, ondulando águas de claridades e fuscos que óleo nenhum de qualquer pintor jamais alcançará!

Que espectáculo profundo de luz e sombras, de brilhos e mates, indizível e inesquecível deste mundo que comporta as quatro estações do ano num só dia como seu motor. Quem não tiver alma por certo aqui a ganhará. Venha daí.

É este deslumbramento que nos põe a repetir: "Se entre Lisboa e as ilhas houvesse uma ponte...".

E mais uma volta....

Muitas vezes, creio muito por saberem da minha desfalcada situação, mas sem o mostrar, tanto o Silva como sua mulher insistiam para almoçar ou jantar com eles e seus dois filhos, dois belos mocinhos já. Aceitava, claro, esperando corresponder depois de férias, quando a minha gente estivesse comigo.

Voei para férias e nos fins de Setembro estava de regresso à Terceira. Levava a família, minha mulher e meus dois filhos, agora com quatro e dois anos. A viagem não teve história, foi calma desta vez. E discreta, não havia ninguém a esperar-nos.

Apanhámos as malas e tomámos um táxi. Entrados em casa os meus foram logo directos ao já para eles familiar quarto de banho. Aberta a porta de casa, era de lá que vinha a luz, que vinha o sol, a praia, o porto de mar e era de lá que partia a nave de fuga para o horizonte.

E o meu filho perguntava-me:

Papá, onde está a nave?

E minha filha repisava: Não a vejo.

E eu dizia-lhes:

Está nos vossos olhos, meus filhos. E eles miravam-me fixamente…

Da casa ninguém gostou.

Tratámos de nos acomodar e, nesse dia, não fui ao Tribunal. Ainda eram férias, a escoarem-se é certo. Ficámos por casa e aproveitámos para irmos cumprimentar o Casal Delegado que residia no mesmo andar mas esquerdo.

No dia seguinte, logo de manhã, fui levantar o meu carro ao porto da Praia. Almoçámos já todos no Clube dos Oficiais Americanos. Lá encontrámos o Notário que fui cumprimentar e apresentar-lhe a minha família. Ficámos na mesma mesa e fomos pondo em dia as últimas novidades.

Depois fomos dar uma volta à ilha. Parámos em Angra, cidade para cujo Liceu minha mulher vinha nomeada como professora para o próximo ano lectivo a começar daí a dias. Por aí lanchámos, visitámos Porto Martins, aldeia piscatória já próxima da Praia da Vitória e, de seguida, rumámos a casa.

O carro ficava na rua, não havia garagem. Por via disso, quando regressei ao continente, daí a um ano, já só trazia um bocado do " capot ". O resto tinha ficado lá, comido pela ferrugem e o carro era novo, tinha um ano.

Um outro dia fui com a família visitar o meu amigo Capitão Silva e já de sua casa não saímos sem jantar com eles.

No dia um de Outubro, início do ano judicial, fui para o Tribunal logo de manhã. Entrei e fui cumprimentar os Snrs. Funcionários. Tinha um escrivão novo que se me apresentou.

Depois dirigi-me ao gabinete do Chefe da Secretaria que, tendo-se apercebido da minha presença, já estava à porta à minha espera. Começou por pedir desculpa por não ir ao meu encontro na Secção porque, dizia, tinha notícias para mim que entendia não devia dá-las em público. Fiquei apreensivo porque não fazia a mínima ideia que notícias pudessem ser essas que não deviam ser ouvidas por mais ninguém. Entrámos no seu gabinete.

Que se passa? Perguntei.

– Bom, o Senhor Dr. Juiz não vai gostar mas tem de saber. Vai sabê-lo. É que, em férias, há cerca de três semanas, no princípio de Setembro, passou por cá o Senhor Juiz Ajudante do Procurador da República, Auditor no Ministério da Aeronáutica, e comentou comigo nestes termos o requerimento que V. Ex.ª dirigiu àquele departamento:

"Então o vosso juiz quer que lhe passemos uma licença de contrabandista? O juiz não pode fazer contrabando. Diga-lhe que dei parecer desfavorável à sua pretensão e que vai receber cópia do despacho dado já nesse sentido pelo Senhor Subsecretário de Estado da Aeronáutica".

Estupefacto, perguntei: Mas que diabo veio fazer aqui à Terceira o Senhor Juiz Ajudante do Procurador? Não veio cá para me trazer esse responso.

– Oh! (ainda estou a ver aqueles olhinhos de malícia do meu interlocutor) veio ao "PIEX" carregar o navio.

Carregar o navio no "PIEX"?

– Sim, uma boa carga, desde whiskies a aparelhagens sonoras, câmaras de filmar e fotográficas, um barco cheio.

Não havia dúvida. O caso transbordava escândalo para esta gente. Vir de Lisboa aos Açores buscar o supérfluo e negar aos deslocados para aí a satisfação do indispensável porque isso é contrabando!?

Não precisava de expressar o que me passava na mente.

Para aquele senhor, contrabando não era mais um simples contorno administrativo mas um acto da responsabilidade genética. Eu seria contrabandista, ele não. Quase me sentia um tipo Lombrosiano não fosse sólida a minha formação jurídico-penal.

E fiquei por algum tempo a remoer no assunto:

Que necessitava de tal recado? Sombras de "contrabando" não era precisamente o que eu queria evitar com o contorno legal peticionado? Pretenderia aquele senhor auditor porventura branquear a sua presença ali tentando confundir o observador? Mas isso era mera luxúria de esperteza ou saloiice à portuguesa, melhor, as duas coisas enquanto se encontram na cegueira da velhacaria ou gajice de súcia.

Daí a dias recebia a cópia do despacho de indeferimento seco, limpo.

Pela minha leitura, a leitura de quem tem a vida como a lei suprema, "primum vivere, deinde...", lia nesse despacho a permissão de todas as aquisições cobertas pelo requerimento a que se dirigia. A proibição do necessário à vida é seu licenciamento por justificação.

Quanto à questão da dignidade e da independência judicial o que sempre fica para o juiz é nascer e ser nelas. A existência, sua arquitectura e sustentação, o seu estatuto, são edificação pública, são obra do Estado. A sua ausência, mutilação, distorção, afronta ou enxovalho são seu aniquilamento. A minha parte sempre foi cumprida.

Mas não são estas todas as recordações que guardo da minha vivência na Terceira.

Outras há e, saudando os que esbanjaram seu ócio a ler até ao fim este meu exercício mental dirigido muito a minorar as marcas do tempo, aqui lhes deixo, e já agora também aos outros, o pique do aroma inebriante duma Sopa do Espírito Santo e o sabor guloso duma Alcatra fumaçando perfumes víneos. E digam lá que esta não passa de uma chanfana mal feita… Detractores.

Ah! Não esqueçam de tudo bem molhado em Vinho de Cheiro dos Biscoitos, de preferência lá no sítio.

Depois, não conduzam, refastelem-se nos almofadões duma espreguiçadeira de vimes ao som dum cheirinho de música dos Açores…"meu amor vem sobre o mar... Ai quem me dera morrer nas águas do teu olhar!"…

Verão que é melhor que o "gozo" de milhões e milhões de saneadores … mesmo de muitos milhões de sentenças ou acórdãos…!

P.S.:

Ainda a propósito daquele comentário/recado do senhor Juiz Ajudante do Procurador, Auditor do Ministério da Aeronáutica, queria deixar aqui uma aguada biográfica do homem que foi meu apoio nos primeiros tempos de vida na Terceira.

Era um homem de porte altivo, pesado e de pronúncia assobiada. Andaria pelos sessenta anos, um pouco calvo e cãs curtas.

Soube cedo que era um desenraizado saído sozinho há uns dois anos de S. Miguel um pouco enigmaticamente para vir exilar-se nas "eilhas", no caso a Terceira. Sendo casado, nunca mais foi a S. Miguel nem a sua família por aqui apareceu.

Por aí se terá finado.

Em pano de fundo corre este céu de novelos cinzentos e intrincados:

Os açorianos de determinada ilha despromovem e até menosprezam sempre a ilha ou ilhas que lhe ficam mais a ocidente. É assim que os micaelenses, reportando-se ao nosso Notário, diriam que ele saiu de S. Miguel e foi para as "eilhas".

Tenho pensado muito na razão de ser duma certa linha de demérito, de decadência crescente de Oriente para Ocidente em que se inscreverá por certo esta genuína manifestação depreciativa das ilhas do Ocaso pelas do Levante. Será que esse traço de enfraquecimento tem a ver com o movimento do fluxo solar e seu exaurir de fim de viagem, com o declinar, o elanguescer, o degenerar mesmo do fogo da vida à medida que a criação avança da aurora para o crepúsculo?

Pode ser que um dia destes tenha tempo e pretexto para dizer algo mais sobre o tema que, agora, só tinha o pretexto.

Deixo o ponto:

Não dizem que o princípio, a origem, a fonte da vida está lá para as Índias? Será que, da pujança da Criação, ao Ocidente apenas a morrinha chegou em quantidade e vigor?

Leça da Palmeira, 2009.04.27

Lúcio Teixeira

Mar Salgado.
Escultura em castanho velho de Lúcio Teixeira.

EXCESSO DE NERVOSISMO DE UMA TESTEMUNHA

Estávamos no Tribunal de Família de Lisboa, no decurso de um julgamento de uma acção de divórcio, com intervenção do Tribunal Colectivo, cuja presidência me coube.

Depois de termos inquirido uma testemunha, transmiti ao oficial de justiça que deveria fazer entrar a seguinte.

O oficial de justiça dirigiu-se então à sala onde as testemunhas estavam recolhidas e proferiu o nome da pessoa que ocupava, no respectivo rol, a posição seguinte. Tratava-se de uma senhora com muito boa aparência, relativamente nova e elegantemente vestida com roupa muito justa que lhe moldava o corpo.

A senhora acompanhou o funcionário judicial até à entrada da sala de audiências. Aqui chegados, o funcionário parou e limitou-se a dizer à senhora: "de pé em frente daquela cadeira". Estas palavras foram acompanhadas com um gesto do funcionário que apontava para a referida cadeira.

Considerando-se totalmente desincumbido da tarefa que lhe cabia, a partir daqui o funcionário desligou completamente, tendo-se ido sentar entre as pessoas que assistiam ao julgamento, numa atitude de completo alheamento acerca das possíveis preocupações da senhora.

Eu consultava o processo e, quando levantei o olhar para a nova testemunha que entrara na sala, reparei que a senhora fazia um desmedido esforço para subir para a cadeira, porque pretendia, ao que logo parecia muito evidente, ficar de pé em cima da mesma. Só ainda não tinha conseguido subir para a cadeira porque os seus esforços estavam a ser grandemente dificultados pela saia muito apertada que não lhe permitia elevar suficientemente os pés.

Ao aperceber-me da cena, compreendi imediatamente que a senhora corria o risco de se estatelar no chão e de se magoar. Impunha-se uma urgente e rápida, embora cautelosa, intervenção. Procurando imprimir à voz a aparência de grande serenidade, disse de seguida: "a senhora, faça favor de se sentar".

Por maior que fosse o nervosismo que havia tomado conta do cérebro da senhora, isso não a impediria de compreender imediatamente esta frase tão curta e tão habitual. A senhora sentou-se logo, aliviada por poder abandonar o ciclópico esforço em que até então estivera empenhada.

Só faltava agora diligenciar no sentido de a fazer recuperar a serenidade necessária para compreender o que dela se pretendia em audiência de julgamento, a sua colaboração para a prova dos factos. Procurei então conversar um pouco com ela sobre banalidades, para que pudesse serenar e, assim, dar azo a que fosse criado o ambiente propício à almejada finalidade. Quando me pareceu que já havia recuperado o domínio sobre si mesma, entendi que tinha chegado o momento de lhe pedir que se pusesse de pé, a fim de lhe tomar juramento. Depois convidei-a novamente a sentar-se e, a partir daí, tudo correu normalmente.

É minha convicção que a senhora só depois de se retirar, quando certamente fez a reconstituição mental dos momentos que acabara de viver, só nessa altura compreendeu que o oficial de justiça lhe havia transmitido que pretendia que ficasse de pé em frente da cadeira e não em cima da cadeira.

Esta cena faz-nos compreender o estado de alma que se apodera de algumas pessoas quando é exigida a sua comparência em audiência de julgamento. Impõe-se, por isso, que o juiz esteja atento e procure desanuviar o ambiente, suavizando, na medida do possível, o esforço que é exigido às pessoas para que o Tribunal tenha a possibilidade de fazer a justiça que o povo dele espera.

Lisboa, Junho de 2009

Jorge Augusto Pais de Amaral

O "MACHO LATINO"

A cena que agora vou relatar passou-se igualmente no Tribunal de Família de Lisboa. Ocorreu quando presidia a uma conferência no caso de um divórcio por mútuo consentimento.

Como é consabido, são muitos os advogados estagiários que afluem a estas conferências, enchendo por vezes o gabinete do juiz. Trata-se de uma diligência em que despendem pouco tempo para alcançarem o direito de pedir ao juiz a assinatura que faz falta no seu currículo. Com muita frequência o gabinete enche-se de futuras advogadas muito bonitas.

Num desses dias, cumprindo o ritual que a lei me impunha, dirigi-me ao casal que tinha na minha presença para lhes perguntar se ainda havia possibilidade de se reconciliarem ou se continuavam no propósito de se divorciar.

Tomou a palavra o marido para comunicar o seguinte: "senhor Dr. Juiz, eu até era capaz de me reconciliar com a minha mulher desde que ela me deixasse andar com quantas mulheres eu quisesse e fazer a vida que me apetecesse".

O homem dizia isto, ao mesmo tempo que enchia o peito de ar e olhava para todas as advogadas estagiárias presentes, procurando atrair a sua atenção, muito vaidoso da sua condição de macho que se arroga a capacidade de "andar" com várias mulheres.

Compreendendo facilmente a razão da sua atitude de arrogância e do teor do seu discurso, deixei-o espraiar à vontade e satisfazer o seu amor próprio.

Quando terminou, disse-lhe então: "suponha agora que, à mesma pergunta, a sua mulher me respondia que também seria capaz de se reconciliar com o marido desde que ele consentisse que andasse com quantos homens quisesse, podendo levar a vida que lhe apetecesse. Que responderia?».

O homem olhou para mim, capaz de me fulminar e respondeu de forma peremptória: "ó senhor Dr. Juiz, nós somos homens".

Apesar de a Constituição proibir a descriminação em virtude do sexo e os Códigos atribuírem direitos iguais a homens e mulheres, ainda há quem continue a pensar que a realidade é bem diferente. São experiências que promanam do ambiente exterior e mostram ao Tribunal a falta de sintonia que por vezes existe entre a lei que se procura impor e as realidades da vida a que a mesma se aplica.

Ainda há menos de um século se defendia que haveria que "distinguir entre o adultério do marido e o da mulher, visto que não sendo idênticas as suas consequências, não devem ser equiparadas como causa de divórcio" – cfr. Cunha Gonçalves, Tratado de Direito Civil, vol. VII, pág. 14.

Noutro passo, o mesmo Autor defendia que o conceito de fidelidade tem a ver com a natureza fisiológica do homem e da mulher. E enumerava as diversas consequências que resultam do adultério de um e de outro dos cônjuges. Sem pretender reproduzir todas essas diferenças, queria apenas fazer referência a uma, que nos parece especial: "a mulher, quando apartada do marido, pode perfeitamente conservar-se casta, sem nenhum prejuízo da sua saúde; pelo contrário, não se pode exigir, sem risco de saúde, uma longa abstinência, em cumprimento do dever de fidelidade, ao homem que, por qualquer motivo, se encontre no estrangeiro, ou numa colónia, ou em viagem".

As mentalidades não mudam de forma absoluta em tão pouco tempo. Pelo menos as de certas pessoas.

Lisboa, Junho de 2009

Jorge Augusto Pais de Amaral

O REQUERIMENTO INCOMPREENSÍVEL

Muitas vezes procurei transmitir aos meus alunos de Direito Processual Civil que, no caso de enveredarem pela advocacia, antes de dirigirem qualquer requerimento ao Tribunal deviam ponderar seriamente sobre a viabilidade da sua pretensão. Aconselhava-os mesmo a colocarem-se na pele do juiz que teria de pronunciar-se sobre o requerimento que pensavam dirigir-lhe.

Para ilustrar esta asserção, apraz-me contar uma cena que se passou também no Tribunal de Família de Lisboa, por ocasião de um divórcio litigioso.

A causa de pedir tinha a ver com o adultério da mulher. O marido havia-se ausentado de casa por uns dias e, quando regressou, antes da data prevista, encontrou a mulher com outro homem na cama. Este homem viu-se forçado a fugir, saltando por uma janela. E saiu, se não completamente nu, pelo menos descalço.

Quando demos início ao julgamento, logo nos intrigou um saco de plástico que permanecia em cima da mesa da advogada do autor. Esse volume atraía frequentemente o nosso olhar, enquanto tentávamos adivinhar o que o mesmo poderia esconder.

A determinada altura, a advogada do autor decidiu satisfazer a nossa curiosidade, que talvez já tivesse adivinhado no nosso insistente olhar. Pediu licença para fazer um requerimento. Tendo-lhe sido concedida, anunciou que pretendia juntar aos autos a prova do adultério da ré. A verdade dos factos estaria contida no saco de plástico que a advogada tinha à sua frente.

Como facilmente se pode calcular, ficámos intrigados com o que poderia ser o conteúdo do saco com capacidade bastante para demonstrar a anunciada falta de cumprimento do dever de fidelidade conjugal. Perguntei então, como se impunha, por que modo pretendia o autor demonstrar o adultério da mulher servindo-se do conteúdo do saco.

O Tribunal foi então informado que no saco se encontravam umas botas que o seu dono, na precipitação da fuga, não tivera tempo de calçar.

Chegámos a idealizar uma nova versão da história da "Cinderela", em que os sapatos desta eram substituídos por umas enormes botas, e seria incumbência do Tribunal encontrar os pés de um homem a quem as mesmas pudessem servir. Só que, mesmo que se conseguisse calçar as botas em determinados pés masculinos, isso não teria o significado probatório que o autor pretenderia alcançar. Quer dizer, mesmo que conseguíssemos calçar as botas a alguém, isso não serviria para "descalçar a bota" que nos preocupava.

Insistia a Advogada que pretendia demonstrar que havia estado no quarto do marido enganado um homem que havia fugido descalço, pois as botas ali permaneciam.

A partir daqui tivemos que fazer entender à Ilustre Advogada que a prova da violação do dever conjugal em causa não se podia fazer através das botas. A violação do dever matrimonial teria ocorrido depois de o "Gato Borralheiro" ter descalçado as botas e de nada serviria agora tentar fazê-las calçar a quem quer que fosse.

Enfim, continuando numa linguagem de sapateiro, ficou compreendido e aceite por todos que a "bota" haveria de descalçar-se por outra via. A Advogada acabou por desistir da sua pretensão.

As botas permaneceram no interior do saco, tendo sido levadas de volta para casa, talvez para serem guardadas como recordação pelo marido. Recordação do dia em que se atreveu a fazer uma surpresa à sua mulher, mas acabou por receber ele próprio uma surpresa maior.

Lisboa, Junho de 2009

Jorge Augusto Pais de Amaral

DE CADASTRADO A CIDADÃO EXEMPLAR

Depois de ter relatado cenas que, de algum modo, nos podem levar a esboçar pelo menos um sorriso, ou seja, cenas de algum bom humor – e muitas mais poderia relatar com semelhantes características – voltemo-nos para o lado mais sério, aquele em que o Tribunal tem de ponderar que o seu papel não se resume à pura e simples aplicação da lei ao caso concreto, como se fosse um computador desprovido de sentimentos, precisamente porque os destinatários das suas decisões também não são coisas. De entre os diversos casos que poderiam ser relatados, apraz-me referir especialmente o seguinte:

Um dia, no Tribunal da Comarca de Sintra, um homem foi chamado a juízo por uma questão banal e de reduzida gravidade. Quando o juiz lhe perguntou se já alguma vez havia respondido ou estado preso, respondeu negativamente. Porém, quando foi recebida a certidão do registo criminal, verificou-se que tinha um cadastro muitíssimo longo e recheado de crimes.

Foi então chamado a responder por falsas declarações. Desta vez coube-me o julgamento por esse crime.

Quando lhe perguntei como conseguia explicar que tivesse dito que nunca tinha respondido ou estado preso se, afinal, era portador de um enormíssimo cadastro, o homem deu-me então uma explicação que me obrigou a uma longa meditação sobre o seu caso.

Senhor Dr. Juiz – disse o homem – na verdade, eu fiz tudo isso que consta do cadastro e muito mais. Tudo aconteceu quando eu estive nas colónias ultramarinas. Hoje, porém, sou outro homem. Na terra onde vivo ninguém conhece essa fase da minha vida. Sou tido como uma pessoa de bem e sou, por isso, muito respeitado. Um dia necessitei de uma certidão do registo criminal e constatei que nada referia dos crimes que pratiquei. Supus que, depois de algum tempo sem cometer qualquer crime, o registo criminal ficava limpo.

Sendo meu desejo continuar a ser tido como uma pessoa de bem, pretendi esconder o meu passado de todas as pessoas do lugar onde vivo. Eu podia ter trazido várias testemunhas para abonarem o meu bom comportamento, mas isso iria evidenciar a minha conduta passada. Decidi apresentar-me sozinho perante o Tribunal. Faça o Sr. Dr. Juiz de mim o que entender. Estou nas suas mãos.

Não foi fácil decidir. Ao meu espírito afloravam duas ideias de sentido contraditório. Por um lado, parecia-me que o arguido estava a ser sincero no seu propósito de "continuar" a ser uma pessoa tida como respeitadora das normas de conduta. Por outro lado, existe sempre uma certa desconfiança acerca das boas intenções. Por isso se diz que de boas intenções está o inferno cheio.

Ponderei muito os prós e os contras da condenação e da absolvição. Dei comigo a fazer um raciocínio do género seguinte:

O Estado tem o direito e até o dever de punir os delinquentes. É o chamado *jus puniendi*. Se o Tribunal o punir, apenas estou a cumprir um dever que a lei me impõe. Porém, ao aplicar-lhe uma pena de prisão, é certo e sabido que o homem não melhorará por esse motivo e até pode acontecer que volte a descambar para o abismo.

Se, pelo contrário, o absolver, estarei a dar-lhe mais uma oportunidade para ele continuar na senda da sua regeneração. Ele sabe perfeitamente que nunca mais terá uma outra oportunidade como esta, se pensar em não a aproveitar. Será o único caminho para se integrar na sociedade com a qual diz ter feito as pazes. Por outro lado, o Estado nada tem a perder e pode até ganhar mais um elemento útil à sociedade, que é precisamente o que pretende alcançar pela via da aplicação das penas de prisão, mas que, infelizmente, tão poucas vezes consegue.

Esta segunda hipótese pareceu-me a mais acertada e decidi absolvê-lo. Mandei-o embora em paz, depois de lhe explicar o significado da absolvição e de lhe recomendar que não deixasse escapar a ocasião de se tornar a pessoa digna que disse pretender ser. Enquanto eu falava, as lágrimas escorriam-lhe pela face, o que me levou a pensar que o seu propósito tinha algum fundamento.

Mais tarde, procurei saber do seu comportamento e fui então informado de que o tribunal havia feito a melhor justiça, porque parecia que o homem permanecia devidamente integrado e respeitado no meio onde vivia.

Senti uma satisfação que é difícil de descrever. Não é fácil o múnus de juiz, mas quando a profissão é convenientemente exercida, também pode apresentar-nos recompensas que nos fazem esquecer todas as agruras e dificuldades sentidas.

Lisboa, Junho de 2009

Jorge Augusto Pais de Amaral

UMA CELEBRIDADE NA PRISÃO

Em Moçambique, onde vivi dois anos (de 1973 a 1975), por diversas vezes prestei a minha colaboração, em tarefas várias, por solicitação do Ministro da Justiça. Uma dessas solicitações foi para que procedesse a um inquérito sobre o que se estava a passar no estabelecimento prisional da Machava. Para poder ter acesso a todos os casos que constituíam os problemas que preocupavam o Ministro, ou seja, para poder penetrar no meio, socorri-me da colaboração de um certo prisioneiro, conhecido como "Zeca Ruço", o delinquente mais famoso de toda a África. Por seu intermédio fiquei a conhecer tudo o que se passava dentro dos muros da prisão com o testemunho dos prisioneiros que ele trazia à minha presença. Graças à sua colaboração, consegui produzir um relatório tão exaustivo que mereceu o louvor do Ministro. Entre as várias "proezas" dos prisioneiros, limitar-me-ei a contar que, dentro dos muros da cadeia, chegavam a fabricar 400 litros de álcool num só dia. Os ingredientes eram, entre outros, cascas de vários frutos, açúcar e água. Depois de tudo fermentar, estava criada uma "mistela" apta a embriagar qualquer um deles. Assim afogavam as mágoas que os atormentavam.

Antes de prosseguir, abro um parêntesis para esclarecer que os prisioneiros deambulavam quase à vontade dentro dos muros do edifício, porque os cadeados das celas se encontravam todos rebentados. Por vezes, matavam-se uns aos outros com uma "sovela" que fabricavam com pedaços de ferro, restos da construção, que numa ponta afiavam e na outra faziam uma argola.

O Zeca Ruço era uma espécie de régulo dentro da prisão. Todos o respeitavam e lhe obedeciam. Quando se queriam queixar do comportamento de algum dos companheiros dirigiam-se ao Zeca Ruço. Ele fazia a sua própria "justiça", visto que no estabelecimento ninguém acreditava nas apregoadas finalidades das penas. Talvez por isso, o Zeca Ruço disse-me um dia : "estou a ver que a cadeia não consegue regenerar ninguém; tenho de me regenerar a mim próprio".

Esta "criança crescida" tinha fama de ter fugido de uma das prisões mais seguras da África do Sul. Ele próprio me contou como o fez.

Sempre que lhe dava para se evadir da cadeia – o que fazia quando queria – era capaz de assaltar uma casa logo na primeira noite. Quando lhe perguntei como se atrevia a fazer o assalto sem o ter devidamente planeado e se não sentia medo, disse-me que era uma "profissão" como outra qualquer. E explicou que, por vezes, sentia receio, mas também contava com o mesmo sentimento por parte dos outros que habitavam a casa.

A Dr.ª Ruth Garcez, que já não está entre nós, antes de ingressar na Magistratura foi advogada do Zeca Ruço. Num dos julgamentos, o Juiz mandou cercar o Tribunal de Lourenço Marques por polícias, coadjuvados por cães, e recomendou à Dr.ª Ruth Garcez que avisasse o seu constituinte de que corria o risco de ser abatido se tentasse fugir. A esta advertência respondeu a Advogada que nada diria ao seu constituinte, porque, se o fizesse, seria o suficiente para ele procurar evadir-se. O Zeca Ruço havia-lhe prometido que não fugiria e ela confiava que cumpriria a sua palavra. O julgamento ocorreu sem incidentes, como havia sido acordado.

Pelas suas façanhas e pela sua figura esbelta, o Zeca Ruço era muito admirado pelo sexo oposto e muitas jovens passavam em frente da prisão só para poderem ter a oportunidade de o ver.

Este breve parêntesis teve por finalidade dar a conhecer algo da personalidade do Zeca Ruço, para que melhor possa ser compreendido o que a seguir irá ser contado.

No tempo do PREC aconteceram muitos episódios quase inacreditáveis aos olhos daqueles que não viveram nessa época.

Em Moçambique – tal como aconteceu também em Portugal – formaram-se grupos de pessoas que se dirigiram às prisões e obrigaram a abrir as portas aos reclusos. Quando chegaram à cadeia onde se encontrava o Zeca Ruço, intimaram-no a sair.

Ele, porém, recusou-se a fazê-lo, argumentando que poderia fugir quando quisesse, sem necessidade da intervenção daquele grupo. Contudo, foi-lhe dito, de forma peremptória, que não poderia ficar. Ao relatar este incidente, dizia o Zeca Ruço que se viu obrigado a abandonar a prisão, porque eles "pareciam malucos" e teve receio do que pudesse acontecer.

No dia seguinte, às 9 horas, apresentou-se na prisão, explicando que tinha sido obrigado a sair, ao arrepio da sua vontade, e por isso vinha apresentar-se.

Foi-lhe então respondido o seguinte: "ainda não sabemos o que fazer, porque ainda não recebemos ordens. Volte cá amanhã".

Mais uma vez, o Zeca Ruço se viu obrigado a ficar em liberdade, sem que nada tivesse feito para fugir da cadeia.

Lisboa, Junho de 2009

Jorge Augusto Pais de Amaral

A SEGUNDA VISITA

Nem poderia deixar de referir também a minha ida à "Experimental Prisão Modelo da Ilha Deserta". Devo advertir que esta palavra deserta, para chamar a inesperada ilha da minha visita, é a mais apropriada. De planta ou animal em vão se procuraria ali qualquer vestígio.

Explicaram-me porquê:

De forma quase perfeitamente circular, a ilha é, como a maior parte, o cimo de uma avantajada montanha cavado há muito pela cratera de um vulcão extinto e submarino. Ao emergir, por via de algum dos geológicos cataclismos que usam fabricar as ilhas, a cratera ficou rasa de água que apenas um bem definido círculo rochoso enrodava. Possuindo o lugar – como privilégio – um microclima muito caracterizado – a pluviosidade, de 6,5 microlitros, é praticamente nula – este lago teria desaparecido depressa se a evaporação não fosse compensada pelas marés mais vivas que o preenchiam todos os anos. Foi assim que a cratera ficou cheia de sal – a riqueza da ilha – em cuja extracção, limpeza, refinamento, embalagem e carregamento se empregam os presos. Ouvi estas minuciosas explicações do director da prisão que não deve tardar para ser devidamente apresentado.

Mas antes deverei contar sobre a recepção que me estava não preparada mas guardada naquele sentido em que se diz "guardado está o bocado..."

Saibam que cheguei acompanhado de uma adequada comitiva mas desapareceram todos na hora do desembarque; talvez nos tivéssemos perdido uns dos outros na confusão que acompanha, inevitavelmente, estes acontecimentos. Mesmo o navio que me trouxe abandonou o porto sem me dar tempo de tentar alguns passos no interior. Encontrei-me só e nostálgico da companhia que, notava-o agora, me fizera o expansivo transatlântico. Comecei a caminhar dando as costas ao Oceano e incomodado por isto, por aquilo, caminhava mal. Os meus movimentos desgraciosos deviam exteriorizar bem o meu abatimento porque logo apareceu por ali um homenzarrão empunhando um engenhoso chicote com o qual começou a zurzir-me esforçada e alegremente. Não fazia propriamente doer como é costume, fazia o medo da dor inadiável crescer a cada chicotada. O director apareceu na última hora da minha resistência; caí-lhe nos braços mas ele amparou-me carinhosamente com grande surpresa do homenzarrão, a quem dirigiu estas palavras:

Vai mas é bater no teu paizinho, minha flor, que este não precisa. E para mim: Trato sempre bem o pessoal que me é dedicadíssimo, sem vaidade! Perdoe-me caro condiscípulo – permite-me que ainda o trate assim? – mas cheguei atrasado e o rapaz, que vê mal, confundiu-o com um dos nossos pupilos mais perigosos, nada menos do que um larápio, que anda fugido – pergunto-me para quê, numa ilha circular e deserta –; mas asseguro-lhe que este guarda é precisamente o melhor que temos, e digo-lhe que bem confirma o ditado de que de um mau ninho pode sair um bom passarinho. O pai é o nosso preso mais antigo, mas receio que seja irrecuperável; apesar dos nossos esforços é indisciplinado e desordeiro; mas tem uma saúde de ferro, concluiu um tanto inesperadamente. Perdoa-nos, sim?, perguntou com ansiedade: Signifiquei-lhe que até achara o seu quê de pitoresco no episódio e recebi um sorriso de reconhecimento com o que se encerrou a minha recepção de maneira que não tive oportunidade para o meu discurso. Caminhando – e como eu caminhava melhor agora seguindo o director que, por deferência, me dava a dianteira! – chegámos junto de um trenó que, tirado por cinco presos, nos conduziu por uma pista brilhante de sal polido, percebi, até às instalações.

Não encontrei um acampamento como esperava. Havia três edifícios de bom aspecto. O maior, elucidou-me o anfitrião, é o destinado aos serviços burocráticos, chamemos-lhes assim: direcção, secretaria, laboratórios, arquivo, posto médico, etc. Acolá é a residência comum do pessoal e ali a minha casa. A organização é estritamente militar e temos um guarda permanente aos edifícios que aliás são construídos segundo as melhores técnicas das prisões, embora as grades não pretendam impedir que se saia, mas sim que se entre neles, sorriu. Deve perguntar, disse no momento em que eu ia fazê-lo, onde estão as instalações dos presos. Não ficam muito longe mas são subterrâneas – se é que se pode empregar tal palavra num mundo de sal até quase cem metros de profundidade. Foi então que me contou sobre as origens da ilha e elucidou: devido à baixa pluviosidade a ilha está sujeita a uma intensa desidratação.

O endurecimento daí resultante faz com que o trabalho de extracção tenha toda a semelhança com o de uma pedreira, ou melhor com uma mina, porque resolvemos respeitar a superfície, para evitar a formação de uma cova que, mais tarde ou mais cedo, uma maré reencheria de água.

A fim de não desperdiçar o trabalho dos presos numa tarefa anti-económica como seria a construção de moradias, distribuímos-lhes, como primeira obrigação, cavar uma cela subterrânea. As celas ficam de um e de outro lado de um corredor comum; cada novo hóspede deve também continuar o corredor, o suficiente para construir a sua cela. Queremos que cada um construa, por assim dizer, o seu próprio lar. As celas que ficam devolutas aproveitamo-las para ponto de partida de novas minas. Temos assim uma única saída para o exterior o que facilita a vigilância.

Assim falando tínhamo-nos encaminhado para a boca da mina e entráramos no túnel cavado no sal que procura o interior da ilha em declive acentuado. Os presos que puxavam o trenó eram de vez em quando estimulados pelo director com uma breve chicotada.

Vamos vê-los trabalhar, disse; temos agora cerca de oitocentos; setecentos e oitenta e três para ser preciso, era o número hoje de madrugada. Estão sempre a chegar mas a mortalidade também é elevada e alguns sempre acabam por sair depois de completamente recuperados. Saiba que esta prisão é a única que pode orgulhar-se de fazer recuperações perfeitas dada a feliz aplicação da aliás impropriamente chamada lei das medidas de segurança. Esta lei permite-nos manter o prisioneiro até que seja considerado como de personalidade impecável.

Mas não se trata das medidas de segurança da velha teoria da prevenção, que está ultrapassada. São antes verdadeiras penas aplicadas à culpa dos criminosos pela inadequada formação da sua personalidade, ou nos casos de deformação hereditária (como também nos devidos a causas exógenas) à culpa pela negligência na correcção indispensável; e peço para notar, notou, que só a sua natureza de verdadeiras penas nos permite usar sobre os criminosos os nossos eficientes meios de correcção. Quero ainda salientar, salientou, que obtemos assim uma graduação mais rigorosa da pena, pois quanto maior é a deformação ou culpa (devemos entender estas palavras como sinónimos) maior o período de recuperação.

Entretanto havíamos chegado junto de um pequeno grupo de prisioneiros que acorrentados uns aos outros, como é costume, trabalhavam sob a vigilância do guarda meu conhecido que me acenou um cumprimento. Brandia a intervalos regulares o seu chicote distribuindo correctivos com invulgar sentido de justiça entre todos os prisioneiros.

Estamos a assistir à extracção de sal, declamou o director com uma ponta de indisfarçável orgulho; ocupamos nesta actividade cerca de metade dos prisioneiros, os mais perigosos: desordeiros, todos os violadores dos direitos de propriedade, blasfemadores, abusadores da liberdade de imprensa, agitadores, pacifistas, antinacionalistas e outros intelectuais, poetas, filósofos e outros visionários, pretos e todas as demais castas inferiores, etc. Sabemos que são raros os recuperáveis neste grupo mas é mais uma razão para tentar recuperá-los com mais afinco. Quando algum deles consegue passar para outra actividade, é porque está no caminho do bem, concluiu com unção. E depois de uma pausa: embora o método que aqui usamos pareça à primeira vista muito primitivo, posso afirmar-lhe que não é nada disso, é "estritamente científico" segundo reza o nosso regulamento. Aplicamos pura e simplesmente a conhecida pedagogia baseada nos reflexos condicionados. Se bem atentar, no ouvido direito de cada prisioneiro há um pequeno objecto que é um receptor transistorizado construído para captar apenas a nossa estação emissora que transmite continuamente, excepto no pequeno intervalo da refeição, os preceitos indispensáveis a uma boa formação cívica e moral: admiração pelos superiores, obediência às autoridades, respeito pela propriedade, crença religiosa, etc., condensados em fórmulas simples e directas do género:

"Deves crer que F. é o melhor e mais inteligente dos dirigentes, deves estar-lhe grato e admirá-lo". É absolutamente proibido retirar o receptor do ouvido, seja em que circunstância for, e a destruição dele é punida com a morte (já tivemos de aplicá-la mais do que uma vez, digo-o entre parêntesis) disse. Esta fase da recuperação considera-se completa quando a um desagradável estímulo físico exterior se suceda automaticamente a emersão à superfície da consciência dos princípios morais fundamentais – desculpe a rima – que regem a nossa sociedade, pela ordem do ensinamento que é também a da importância. Infelizmente, a demência completa sobrevém muitas vezes antes de termos conseguido resultados satisfatórios e para a demência a pena é a morte – culpa na formação da personalidade, lembrou-me– mas algumas vezes esta antecede aquela.

Nós sabemos, disse após um breve recolhimento, que a consciencialização dos deveres não deve apenas obedecer a um estímulo violento; por isso os outros aspectos da vida exterior são também aqui artificialmente reproduzidos nas secções aonde estão os presos menos perigosos.

Andando, passámos junto de outros grupos de extractores de sal; grupos de cinco ou seis prisioneiros dirigidos por um guarda. Cada grupo trabalhava numa mina diferente. Os guardas revezavam-se frequentemente. A temperatura mantinha-se bastante elevada mas o ambiente era seco, muito saudável, dizia o director; a sede enchia-me a barriga mas um terror muito primitivo impedia-me de perguntar por água. Suponho que temia que não houvesse. O director disse: creio que terá sede, como eu. A água é extremamente preciosa aqui. Importamo-la como tudo o mais – excepto o sal claro, sorriu – e o orçamento prevê uma verba muito limitada; temos de racioná-la rigorosamente aos prisioneiros. O nosso médico calcula para cada caso a dose mínima diária suficiente para que a desidratação não atinja o nível mortal dentro da duração provável da pena.

Mas venha daí beber qualquer coisa. Retomámos o nosso trenó e voltámos ao lugar das habitações. Bebeu e ofereceu-me uma bebida, preferi apenas água mas a minha garrafa secou antes de poder levá-la à boca. Ninguém reparou.

Fomos depois visitar outra secção. Esta é a dos "pedreiros" disse-me; os grandes blocos de sal extraídos são aqui reduzidos a pedaços cada vez mais pequenos até que, por último, o sal fica reduzido a pó. Nesta secção trabalham, além dos que sobem da secção anterior – actualmente sete ao todo – os réus de culpas menos graves: difamadores, caluniadores, autores de crimes passionais, açambarcadores, os que se apropriam da propriedade pública, alguns homicidas, etc. Possuem também o seu transistorzinho para ouvir a emissão, mas os estímulos são aqui de natureza mais subtil: insuficiência alimentar – a emissão cessa na hora da refeição –, a sede, a incerteza quanto à duração da pena, supressão das actividades sexuais, o isolamento – só podem falar nas horas da refeição –, etc. Não sofrem castigo corporal excepto se violarem algum dos nossos rigorosos preceitos regulamentares. Compreendi que isso se dava muitas vezes porque os guardas se apresentavam munidos do seu inseparável chicote.

Nesta secção ainda são mais os que se perdem do que os que se salvam. A loucura arrebata-nos a maior parte, mas temos de pagar algum preço pela eficácia do aparelhozinho, afirmou carinhosamente.

Esta secção é também a encarregada do carregamento dos navios. Caminhando sempre, havíamos chegado à secção de empacotamento instalada à superfície.

A secção de empacotamento é a nossa privilegiada. Nela se encontram os casos menos graves de deformação da personalidade, além dos que sobem das outras secções – e note que subir, aqui, não é uma mera imagem. São quase todos condenados por violência; uma grande parte deles homicidas; admiramos muito a coragem e costumamos dizer que desta massa é que se fazem os heróis, disse sorrindo. Trata-se apenas de canalizar-lhes o carácter no sentido de os tornar bons seguidores, e às vezes até guardiães, dos nossos sagrados princípios cívicos e morais. Note que desta secção têm saído quase todos os nossos guardas que, afirmo-o sem vaidade – disse orgulhosamente –, são cidadãos exemplares. Na verdade os seus actos criminosos – referia-se novamente aos presos da secção de empacotamento como me fez saber indicando-os – só o foram pela circunstância fortuita de não serem dirigidos às pessoas adequadas, não sei se me faço entender... duvidou.

Todos os presos desta secção são recuperáveis mas alguns não resistem ao tratamento. Usam apenas o aparelho de dia e podem tirá-lo uma hora antes, durante, e até uma hora depois da refeição. Quanto aos estímulos, são de natureza puramente psíquica e bastante elaborados, do género injustiça e frustração. Posso afirmar-lhe que esta sorte de estímulos é a mais apta a provocar, quando estiverem lá fora, a salutar consciencialização dos ensinamentos que lhes ministramos. Temos um psicólogo especialmente encarregado desta tarefa. É especialista em distribuição arbitrária de recompensas e castigos, protecção dissimulada mas patente aos menos aptos, promessas sempre adiadas de melhoria da situação para os melhores e sabe como ninguém distribuir uma humilhação — a humilhação mais adequada a cada caso — no momento mais oportuno. É o chefe desta secção e o subdirector da cadeia; lamento não poder apresentar-lho mas foi ao continente escolher material para o seu laboratório; é um precioso colaborador, concluiu.

Voltámos ao nosso trenó. Tivemos necessidade de procurar os presos para os aparelhar. Encontrámo-los pastando descuidadamente pelas redondezas. Percebi que dois deles haviam adormecido, unidos numa cópula que o director desfez com uma chicotada complacente.

Levaram-nos a bom trote para junto das habitações. Quando estávamos a chegar o director disse apologeticamente: São tão bons que só lhes falta relinchar! Disse isto e desapareceu sem qualquer explicação deixando-me o chicote.

Continuei em direcção ao porto com os olhos fitos num sol que antes de falecer de todo, vomitava sangue sobre o mar. Estava pálido... pálido.

O preso que trotava mais perto de mim disse a meter conversa: Não te deves esquecer de nos chicotear! Chicoteei-os e eles relincharam de contentes e em uníssono. Relinchavam: «Ele diz que só nos falta relinchar".

Chegámos ao porto. O meu navio ainda lá estava. Parecia entediado depois de uma tão longa espera mas animou-se só de me ver. Encontrei todos os da minha comitiva prontos para o embarque. A comoção própria dos reencontros e das partidas apanhou-me desprevenido de modo que mal consegui articular o meu discurso dirigido a todos os habitantes da ilha deserta que com o meu amigo, o director, à frente, ali estavam para se despedir.

À última hora apareceu por ali, porventura à procura de algum preso que se evadira, o guarda meu conhecido. Dirigi-lhe um sorriso mas percebi que não me reconhecera. Volteava engenhosamente no ar o seu chicote e, como via mal, o porto ficou deserto no mesmo instante. Corri para o navio; também ele parecia não se sentir seguro e começou a afastar-se com a lentidão que lhe é própria. Mas via-se que estava ansioso por me ajudar porque me lançou uma escada pela borda da proa na qual fiquei agarrado suspenso sobre o abismo que já o separava do cais. Consegui acomodar-me melhor sobre ela enquanto o navio, rodando sobre si, se apressava a caminho do continente. Sentia-me demasiado enjoado para sair dali. Durante a viagem o sol resistiu ainda muito tempo vomitando sangue sobre mim enquanto eu vomitava sobre o mar...

Geraldes de Carvalho
IN "O CAMINHO"– LOURENÇO MARQUES 1974

OSSOS DE OFÍCIO

I

INGENUIDADE DAS PRIMÍCIAS

Obtido o curso de Direito, e tendo Miguel em mente apenas o ingresso na Magistratura Judicial, requereu, como na época era um pressuposto, a sua nomeação para o Ministério Público como subdelegado do procurador da República para o primeiro contacto com a realidade. Enquanto esperava a publicação do respetivo despacho no então Diário do Governo, apresentou--se no tribunal para ir sentindo o ambiente numa perspetiva realista e prática.

Havia um julgamento crime (umas estaladas causadoras de hemorragia nasal e de umas tantas equimoses). O juiz da comarca, de saudosa memória, com perfil naturalmente digno e respeitável, sem mais nomeou-o defensor oficioso. Inopinadamente investido nessas funções, não fazia a mínima ideia do seu desempenho! Valeu-lhe o oficial de diligências, segredando-lhe que perguntasse às testemunhas de defesa se o réu era bem comportado e elaborasse uma contestação a oferecer o merecimento dos autos e a pedir justiça. Era a primeira tarefa jurídica em que apunha a assinatura, com alguma tremulina de mão, já que o tamanho da emoção era inversamente proporcional à singeleza do ato. Por isso, indelevelmente marcante.

Publicado o despacho de nomeação, tomou posse com a tradicional leitura do dogmático auto em que, sob compromisso de honra, se jurava cumprir a Constituição e as leis com ativo repúdio do comunismo e de todas as ideias subversivas.

Começou então o contacto efetivo com processos. Folheando-os, sucediam-se termos processuais como *vistas, conclusões, cotas*! Que diacho era aquilo? Cotas? Conhecia as de nível referidas nos compêndios de Geografia! Teve a sensação desconfortável de que na Faculdade nada tinha aprendido de útil. Efetivamente nunca, nas aulas, havia a mínima abordagem a estes atos de rotina processual elementar, voando-se sempre muito lá por cima, pelo deslumbramento das doutas teorias. O delegado da comarca, paciente e amigo, foi explicando o necessário.

Vieram as primeiras inquirições de testemunhas, na chamada instrução preparatória, com o formalismo usado quanto aos costumes (identificação, parentesco, etc.), o depoimento propriamente dito e as declarações daqueles a quem se imputava a prática de um crime. Estas pessoas (então os arguidos) eram por isso importantes, nada menos do que as personagens principais do enredo processual criminal.

Num dos processos, era arguido um indivíduo que havia injuriado e agredido o presidente da junta da sua freguesia. Tinha traços esquizofrénicos notórios e julgava-se perseguido por ele. Confessou logo os factos imputados, justificando-os pela necessidade de obrigar tal presidente a defender devidamente os interesses da freguesia e dele próprio, agressor. Tudo isto com uma prolixa e notável argumentação.

Miguel, pensando que lhe baralharia a facúndia, disse-lhe:

– O senhor parece o Raskolnikov do Crime e Castigo!

Resposta pronta:

– Não! Eu não sou como Raskolnikov, de Dostoievsky! E isto porque ele cometeu um crime por razões egoístas, para arranjar dinheiro que lhe permitisse prosseguir nos seus estudos e vir a ser alguém. Eu não! As minhas razões são altruístas, são generosas e de interesse público!

Ora toma, Miguel! Aprende a lidar com a realidade...

Passado algum tempo, foi nomeado delegado interino para uma comarca de Trás-os-Montes, onde havia mais de quatro centenas de processos atrasados, só do foro criminal. Então aprendeu mesmo! Teve a sorte de encontrar um juiz que, pelo seu aprumo, sensatez, sabedoria, havia de padronizar indelével referência, além de se tornar num autêntico professor de prática forense.

Assim, com bastante à-vontade, lidou com o caso de três irmãos presos por terem, à facada, assassinado um pastor quando guardava o rebanho lá pela verdejança silvestre das colinas esconsas. Curiosamente assumiam o facto quase como se tivesse sido uma obrigação para defesa da sua honra. O pastor tinha-lhes imputado um furto qualquer e isso, o furto, era algo de vilania inadmissível! Na esfera dos seus valores, matar tinha pois justificação. Pelo menos uma explicação.

Num dia de manhãzinha, Miguel respirava ar puro entre oliveiras que teimavam em manter-se viçosas no quintal da casa da sua morada construída onde antes fora um olival. Deambulando por ali, inquietava os pintassilgos e os pardais que se consideravam os legítimos proprietários dos galhos de rama densa, azados para a instalação de ninhos. Uma filha de três mesitos chilreava, num carrinho de bebé, à compita com a passarada.

Em determinado momento apareceu um burro preto conduzido à rédea pelo dono e, sobre a albarda, um cabrito espreitava dentro de um alforge branco com riscas azuis e borlas da mesma cor nos cantos fundeiros.

Estranhou-se a invasão não autorizada. O homem, de chapéu na mão, cumprimentou:

— *Bos* dias, *sor* Dr. Delegado.
— Bom dia. O Senhor quer alguma coisa?
— Vossa Excelência perdoará. Trago aqui um chibo...
— Desculpe mas não estou interessado em comprá-lo.
— *Num* é *pra merca*. É uma *alembrança*.
— Uma lembrança? Essa agora! Aqui ninguém faz anos hoje...
— Pois. É que eu vou *responder* amanhã...

Miguel percebeu finalmente a intenção e perdeu por completo a tramontana. Pensou em prender o atrevido mas acabou por expulsá-lo com palavras e atitude ásperas, a ele, ao burrico e ao cabrito, a berrar desconfortado no alforge por ter as quatro patas atadas em molho.

Passada a fúria, Miguel arrependeu-se da reação destemperada. Pensou que devia serenamente ter explicado o disparate da pretensão. Foi uma experiência marcante.

Num outro processo, uma rapariga acusava o namorado de a ter seduzido com falsas promessas de casamento. Este assumia a responsabilidade da sedução mas afirmava que sempre tivera intenção de casar com ela.

— Então por que não casou?

— Ela já não era virgem!

— Por que diz isso?

— É simples: não ouvi nenhum estalido nem deitou muito sangue!

— Como, como? Muito sangue, um estalido?

— Sempre ouvi dizer que as virgens deitavam para aí uma *litrada* de sangue.

— Ouviu dizer a quem?

— Nas conversas entre rapazes da aldeia.

— Qual deles era mais ignorante?

— ??

— E isso do estalido, também ouviu dizer?

— Sim, sim.

— E é por isso que não quer casar com a rapariga?!

— Pois é! Eu até gostava dela... mas só deitou uma gota ou duas de sangue...

Miguel falou-lhe na fantasia idiota do estalido e tentou explicar-lhe que a realidade era bem diferente. Mostrou-lhe até fotografias de um livro de Medicina Legal. O rapaz ficou espantado por lhe afirmar que muitas mulheres nem sequer uma gota de sangue perdiam. A complacência do hímen era conceito que lhe não entrava na cachimónia, mas percebeu e admitiu o desconchavo da espantosa *litrada* e a tolice do alegado efeito sonoro.

— Homem, vá para casa, pense no que lhe disse, na injustiça e na humilhação que está a fazer à rapariga. Lembre-se de que, por causa dessas convicções parvas, nascidas de ignorância espessa, tem havido tragédias incontáveis na noite que devia ser de mel.

O rapaz veio a casar com a moça, por convicção, não apenas para obter pena suspensa de dois anos de prisão como a lei impunha nesses casos.

Entretanto havia a história relacionada com o *veludo da freira*. Efetivamente, uma conventual tinha transformado o ambiente cenobita num cérulo regabofe. Para facilitar a sua ação, ministrava criteriosamente heroína e usava um falo artificial revestido de veludo. Porque se dizia enfermeira, os farmacêuticos da comarca forneciam-lhe droga sem receita médica. Resultado: foram todos julgados por confiarem no hábito da monja.

Já noutro concelho e comarca, ela continuou com as mesmas práticas. Aí, uma rapariga que servira no convento local acusou um moço de a ter desflorado. Ele negou firmemente a imputação, afirmando que apenas tinha havido umas brincadeiras intercoxas, mas nunca penetração. A sua convicção era sólida. Certo é que o hímen estava roto!

Feita uma acareação entre ambos, a rapariga acabou por admitir:

— Então, se calhar, foi o veludo da freira...

Claro que depois teve de explicar pormenorizadamente a afirmação. Então o Éden ruiu com estrondo, transformando-se em Inferno e a monja veio a ser condenada, até por homicídios!

Muitos anos mais tarde, já cumprida a pena, a "freira" havia de aparecer presa perante Miguel, num Juízo de Instrução Criminal, acusada de burla e de... furto de automóveis, na época caso inédito em termos de autoria feminina.

II

NA BEIRA SERRA

A seu tempo, foi nomeado delegado efetivo do procurador da República numa comarca lá para as bandas da Serra da Marofa. Gente boa, enquadrada numa mentalidade do velho Portugal, em paisagem de sonho: a serra, com a sua panorâmica de 360.º, a incutir a grata sensação de grandeza do tamanho dos sonhos de juventude, com panoramas a perder de vista para Trás-os-Montes, Castela, rio Coa, Beira Alta até Pinhel, até Marialva, até à Guarda.

Ali ao lado alçapremava-se o medievalismo de aldeia típica que fora senhorio e residência de Cristóvão de Moura, conselheiro fiel de D. Joana de Áustria, irmã de Filipe II de Espanha, e mãe de D. Sebastião. Mais tarde aquele conselheiro foi vice-rei de Portugal ao serviço daquele monarca espanhol. Um pouco adiante, um velho convento dava mais um testemunho dos tempos medievos. Ainda mais à frente, estendiam-se os campos onde se travou uma das batalhas da Restauração, agora remanso de seguro pascigo de rebanhos e manadas. Já para lá do rio, sentia-se o aroma das amendoeiras em flor da quinta que fora de Guerra Junqueiro.

O delegado pôde descontrair e amenizar os efeitos da tensão acumulada noutra comarca por via dos concursos que teve de fazer num clima psicologicamente denso. Com efeito, o jovem magistrado chegou a pôr a questão de saber se valeria a pena sujeitar-se ao esforço e responsabilidade das provas, em Lisboa, quando era certo que um comboio de navios de guerra russos se dirigia a Cuba. Estávamos em 1963. Era evidente a possibilidade e iminência de conflito nuclear...

Bom, agora, como delegado efetivo e com trabalho tranquilo, podia respirar fundo porque a eventualidade do confronto militar se desvanecera e a emotividade causada, algum tempo depois, pelo assassinato de John Kennedy já fora ultrapassada.

A sombra dos amieiros marginais ao Coa passou a ser um tónico revigorante, na companhia de um novo juiz e das respetivas famílias, com quem se estabeleceram laços de sólida empatia. As cegonhas, exibindo a sua elegância pintada de branco e preto, sustentada em longas e esguias patas vermelhas, requintada na retidão rubra do bico longo, vagueavam, em passadas calmas e aristocráticas, pelos lameiros regados por límpidos ribeiros a descer dos cômoros. Elas, em busca permanente, perseguiam alimento para si e para as crias, equilibradas, sem vertigens, nos ninhos construídos no píncaro das torres e dos freixos secos, bem longe de predadores.

O delegado, com a sua família, morava numa casa que já fora boa, enorme, com ampla varanda e escadas de pedra adornadas com prolífera videira de saborosos cachos pretos, e um quintal onde a enxada tratava das couves e dos morangos a par de açucenas e roseiras. Tudo com sabor e perfume especiais, pois o seu cultivo se fazia também à custa de suor próprio. Morava ali, portanto, um homem e uma família felizes, embora a casa já fosse velha, com soalho esburacado. Por via disso acontecia, algumas vezes, um curioso convívio pacífico com ratitos que se permitiam visitar os inquilinos de circunstância, em cortesia de donos permanentes da casa.

Uma filha com três anos encantava-se a procurar estabelecer contacto com os fugidiços roedores, enquanto outra recém-nascida digeria beatificamente a última mamada numa seira fofa almofadada num branco imaculado. Ela um dia afundou uma perna num buraco. Apesar dos arranhões, eram sempre emocionantes, compensadoras, as tentativas de intimidade e, se nunca foi possível uma aproximação muito chegada, os roedores não rejeitavam a conversa unilateral com arremesso de migalhas apetitosas. Luziam então os seus olhos redondos e vivaços. Sentados nas patas traseiras, pegavam na comida com as da frente, levando-a avidamente à boca ladeada de longos bigodes.

Entretanto, o múnus profissional impunha a realização de instrução preparatória, acusação e intervenção no julgamento de quem dera umas lambadas nas fuças de um qualquer provocador, praticando o crime de ofensas corporais voluntárias previsto e punível no art. 360.º n.º 1 do Código Penal ou de quem se desbocara em descuidosas carvalhadas a macular tímpanos sensíveis, cometendo o crime de ultraje à moral pública do art. 420.º do referido Código. Curiosos e ingénuos tempos!

De súbito, um facto insólito: o carcereiro deixou furtar a pistola que lhe estava distribuída. Era um moço da terra, solteiro, habituado à exiguidade de um quarto partilhado com irmãos. As instalações da cadeia, erguidas no limite da vila, pareciam-lhe pois semelhantes ao solar de um qualquer antigo senhor afidalgado da região.

Na sequência do respetivo inquérito verificou-se que o rapaz costumava receber amigos e amigas no estabelecimento prisional festejando, numa das suas salas, os mais variados eventos.

Os presos, muito poucos na época, na solidão das celas não se sentiam incomodados, até porque sempre sobrava um naco de presunto, uma chouricita sabiamente fumada e uma garrafa de vinho em complemento do monótono rancho de cárcere.

Havia só uma única mulher presa que sentia, na sua involuntária clausura, os impulsos da juventude e o suplício de Tântalo, com a ala masculina ali ao lado. Acomodou-se perante a compreensão do jovem guarda quando este lhe permitiu visitas de um preso da confiança e feição dela. A monotonia transformou-se então num doce amar, comer e dormir. Nem Circe, na sua ilha Eana, foi tão feliz nos braços de Ulisses! Passou a valer bem a pena observar romanticamente o Sol aos quadradinhos.

Foi numa dessas festas que a pistola desapareceu! Resultado: o carcereiro acabou por ficar... preso!

Nomeou-se de imediato um substituto. A pistola apareceu, pouco depois, abandonada num recesso.

A tranquilidade da rotina começou então a ser quebrada pela afluência de emigrantes indocumentados que passavam a fronteira *a salto*, apanhados depois nos azares do percurso e logo remetidos à procedência lusa. Em pouco tempo a cadeia ficou cheia. Por razões inconfessas, o governo português tentava estancar a hemorragia do povo carente. Tais razões deixavam afinal transbordar o medo surdo de inconvenientes informações e aclaramentos de tantos milhares que haviam inevitavelmente de beber em novas fontes e regressariam culturalmente enriquecidos. Para quem se refugiava atrás da proteção policial para sobreviver politicamente, o facto comportava óbvios perigos de abertura a, até então, ignotos padrões referenciais.

No meio desse fenómeno marcante da evolução social e económica dos anos 60, emergiu a ocorrência de um evento, oficialmente participado pela GNR. Aparecera o cadáver dum recém-nascido em poço de uma aldeia. A corda, que prendia o corpo a uma pedra, soltou-se e o minúsculo cadáver foi achado a boiar. Facto grave a impor investigação cuidada.

Não havia suspeitos nem quaisquer outros elementos denunciadores de pistas. A primeira diligência a realizar imediatamente era retirar o corpo do poço e efetuar a autópsia, ato especialmente impressionante por ter por objecto um migalho de gente!

Logo depois, aí vai o delegado acompanhado do escrivão, num carro de praça, de novo a caminho da aldeia. Facto raro e, por isso, motivo de grande curiosidade. Na sede da Junta de Freguesia, com toda a gente por perto, procurou-se averiguar se alguma mulher, com sinais notórios de gravidez, teria deixado subitamente de os exibir. Nenhuma. As que tinham estado grávidas deram à luz as suas crianças, e as que estavam pejadas estavam ali todas presentes.

Era sabido haver casos em que mulheres fizeram desaparecer recém-nascidos. Então colocavam uma almofada na barriga para simularem a continuação da gravidez. Posteriormente davam uma qualquer explicação para a normalização do tamanho do ventre e um exame ginecológico posterior já não mostrava sinais de parto recente, o que era muito relevante, decisivo mesmo, no caso de multiparidade.

Pediu-se então às mulheres grávidas que, elas próprias, pressionassem o ventre, lateralmente, de modo a perceber-se a eventual presença de conveniente prótese. Nada. As barrigas estavam bem firmes. Recolheu-se o nome de algumas mulheres para se apreciar a oportunidade de exames médicos.

Voltou-se para a sede da comarca a pensar nas diligências que haviam de fazer-se e que tivessem algum sentido. Chegados ali, com surpresa, um telefonema da GNR informou que a autora material do crime tinha ido voluntariamente ao posto confessar a autoria. Ela tinha assistido à diligência junto das grávidas e o facto perturbou-a de tal maneira que buscou o alívio da confissão: uma irmã dela, solteira, convivente com ela e o marido, ficara grávida deste. Logo que a criança nasceu, ela, confitente, abafou-a e lançou-a no poço. No exame feito à parturiente, primípara, confirmou-se a existência de parto.

O espanto na aldeia foi geral, pois a rapariga conseguiu ocultar a todos uma gravidez a termo, embrulhada num xaile e dizendo-se doente!

Mais uns curtos meses de ação serena, com fruição, na altura própria, da beleza dos amendoais em flor, até que chegou a promoção à segunda classe e colocação numa longínqua comarca recém-criada. Os amigos não deram os parabéns, antes choveram os avisos de que certamente haveria problemas sérios numa terra que era a mais policiada do País: posto de PSP e um batalhão residente da GNR. Os soldados policiavam as ruas, aos pares e, à noite, armados de metralhadora.

III

PARA LÁ DO TEJO

Ajustado o transporte das coisas pessoais, Miguel e família entraram na sede da comarca já de noite. Era intenso o cheiro das fábricas em plena laboração e o fumo dispersava-se pelos ares em novelos densos expelidos por múltiplas chaminés espetadas ares acima como monstruosos alfinetes. Patrulhas percorriam as ruas assolapando à nascença indícios de eventual política incorreta.

Parecia confirmar-se o clima prudentemente alvitrado. A comarca era nova, o tribunal fora instalado num edifício antigo mas com muita dignidade. Miguel era praticamente o primeiro delegado da comarca e, tal como o juiz, objeto de especial atenção.

Em breve pôde concluir que a população fazia uma clara distinção entre as questões políticas, da competência dos tribunais plenários, e os casos do foro comum. O novo tribunal era respeitado e as pessoas que nele trabalhavam extraordinariamente consideradas. Apenas se precisava de trabalhar, e muito, pois o movimento processual era intenso. O clima pessoal e humano era, assim, excelente.

Um funcionário, até muito sabedor e diligente, pôde, pois, com a maior facilidade atraiçoar a completa confiança nele depositada por um comerciante que lhe vendeu, a crédito, tudo o que ele quis para mobilar a casa. Tardou o início do pagamento de prestações acordadas e, farto de esperar e de não ser recebido na residência do comprador, o vendedor procurou-o na secretaria do tribunal. O funcionário mostrou-se desagradado com a ousadia da sua presença. O homem, perdendo a paciência, disse em voz alta:

— Afinal quer pagar o que me deve ou não?

O escriba considerou-se injuriado e levou-o preso à presença do delegado. A humildade e clareza dos argumentos do comerciante foram logo elucidativos. Ele não ficou preso e perdeu-se um funcionário que parecia excelente. No inquérito subsequente verificou-se que, além de fazer aquisições a crédito, sem intenção de pagar, pactuava com executados o pagamento particular de metade da quantia exequenda e lavrava auto afirmando que não havia bens penhoráveis.

Sanado o insólito incidente, tudo voltou à normalidade.

A rotina intensa foi quebrada pela participação de que havia um local nas imediações da vila em que se reuniam umas dezenas de pessoas, algumas figuras conhecidas por povoarem a rádio e a televisão, realizando bailes em que o trajo masculino era constituído apenas por sapatos e... gravata. O problema é que havia raparigas menores à mistura. O facto foi notícia gorda e teve as inerentes consequências processuais.

Entretanto, o 1.º de Maio era palco infalível de cenas charlotianas entre os inconformados com o regime político de então e os agentes policiais prontos a acutilar logo que alguém levantava a grimpa.

Todos os anos era representada a mesma peça: cavalos, com graxa nos arreios e luzimento no pelo, montados por soldados da GNR, hirtos no garbo do fardamento de gala, capacete emplumado ao vento, investiam contra magotes arrojados. Estes, usando o insulto e picardias gestuais, espantavam as bestas mais nervosas e espantadiças que pinoteavam derrubando por vezes os cavaleiros, para gáudio dos circunstantes. Pelo meio, agentes da PIDE iam fazendo fotografias à socapa e tomando notas para mais tarde ajustarem contas individuais no recato dos ergástulos. No meio da confusão não se atreviam a fazer prisões ou sequer identificar-se, por mor óbvio dos seus prezados costados ou das testas vulneráveis a anónimas pedradas.

Um miúdo de 11 ou 12 anos, depois de praticar inúmeros furtos, perdeu de todo o respeito às autoridades policiais e mesmo ao tribunal quando percebeu que nada de especial lhe acontecia. Com efeito, havia um exame médico que sugeria padecer o moço de uma qualquer anomalia mental e os estabelecimentos oficiais de internamento de menores recusavam-se a acolhê-lo, por isso. Miguel, em desespero de causa, contactou a Casa Pia, acreditando na excelência do respetivo ambiente e costumes, e (alívio!), esta aceitou-o com a condição de o devolver à procedência se não se adaptasse. Adaptou-se.

Entre várias participações da GNR, uma dava notícia de que menina de 11 anos falecera depois de comer queijo infestado com salmonelas. Outra referia que um cidadão do sexo masculino se atirara para debaixo de um comboio em pleno andamento, dispersando-se o corpo em pedaços.

Miguel dispensou a autópsia no cadáver do esfacelado suicida e reuniu-se no tribunal com os médicos legistas preparando a autópsia da criança que se afigurava complexa. Sem pressas, até para dar tempo aos familiares do outro corpo para entretanto procederem à inumação. Qual quê! O suicida mantinha-se na casa mortuária e os familiares recusavam-se a retirar o cadáver pois a hora do enterramento era mais tarde. A criança mantinha-se no carro funerário e os parentes estavam irritados com o que consideravam a indignidade da situação.

Havia no ar condições emocionais de confronto físico potenciadoras de consequências imprevisíveis. A situação era séria e nem havia agentes policiais presentes. Miguel arriscou o contacto com os familiares do ocupante da casa mortuária, explicando-lhes que havia urgência na realização de autópsia complicada no corpo da menina e, para tal, bastava que eles mudassem o seu parente para a igreja vazia logo ali ao lado. Enquanto alguns mostravam compreensão outros iam dizendo:

— Eu, por mim, não mudava nada!

Argumentava Miguel:

— Reparem que o vosso familiar não foi submetido a autópsia porque eu a dispensei! Agora estou a pedir-lhes que procedam à mudança por ser a única solução razoável, mas se o pedido não basta eu passo a ordenar.

Felizmente o bom senso imperou e o sempre desagradável ato tanatológico foi calmamente realizado. Por força das suas funções, Miguel devia presidir a tais atos e, no início, andava dois ou três dias sem apetite e sem poder ver carne ou vinho que lhe lembrava sangue humano. Com o tempo e as dezenas de casos, foi-se a eles habituando. Então, por curiosidade, procurava verificar se o falecido tinha ou não sido fumador. Bastava golpear determinada zona dos pulmões. A uma coisa nunca se habituou: o cheiro.

Bom, mas o mencionado incidente foi-se desenvolvendo com a imprensa presente e a tirar fotografias de todos os pormenores. No dia seguinte Miguel ficou a conhecer a natureza da verdade da informação diária. Em parangonas bem destacadas e profusamente ilustradas afirmava-se que o corpo da infeliz criança chegara ao cemitério e o delegado do procurador da República na comarca não estava lá... para receber o cadáver! Muitos leitores ficaram com a convicção de que era obrigação do magistrado proceder a tal receção e falhara nesse dever.

Ingenuamente irritado, o jovem delegado, bem intencionado, comunicou o facto ao respetivo procurador da República, no convencimento de que devia provocar-se um esclarecimento no jornal. O referido superior hierárquico, experiente e sensato, riu-se e aconselhou:

— Habitue-se à verdade jornalística. Esqueça o que se passou, que toda a gente amanhã também já esqueceu!

Ossos de ofício...

Três indivíduos presos, vindos de cadeia da comarca vizinha, foram julgados por múltiplos crimes de furto, já com reincidência. A sala de audiências estava completamente cheia.

O julgamento, pelo tribunal colectivo, decorreu com quase perfeita normalidade, presidido pelo corregedor do círculo. Este era pessoa sabedora, de trato geralmente correto nas suas relações particulares. Sentado porém na sua cadeira presidencial, parecia outra pessoa como se corregedorite aguda o afetasse: tornava-se quezilento, azedo, especialmente para com os advogados. Naquele momento, o de defesa era pessoa de educação esmerada, de polidez exemplar. Interrogava uma testemunha com perfeita normalidade, quando o corregedor o questionou abruptamente:

— O senhor Doutor quer que eu o ensine a interrogar uma testemunha?

A pergunta estalou como chicotada, espantando toda a gente. O advogado, após uns momentos de grave silêncio, vencendo a perplexidade, levantou-se e respondeu respeitosamente:

— Sentir-me-ei muito honrado em aprender com Vossa Excelência...

Cruzou os braços e esperou. O meritíssimo evitou o olhar que o fitava, pigarreou arengando:

— Bom, bom, faça favor de continuar...

—Pois... então continuarei no meu estilo, obviamente!

No fim, foi lido o respetivo acórdão.

Os "doutores" da prisão, ou seja, os que já tinham cumprido várias penas, punham-se a conjeturar sobre a medida das penas que cada um iria apanhar. Um dos réus tinha a "douta" informação de que a pena devia ser de uns dois anos de prisão.

Enganou-se: apanhou quatro anos e uns meses, na época necessariamente prisão efetiva. Ao escutar a pena aplicada, pareceu que uma bomba rebentara na cachimónia do homem. Ficou furioso, embasbacando até os seus companheiros de banco, que o fitavam mudos e quedos, de olhos muito abertos.

Iniciou uma surriada de insultos dirigidos aos juízes, abanou com toda a força a grade da teia constituída por pilares de madeira. Estes, soltos, poderiam servir de perigoso cacete. Não o conseguindo, saltou a grade. O escrivão, assarapantado, levantou-se, embargando, sem querer, o passo ao desordeiro.

Os três juízes saíram da sala lestos. A porta, muito alta e estreita, não permitiu a saída simultânea, pelo que se atropelaram, dificultando a saída. Ao do meio caíram os óculos que o detrás pisou, esmigalhando-os. O homem teve tempo de colocar as mãos nas costas do último, sem bater, e então voltou-se para trás e encarou com Miguel sentado na sua secretária, assistindo, incrédulo, às insólitas peripécias. O tresloucado dirigiu-se a ele passando por detrás das cadeiras dos juízes. O delegado levantou-se, pensou se devia ou não tirar os óculos, com uma certeza: não deixaria sovar-se passivamente. Não tirou os óculos e quando o díscolo se aproximou, com olhos esbugalhados, parecendo gaseado, agarrou-o firmemente pela lapela do casaco para o manter a certa distância. Sentindo-se tocado, o homem voltou para trás e continuou a berrar impropérios e a sua fúria foi-se esvaziando como balão com atilho folgado.

No gabinete do juiz, o corregedor, de beca desapertada, esbaforido, abriu a janela espreitando a chegada dos agentes da GNR. Quando assomaram ao longe, gesticulou desaforadamente e berrou-lhes estuga nos passos. Postadas então duas patrulhas em sentido na sala, voltou-se a ela para se terminar a leitura do acórdão. Tomados os respetivos assentos, o corregedor, solenemente, perante a sala a abarrotar, afirmou:

— Enquanto eu fui Ministério Público, coisas destas nunca aconteceram!

As orelhas do delegado aqueceram e olhou para o comentarista que, respondendo ao olhar, reafirmou:

— Sim, enquanto fui delegado isto nunca aconteceu!

Miguel pensou:

— Está a partir do princípio de que eu, tendo interrogado o réu, devia ter descoberto a personalidade do sujeito e adivinhar que ele iria reagir aqui desta maneira!

Sentiu pois necessidade de esclarecer com veemência:

— Senhor Corregedor: o Réu foi interrogado na cadeia da comarca vizinha, já que aqui é coisa que não temos e, obviamente, foi o meu Excelentíssimo Colega, territorialmente competente, quem o ouviu!

Foi como se não fosse dito nada. O juiz voltou a insistir:

— No meu tempo isto nunca aconteceu — e passou a ler a parte restante do aresto.

Tudo serenou. Passado bastante tempo surgiu o oficial de diligências que havia desaparecido procurando apressado a porta de saída no início do incidente.

— Então, senhor Oficial, que sumiço é que teve?
— Fui a casa buscar a pistola!
— Ah! Muito bem! Foi a casa buscar a pistola! Felizmente que conseguiu apanhar, de pronto, o autocarro!...
No dia seguinte, o destemperado réu foi sumariamente julgado pelos atos que então praticara. Disse que não se lembrava bem do que efetivamente

acontecera. Miguel acreditou nele, pois vira bem de perto os seus olhos de completo desvario!

Tudo passou exceto o azedume nas relações pessoais entre o corregedor e o delegado.

A partir deste incidente esteve sempre presente, na sala de audiências, uma patrulha da GNR. Este facto revelou-se bastante útil decorridos uns escassos quinze dias: na mesma sala foi julgado um indivíduo por tentativa de uxoricídio.

Quando alguém afirmava algo que o incriminava, ficava verde de raiva e se pudesse estrangular, estrangulava. Era mesmo de mau íntimo, como o demonstravam os factos por que estava a ser julgado: no quarto de cama do casal, situado num 2.º andar, encontrava-se um filho de meses no leito. Regou a mulher com petróleo de candeeiro, que se entornou também sobre o colchão, e atirou um fósforo aceso. Incendiou-se a blusa e a cama. Ela, aflita, procurou tirar a roupa e correu para as escadas, caindo de bruços por elas abaixo. A queda abafou as chamas e pôde sair para a rua, nua da cinta para cima, a pedir socorro. Foi um vizinho quem subiu para salvar a criança e procurar controlar o incêndio.

A promoção à primeira classe havia de levar Miguel e a família lá para o norte. O juiz da comarca e a sua mulher, sem filhos, tinham-se afeiçoado às filhas do delegado. A mais nova começou a dar os primeiros passos com eles. Logo de manhã ia com o leiteiro para casa deles e por lá ficava quase todo o dia, enquanto a mais velha já frequentava um jardim escola, onde já tinha os seus primeiros amigos.

O clima de afetividade que saudavelmente se criara interrompeu-se de súbito. Lágrimas discretas marcaram a separação.

Ossos de ofício...

IV

NA INVICTA

Miguel foi o primeiro juiz do 2.º Juízo da comarca de Vila Nova de Famalicão, vivendo perto do tribunal, na casa dos Magistrados.

Mais um julgamento fora realizado, durante o qual aprendeu a não fazer certas perguntas. Recebeu mais uma lição de vida, das muitas que o contacto com diversas culturas e usos lhe deram. Tinha julgado uma mulher que difamara outra, imputando-lhe convívio íntimo com companheiro, sem casamento, facto grave para o moralismo da época e do local.

Miguel perguntou ao homem que estava a depor:

— A testemunha conhece a Ré?

Resposta pronta dele:

— Não a conheço, mas sei quem é.

O juiz, segundo um hábito pragmático no exercício da profissão e por tendência natural, ocultou o efeito de um baque nervoso e pensou:

— O sujeito está a gozar comigo?

Em vez de manifestar o seu desagrado, preferiu admitir que a resposta teria alguma explicação e passou adiante.

— Bom, se sabe quem é diga ao Tribunal o que pensa dela.

O escrivão era da região e o juiz falou com ele no fim da audiência.

— Reparou na resposta da testemunha quando lhe perguntei se conhecia a ré?

— Reparei, reparei. Na terra deles conhecer uma mulher é no sentido bíblico!

— Portanto, ter sexo! Ora aí está! Ainda bem que não disparatei com o homem. Obviamente nunca mais vou fazer tal pergunta à gente daquela terra.

No fim da tarde foi conversar com o colega do outro juízo e contou-lhe o sucedido, comentando-se o facto com bom humor.

Regressaram então ambos à casa dos Magistrados, sita ali perto. Era só atravessar a via pública e pouco mais.

Um indivíduo dos seus 20 anos seguia ali a pé tranquilamente rua abaixo. Surgiu então outro de motorizada, também jovem. Travou o veículo abruptamente, apeou-se deixando-o tombar, e atirou-se violentamente ao peão. Ambos caíram engalfinhados como duas bestas ferozes. Ali mesmo ao lado, Miguel e o colega olharam um para o outro como se se interrogassem sobre o que diacho fazer em tão insólita situação. Com palavras bravas ou gestos desadequados ainda acabavam eles por apanhar umas lambadas!

Sem dizerem o que quer que fosse, num acordo tácito, ambos reagiram da mesma maneira. Cada um agarrou o contendor mais a jeito, com tal gana, que o impulso, não só os separou, como os pôs em pé, encostando-os ao muro de jardim ali ao lado. Na fúria da refrega, eles nem perceberam bem o que estava a acontecer.

Para o que desse e viesse, Miguel foi esclarecendo:

— Nós somos juízes aqui na comarca. Vocês estão a arranjar maneira de irem parar à cadeia.

O da motorizada, mudo e quedo por instantes, levantou o veículo e abalou tão rápido quanto chegara. O outro tentou justificar-se mas, perante o sumiço do antagonista, foi convidado a desaparecer também, o que se apressou a fazer. Parecia uma cena retirada de filme do *Far West* sem cavalos de quatro patas, nem pistolas.

Os juízes, ainda incrédulos, apenas comentaram:

— Esta agora!...

Foram jantar.

Maior perplexidade do que a daquela cena improvisada, só a que ocorreu algum tempo depois, no dia 25 de Abril de 1974.

Entretanto Miguel foi promovido à 1.ª classe e pediu para ser colocado no Porto, cidade que o conquistou quando ali trabalhou ainda como delegado do procurador da República. Nessa época, teve gabinete no Palácio de Justiça, inaugurado havia cinco anos antes, em 1961, com vista para o Jardim da Cordoaria, e no Tribunal de S. João Novo, com excelente panorama para o Douro. A corrida diária do juízo cível para o correcional e a preparação simultânea dos concursos para juiz provocavam desgaste mental desumano e potenciavam frequentes esgotamentos cerebrais. Miguel andou a navegar nessas águas conturbadas e só conseguiu evitar o afogamento com apoio clínico.

A cidade e arredores, Gaia em especial, por ali ter morado, haviam-no atraído definitivamente, com a concordância da família. Para já, era preciso encontrar casa, se possível na mesma zona, problema sério que urgia resolver, pois no Porto não havia casas de magistrados.

Ainda na de Famalicão, levantou-se cedo para ir àquela cidade, numa primeira tentativa de resolver o delicado problema. Tomou um banho quente, como era do seu agrado, fez a barba, penteou-se e, absorvido pelo assunto que o preocupava, desceu a escada interior e dirigiu-se à porta para ir buscar o carro. A mulher, atrás de si, perguntou intrigada:

— Onde vais?

Virou-se e viu-a perplexa, a fixá-lo com os olhos muito abertos.

— Com que então já vais embora!... Vais sair! Assim?...
— Deu então conta de que ainda estava completamente nu!

Finalmente, depois de instalada a família em Gaia, iam deixar de cirandar pelo País fora (já haviam mudado de casa e de terra nove vezes!). Apressaram-se a efetuar a matrícula das filhas no Liceu, a qual começou por ser recusada, alegando-se que o requerimento chegara fora de prazo. Parecia que, para elas, a cirandagem havia de continuar, facto particularmente perturbador para quem mudara de ambiente tantas vezes. O atraso na chegada do requerimento deveu-se a negligência de funcionários da escola da proveniência que o esqueceram na gaveta. O desagradável incidente acabou por ser ultrapassado, depois de sério agastamento manifestado perante os responsáveis.

Aliás, a família, mormente as filhas, foram sempre as grandes vítimas das frequentes mudanças. Quando, na escola, começavam a ter amigos, lá iam de malas aviadas para outra, onde não conheciam colegas nem professores. Nem médico permanente: também para ele eram doentes de passagem. Em cada casa oficial em que se instalavam, aliás geralmente muito boas, andavam a pensar onde era a casa de banho, os quartos, os interruptores elétricos. Frequentemente a mão procurava um onde nada havia mas, na casa anterior, estava naquela posição.

Ossos de ofício...

A monumentalidade do Palácio da Justiça do Porto, o seu recheio artístico e a área envolvente impressionaram Miguel logo no seu primeiro contacto, de tal maneira que, mais tarde, aquela sensação havia de ter expressão literária.

Aquando da sua nomeação para o Porto, como juiz, em pleno período revolucionário, só havia vaga nos Juízos de Instrução Criminal (JIC) e ali se manteve até conseguir vaga no cível, voltando ao 3.º Juízo, por mero acaso, onde já trabalhara como agente do Ministério Público.

Ali, no JIC, teve que fazer o seu turno de férias de Páscoa quando, com a família, andava mergulhado no bucolismo fresco da época, lá para a Beira Serra, no seu concelho de naturalidade, Pinhel, restaurando os pulmões e os nervos ao ritmo do cuco e da poupa que já se iam aventurando em regressos precoces. Veio pois para cumprir esse turno, ficando os familiares na terra.

Deparou, no Porto, com clima de extraordinária emotividade e tensão. Havia quatro arguidos presos, dois homens e duas mulheres, para serem ouvidos. Era-lhes atribuída ligação a fação política militantemente violenta, praticando assaltos sistemáticos a bancos e abatendo cirurgicamente pessoas determinadas. Imputava-se-lhes envolvimento num tiroteio em Massarelos, tendo sido baleados dois agentes da Polícia Judiciária, morrendo imediatamente um e encontrando-se o outro no hospital gravemente ferido com duas balas no corpo.

O funeral do agente assassinado realizou-se precisamente no dia da audição. Pode imaginar-se o peso do ambiente na sede da Polícia Judiciária, onde os JIC estavam instalados.

Miguel foi avisado de que, se algum dos detidos fosse liberto, os agentes não o deixariam sair, tal como ao próprio juiz. Os interrogatórios decorreram até às três horas da madrugada.

Desse ato e dos elementos até então coligidos, resultou a existência de indícios fortes relativamente aos dois homens e a inexistência completa em relação às duas mulheres.

O resultado só podia ser um: libertação imediata das mulheres e prisão preventiva para os outros. Quando a decisão foi conhecida sentiu-se o roçagar surdo de forte despeito pela indesejada libertação. Isso mesmo Miguel leu claramente no olhar dos circunstantes e pensou:

— Se não me deixarem sair vou ficar por aqui pacatamente até amanhã mas à hora de apanhar o comboio forço a saída, fisicamente se for preciso, e identifico quem me retiver!

Não aconteceu nada, até porque o diretor da PJ, apercebendo-se da tensão, fez questão de acompanhar o juiz até à saída, evitando qualquer disparate.

No *hall* de entrada estavam jornalistas e um deles perguntou:

— O que julga o Senhor Juiz que o público pensará amanhã quando for conhecida a libertação desta gente?

Miguel respondeu com firmeza:

— Em qualquer circunstância, mesmo eivada de intensa emoção, o juiz decide sempre de acordo com os factos e a lei que se lhes aplica.

O jornalista considerou que a resposta pressupunha certa arrogância, indiferença, desprezo até pela sensibilidade dos leitores. Isso mesmo expressou no jornal do dia seguinte.

Miguel lembrou-se do conselho prudente de um procurador da República noutras circunstâncias: o pragmatismo do silêncio gerador do sequente esquecimento. A soltura das duas raparigas foi tão oportuna que, no desenvolvimento posterior do processo, jamais foram incomodadas porque nada se apurou que as incriminasse.

Foi então colocado à disposição do Miguel um carro da Polícia Judiciária para, àquela hora da madrugada, regressar a casa. Tal carro estivera na refrega de Massarelos e fora varado por uma bala, de lado a lado, abrindo um buraco por onde entrava um fiozinho de frio acerado. O juiz quis ir primeiramente levar a escriturária que interviera na dactilografia dos autos e morava fora da cidade. Mal se tinha transposto o limiar da porta de saída, um agente, algo apreensivo, correu a informar:

— Senhor Doutor Juiz: na central rádio captou-se a afirmação: "preto acaba de sair"!

Parecia uma referência cifrada à saída: o juiz com a sua beca fica trajado de preto. Todos olharam para as janelas do antigo convento em ruínas, logo ali defronte, admitindo-se que alguém espreitava por elas. A Polícia pediu um reforço. O carro em que seguia Miguel e a escriturária passou a ser precedido de outro da mesma instituição, seguido de um terceiro da PSP. Tudo armado de metralhadora. Aí vai o cortejo pela cidade fora.

Miguel notou o extremo nervosismo do motorista e era convicção sua de que, a verificar-se qualquer incidente, ele deixaria esbarrar o veículo. Era pois propósito seu deitar a mão ao volante se necessário.

Em determinado ponto, da central rádio perguntaram:

— Quantas pessoas vão em cada carro?

— Porquê?

— Estamos a captar comunicações que afirmam seguir um certo número de pessoas em cada carro! Parece que estão a ser seguidos...

As entidades policiais entenderam que era melhor esperarem por reforços ou voltar à base. Voltou-se.

De novo na sede, um carro foi levar a escriturária a casa e outro foi até à morada de Miguel, regressando com a informação de que nada de anormal se notava por lá. Então o mesmo carro levou-o a casa escoltado por dois agentes que se postaram nas ombreiras da entrada, de metralhadora em punho!

Pediram-lhe para, já recolhido, telefonar para a central rádio, dizendo que tudo estava bem. Assim fez e da central telefonaram para o carro, regressando este calmamente à base.

De manhã, Miguel levantou-se e preparou o regresso a penates para continuar a fruir as suas férias. Abriu a porta e saiu, procurando a chave no bolso para a fechar.

Não a encontrou por muito que a buscasse: tinha ficado na fechadura, pela parte de fora!

— Chiça! Rica segurança! — ironizou.

Ele pensou, alguns dias depois, como teria sido apreciada uma palavra de solidariedade por parte das instituições representativas da classe, dado o teor dos acontecimentos. Nada! Como diria Antero de Quental, "silêncio, escuridão e nada mais". Contudo a sua decisão, como sempre procurava fazer, fundamentara-se no factualismo então disponível, buscado com a exaustão possível, de modo que a consequência saía segura, indiferente a críticas, sobretudo de cariz emocional.

Durante algum tempo viveu o desconforto da possibilidade de andar a ser seguido com objetivos pouco simpáticos. Pessoalmente o facto até o aceitava com naturalidade: ossos do ofício! O que perturbava verdadeiramente era a hipótese de os familiares poderem ser envolvidos. Chegou a andar armado!

Como sequela dos acontecimentos, vários agentes da PJ, que nem tinham participado no confronto letal, passaram a demonstrar explícito agastamento pelo facto de, nas circunstâncias, terem sido libertadas duas pessoas.

Mais tarde, depois de meditar seriamente sobre os contornos e sucessão dos factos e o seu verdadeiro enquadramento, concluiu seguramente que fora tudo bem diferente do que a ocasião sugeria.

V

OCASO PROFISSIONAL

Muitos milhares de processos, ao longo de uma carreira ininterrupta, passaram pelas mãos de Miguel. O difícil, o angustiante, o que afastava o sono, era a fixação da matéria de facto, sobretudo quando a prova era escassa.

Curiosamente, os casos mais intrincados que, no momento, arreliavam precisamente pela sua complexidade e sequente esforço, eram os que depois davam efetiva satisfação pela solução encontrada, tendo sempre, sem uma exceção, em mente os factos, o respetivo direito e a decorrente e silogística decisão, com uso ponderado dos elementos legais de equidade.

Por outro lado, nunca uma sentença, projeto de acórdão ou um simples despacho foi dado fora do prazo, pois havia a perceção de que as partes aguardavam ansiosamente o resultado. Isso era aguilhão de celeridade.

Sentado sozinho na sala de audiências do Supremo Tribunal de Justiça, gozando a tranquilidade do ambiente, com uma sensação profunda de paz interior, apreciava o retrato, no topo da sala, de D. Maria II quando tinha 15 anos de idade. Foi uma das mais belas mulheres coroadas do seu tempo. No confronto com a bonita rainha Vitória, de Inglaterra, a opinião internacional outorgava supremacia à rainha de Portugal!

Na época dela e sob o impulso da legislação de Mouzinho da Silveira fundou-se este tribunal e definiu-se a estrutura hierárquica dos tribunais portugueses em termos em que se manteve até aos tempos atuais.

Foi com aquele inspirado legislador liberal que se extinguiram os chamados juízes da terra, eleitos, e todos passaram a ser juízes de fora nomeados geralmente pelo órgão judiciário competente. Estes passaram a denominar-se juízes de direito, exercendo a sua jurisdição nos tribunais de 1.ª instância. Subsistiram laivos do juiz da terra, na figura do chamado juiz de paz.

Miguel observou a decoração da sala, da autoria de Eugénio Cotrim, pintor fingidor, que leva o observador desprevenido a pensar em relevos de gesso decorativos do teto. Nada disso: o efeito é apenas pictórico, fingido.

Aquele autor encarregou um moço de pintar Témis, a Deusa da Justiça no centro da cobertura, e as figuras bordejantes dos medalhões, porque "tinha muito jeito" e ganhava sempre o 1.º prémio da Escola de Belas Artes, desde os 12 anos.

O moço era José Malhoa.

Dali fugiu-lhe o pensamento para as instituições judiciárias que estavam a mudar rapidamente, nem sempre no sentido mais correto, pois era notória a tendência para uma lastimável degradação consentida, com inquietante perda de prestígio.

Com efeito, entrou-se na fase de arreganho alegatório, malcriado e azedo, tanto mais explícito quanto mais espessa a ignorância de protagonistas sem formação técnica bastante e, sobretudo, alheios a comportamentos deontológicos assuntíveis.

Na sequência da revolução russa de 1917, acentuou-se o coletivo nele encaixando o ser humano sob coação, restringindo, em conformidade, a sua liberdade. O Direito servia a Justiça a enroupar o coletivismo. O leninismo estalinista acabou por empurrar o marxismo para um gueto sem saída.

Ao longo da História sempre o conceito de Justiça serviu as classes (ou ordens, se se preferir) capazes de influir o corpo jurídico: filósofos, guerreiros e povo, entre os gregos de Platão, clero, nobreza e povo na vivência medieval. Uma larga faixa social carecia absolutamente de direitos: os escravos vítimas de todas as injustiças. Próximos desta situação encontravam-se os medievos servos da gleba.

A Revolução Francesa, em 1789, veio introduzir a célebre trilogia de valores, Liberdade, Igualdade e Fraternidade, que no terreno se foram implantando, mormente depois do cadinho iluminista do Séc. XVIII, com poderosas emergências liberais.

A noção de direitos, liberdades e garantias individuais sacralizando-se, por via de filosofia política na esteira da economia neoliberal, de algum modo renascimento do velho conceito fisiocrático *laissez faire, laissez passer*, gera efeitos perversos na aplicação e interpretação dogmáticas, fundamentalistas, dos indiscutíveis princípios axiológicos.

Assim:

— Os códigos de processo tornam-se labirínticos permitindo intermináveis discussões, em prejuízo da questão fundamental que tarde ou nunca é decidida para desespero das partes;

— libertam-se presos em prisão preventiva;

— os requisitos desta tendem a eliminá-la;

— a investigação é colocada num espartilho e a produção de prova é altamente condicionada;

— havendo condenação apesar de tudo, a pena é sistematicamente suspensa verificados os seus latos requisitos;

– o condicionamento espartilhado da ação das polícias torna-a ineficaz;
– o caldo de associações criminosas torna-se basto.

Nesta perspetiva, o corpo legislativo é, ele mesmo, criminógeno.

Os juízes são o rosto da Justiça e, portanto, as leis a que devem obediência, mesmo que as considerem imorais ou injustas, desprestigiam-nos sobretudo a eles, enquanto os legisladores, veros responsáveis diretos, dormem tranquilos como se, o que se vai passando, nada fosse com eles.

Dormem tranquilos porquê?

Porque julgam ter produzido legislação avançada?

Talvez venha a ser adequada à vivência social do Séc. XXII ou XXIII. No Séc. XXI é despropositada e, portanto, insensata. Não esqueçamos, como observam Edgar Morin e o nosso Almada Negreiros, que o homem atual é ainda um *primitivo cósmico*, sujeito ao domínio dos mitos e a reações instintivas provenientes do *id* freudiano.

Ou será que as razões motivadoras são mais comezinhas e menos nobres?

Por vezes parece haver por aí "rabos de palha" evitando-se, por isso, acender fogueiras por perto... *honni soit qui mal y pense!*

Havia muito que tinham decorrido os 36 anos de serviço obrigatório. Ia, pois, sendo tempo de Miguel conceder mais atenção e tempo à família, a eterna vítima da absorvência profissional, e abrir a porta a almejados campos de realização pessoal.

(*Adaptação reduzida de um conto, dedicado ao Cons.º Brochado Brandão, inserto no meu livro, Labirintos, da Livraria Athena, Porto*).

Entretanto, em casa, havia que redigir mais um projeto de acórdão, um dos últimos da sua vida de magistrado judicial. Levantou os olhos do processo que acabara de ler atentamente. A solução já estava clara na sua cabeça. Tirou os óculos e colocou-os sobre a secretária, ao lado dos autos, encostou-se para trás, largando as folhas que logo começaram a mudar de posição. Não quis contrariar a tendência da rima de folhas cosidas, acabando o processo por se fechar sozinho, mostrando o encarnado da capa. Fechou os olhos e encostou a cabeça ao espaldar almofadado da cadeira giratória.

Deixou de pensar, enquanto o relógio da sala, ao lado do escritório, batia compassadamente as 21 horas, ao ritmo exato imposto pela comprida pêndula helioforme. O pacifismo ambiental era acentuado pelo tic tac hipnoticamente embalador. O canário, empoleirado na sua gaiola prateada, suspensa ao lado do relógio, havia muito que guardara os gorjeios para a madrugada seguinte, a dormir transformado num pequeno novelo amarelo.

Lá fora o Douro, na zona do Freixo, refletia as luzes dos candeeiros de iluminação pública e o ruído distante dos automóveis, na suas deambulações imparáveis, chegava amortecido pelos vidros fechados das janelas. Vila Nova de Gaia começava a sossegar, envolta num manto de nevoeiro ainda ténue, quase chuva, a desfazer-se em gotículas com que o vento jogueteava chocarreiro a ludibriar os guarda-chuvas.

Após alguns momentos de descompressão mental, abriu os olhos e pôs de novo os óculos sobre o nariz . Passou a mão sobre a capa do processo onde se destacava, em letras maiúsculas negras, o nome da comarca da sua proveniência: TRIBUNAL JUDICIAL DA COMARCA DE X. Um pouco mais abaixo lia-se: Relator – Exmo. Conselheiro José Miguel.

Fixou o olhar no retângulo de papel encarnado e a memória trouxe-lhe bosquejos da vivência marcante que, durante cinco anos, fruíra naquela comarca, como juiz em primeira nomeação. Não recusou a invocação e, para a facilitar, desligou o computador. Depois de um discreto clic, o texto do projeto de acórdão, que acabara de elaborar, desapareceu no monitor.

Gratos episódios pessoais, familiares e profissionais ocorridos naquela circunscrição judiciária, desfilaram em catadupa envoltos numa aura de melancolia gostosa. Ali se fez pescador nas águas do Douro, Cabrum e do truteiro Bestança, ali aprendeu a jogar ténis, que o tempo não escasseava.

Recordou a magia de inimagináveis serões culturais promovidos pelo amável e saudoso delegado de então, as figuras típicas locais, as conversas com o marido da empregada doméstica, homem que lhe tratava do jardim cuidando delicadamente das tulipas, das esterlícias, dos lilases. Ele era também dotado de extraordinária intuição filosófica. Tratava o falecido ator Augusto Rosa por colega, pois participara num filme rodado na região, juntamente com outras pessoas da terra. Para além disso, fumando o seu cigarrito e dentro da elegância do sobretudo usado que o Miguel lhe oferecera, afirmava com manifesta convicção:

— Eu acredito no céu e no inferno. O céu é a presença das mulheres, o inferno é a ausência delas. Estar no céu é estar dentro de uma mulher.

Ou então:

— A morte não é o esqueleto tenebroso com que se pinta. Ela é, sim, a nossa melhor amiga. Em primeiro lugar por garantir uma vida que, por muitos anos que se tenham, é sempre curta. Porque é curta é maravilhosa, não havendo lugar para o tédio que havia de sentir-se se fosse eterna ou de séculos. Depois, mais tarde ou mais cedo, liberta-nos da indignidade da dependência e da perda das faculdades.

— Ó Senhor José, o perfume das flores aí do jardim também lhe aromatiza as ideias!

Ele ficava orgulhoso e sentia-se animado a explanar pensamentos curiosos por parte de quem recorria essencialmente à meditação inteligente.

Miguel, ao fim da tarde, arrumadas as questões profissionais, ia a pé até um ribeiro, gárrulo nos trambolhões da sua passagem por um rabugento açude.

Por vezes, cruzava-se com pessoas de enxada às costas ou cestos à cabeça, que cumprimentavam com uma cortesia e delicadeza desconcertantes parecendo exalar laivos de servilismo, se não antes uma questão cultural:

— Boa tarde, Sr. Doutor Juiz. Vossa Excelência passou bem?

Miguel adquiriu o hábito definitivo de nunca cumprimentar apenas com um "bom dia" ou uma "boa tarde", secos.

No decurso de um julgamento entrou na sala de audiências uma mulher quarentona, saltitante nas suas tamancas orladas a brochas reluzentes, envergando uma blusa de chita preta, nevada de bolinhas, saia quase talar de cotim cinzento escuro protegida com avental preto de algodão às riscas amareladas. Um lenço preto na cabeça apenas deixava ver umas repas na testa com fiapos já brancos.

Ao passar no corredor central, genufletiu reverentemente diante do juiz, benzeu-se e dirigiu-se para o lugar pretendido num longo banco corrido.

O juiz, perplexo, acompanhou o desempenho e comentou:

– Ó minha Senhora, olhe que isto não é uma igreja nem eu sou santo no altar!

– Saiba Vossa Senhoria que isto não é uma igreja, nem vossa Excelência será santo. Mas é como se fosse...

– Bom, bom, sente-se lá, mulher!

Um cavaleiro descia regularmente à Vila, vindo lá das serranias.

O ritual era sempre o mesmo: montava o seu corcel, ajaezado em conformidade com o protocolo da descida ao povoado, com as rédeas curtas para lhe levantar garbosamente a cabeça, em trote de passeio, controlado e firme. Os cascos pisavam a berma terrosa com solidez da pedra.

A uns vinte metros, refreava o andamento, desmontava, cruzava-se com Miguel, com o chapéu na mão, cumprimentando:

– Muito boa tarde, Sr. Dr. Juiz. Vossa Excelência passou bem? Os meus respeitos para a Sra. D. Juíza.

Era uso então chamar-se juíza à mulher do juiz.

Andava mais uns passos e voltava a montar retomando o andamento.

Tudo isso enquadrado numa paisagem privilegiada: a encosta do Monte a entornar-se para o Douro, interrompida pela passagem por Vila, continuando depois até morrer nas águas profundas e estáticas da albufeira do Carrapatelo; as curvas incansáveis da estrada para Lamego, bordejada de matas, vinhedos, milhentas vezes percorrida por via dos julgamentos em Coletivo; cerejais de Penajóia e do Vale de Paus, com aberturas deslumbrantes para o rio.

Num dos atos daquele Colectivo, apreciava-se a conduta do réu que havia assassinado um seu devedor por se recusar a saldar o débito. A sala estava cheia a abarrotar.

O advogado de defesa, facundo no verbo mas gongórico na escrita, formulado o articulado defensivo, apresentou-o, para análise, aos juízes. Cada um, por sua vez, leu o documento cuidadosamente. Os termos arrevesados, as frases rotundas e florígeras eram patentes.

O juiz da comarca, detentor de um humor requintado e prolífero, lido o articulado, disse com voz grave, pausada, acentuando bem as sílabas, preenchendo de todo o silêncio reinante:

– Senhor Oficial de Diligências, traga-me um dicionário!

O público acreditou na seriedade da ordem, o advogado sorriu, ciente do alcance da frase, o oficial ficou expectante, confuso por não saber onde havia de ir procurar um dicionário, em tempo útil. O seu embaraço só terminou quando o mesmo juiz afirmou:

– Bom, deixe lá o dicionário em paz.

Agora, no conforto do seu escritório, apercebeu-se de que o passado começava a ter um significado diferente. O tempo já dava para, de costas para o futuro, sentir o prazer das vivências pretéritas, em louvor de Cronos.

Sentado diante do computador desligado, a mão esquerda a tamborilar sobre o processo, Miguel foi chamado à realidade pela badalada penetrante do relógio a marcar as 21: 30 horas. Levantou-se, esticou os músculos e foi até à janela.

As luzes amareladas da moderna ponte ferroviária de S. João mal se lobrigavam. O farol dianteiro de um comboio denunciava a sua passagem afoita, deixando para trás, ali ao lado, a tremente e quase esquecida construção de Eiffel. A iluminação do Freixo, mais adiante, já não se via, oculta pela densa cortina nebulosa.

Miguel, à noite, costumava dar uma volta a pé. Não obstante a aspereza do tempo, resolveu sair. O chuvisco permanente molhava o pavimento das ruas. Envergou uma desbotada gabardina impermeável e pôs na cabeça chapéu de abas caídas pelo feitio e pelo uso. Botas de sola grossa completavam a indumentária defensiva, em franco débito à elegância mas credora de eficácia. Desceu a Avenida de Gaia com a ideia de voltar a subi-la logo de seguida. Sentiu, no entanto, ganas de andar mais.

Lembrou-se de que, no dia seguinte, se realizava um jantar num hotel do Porto com a presença de várias pessoas representativas da classe judiciária, para o qual também estava convidado. Resolveu ir até lá, ficando a saber exatamente onde se situava. Percorreu a ponte de D. Luís, seguindo rente à grade protetora, adivinhando-se, lá em baixo, as luzes coadas da Praça da Ribeira. O rio, abismo silencioso, estava completamente disfarçado na espessura da névoa. Passou ao lado da Casa dos Vinte e Quatro, desceu a Rua Escura, estreita e inclinada, subindo depois pela dos Caldeireiros. De passagem, uma proxeneta, impregnada de perfume barato, postada no limiar da "pensão", convidou-o a entrar. Ignorou o convite e prosseguiu até ao Jardim da Cordoaria. As árvores pingavam.

Um polícia, encafuado no seu impermeável cinzento escuro, olhava desconfiado para vultos deambulantes entre as sebes a rodearem o lago onde os patos e os cisnes tentavam dormir. Os jornais haviam noticiado que, na madrugada anterior, houvera ali um confronto de faquistas por questões homossexuais.

Apanhou um autocarro na Praça dos Leões, ao lado da Faculdade de Ciências e Reitoria e foi até à Boavista, onde se situa o hotel. Apeou-se e subiu as escadas a ladearem uma das paredes exteriores do enorme edifício. A meio delas, reparou que era perfeita a visibilidade para a sala de jantar onde, no dia seguinte, teria assento. Parou a observar as pessoas que tranquilamente terminavam a sua refeição, servidas por empregados fardados.

Então ouviu, a seu lado, uma voz meio rouca a afirmar com uma entoação filosófica:

— Aquilo é bom mas não é para nós!...

Miguel olhou, surpreendido, para o inesperado comentador e viu um homem dos seus setenta anos, barba de oito dias, envergando gabardina coçada e sebenta, com um boné de pala enterrado na cabeça.

— Pois é, amigo, aquilo é outro mundo... – insistiu o outro.

Numa primeira reação, Miguel franziu o sobrolho enquanto pensava:

— Este tipo julga que sou um mendigo como ele!

Logo tomou consciência de que, naquele local, com roupas velhas e molhadas, o seu aspeto não deveria ser muito diferente e respondeu, com solidária simpatia:

— Pois é, companheiro, aquilo é outro mundo.

— Mas não é para nós. Só para aqueles que ali estão. Têm massa...

— Olhe, quem sabe, talvez ainda saia a taluda.

— Isso... Bem, já é alguma coisa vir aqui espreitar e ver o que bem se come e bebe servido por criados de libré, assim como um rei!

— Meu caro amigo: neste momento somos reis da noite e da liberdade... Já é alguma coisa. Já é muito!

— Há de ser, há de ser... Será?

Miguel não se sentiu bem a ironizar com a situação e de repente despediu-se:

— Passe bem, amigo. Boa noite.

Voltou a descer as escadas, subiu a avenida em direção à paragem do autocarro cor de laranja que o levaria de volta a casa. Os automóveis riscavam o nevoeiro, em traços baços, com os faróis nos médios.

A auréola luminosa de um candeeiro clareou o rosto de uma mulher, entrouxada num impermeável de plástico amarelo, com capuz. Deixava ver um ligeiro sorriso desenhado em lábios exageradamente pintados. Era a marca da profissão e oferecia uns momentos de estúrdia. O passeante continuou a andar mas logo parou. Tirou do bolso a carteira e, dela, uma nota. Voltou atrás, encarou a rapariga, satisfeita com a abordagem.

— Toma.

Ela pegou na nota que superava o preço do serviço oferecido.

— Passa bem— disse Miguel e começou a afastar-se.

— Que é isto! Eu não estou a mendigar...

Ele reaproximou-se, pôs-lhe a mão num braço e apertou-lho ligeiramente, com simpatia, dizendo:

— Eu sei. Isso não é uma esmola. É para te ajudar a ir para casa. Numa noite destas estás lá bem melhor...

Os olhos dela brilharam e o sorriso de fivela desapareceu. Quando Miguel se voltou para ir embora, teve a impressão de que aqueles luzeiros bonitos, castanhos e tristes, marejavam.

Talvez fosse da chuva.

Na paragem, enquanto aguardava transporte, foi pensando na diversidade de mundos mas a natureza humana lá estava sempre a bater no mesmo.

No dia seguinte, envergando fato escuro, impecavelmente passado a ferro, acompanhado da mulher, participou no jantar. Comeu-se, bebeu-se, conversou-se animadamente. Claro, houve facundos discursos.

Em determinado momento Miguel notou, por detrás dos vidros que davam para as escadas onde estivera na véspera, um rosto com barba por fazer, boné enterrado na cabeça, a espreitar para o interior, sem reconhecer quem quer que fosse.

O seu olhar exprimia a mesma desesperança, agora, provavelmente, em solidariedade com o efémero companheiro que o acaso havia colocado ali ao seu lado no dia anterior.

Miguel estava a ler-lhe o pensamento:

"— Aquilo não é para nós! É outro mundo..."

Ainda faltavam a Miguel bastantes anos para atingir o limite de idade profissional. Não obstante, já tinha quarenta anos de serviço ininterrupto, mas gostava, se gostava, de trabalhar no Supremo Tribunal de Justiça. Era o ambiente em que o cunho pessoal das decisões se expressava com mais força e clareza, naturalmente dentro dos limites legais. Depois, a experiência acumulada permitia, num relance, alcançar a solução que servia os ditames da justiça possível. Para além de que dava prazer e segurança trabalhar com colegas íntegros, prudentes e sábios.

No entanto, injustiçada tinha sido sempre a Família, o abrigo seguro, a fonte de inexaurível sossego, o silencioso, incondicional e permanente aplauso. Era portanto mais que tempo de a Justiça tirar a venda e pousar nela os olhos.

Fez entrar o requerimento a pedir a jubilação de maneira a que os primeiros efeitos caíssem nas férias judiciais de verão. Assim não sentiu logo o sabor da mudança de estatuto.

Decorridas elas, durante algum tempo, dava por si sentado diante do computador a estender o braço para pegar num processo no sítio onde eles costumavam estar. Só que... já não estavam lá!

Não estavam lá os processos mas, no lugar deles, estava o mais precioso galardão final: *uma completa tranquilidade de consciência.*

A vida continuava agora com outras perspetivas sadias, com força bastante para metamorfosearem a realidade sombria no mundo real.

Com efeito:

Notícias quotidianas dos *media* privilegiam o que de pior a humanidade produz.

A angústia emerge.

Armamento bélico, sempre mais poderoso, está ao alcance de fanáticos e de loucos.

O medo instala-se.

A crise económica grassa infrene gerando desemprego, insegurança, humilhações.

O desespero ceva-se.

O horizonte cobre-se de nuvens estranhas em forma de cogumelos.

A luz da esperança esmorece.

Mas:

No ervedo silvestre uma papoila rubra, brilhante nas suas pétalas macias, grita, emergindo de entre as da sua igualha:

– Eh! Ser humano! Olha, eu estou aqui!

– Tens razão. A tua existência basta-me! Vou cultuar-te como a um igual e tentar perceber-te quanto baste. Quando o conseguir, compreenderei satisfatoriamente o Universo! Se tal não alcançar pessoalmente, cá ficam os descendentes. Eles, um dia, hão de ser capazes.

Vila Nova de Gaia, junho de 2009

José Pereira da Graça
TEXTO SEGUNDO O NOVO ACORDO ORTOGRÁFICO.
REVISÃO DE MARIA HELENA GRAÇA

"QUE JE M'EN FICHE"

Ainda ontem passei por ele, esse homem prematuramente envelhecido nos seus, talvez, cinquenta anos e que conheço há tanto tempo que nem sequer sei situar.

Caminha devagar, claudicando com as mazelas sucessivas das pancadas provavelmente sofridas no seu tempo de jogador de futebol, os cabelos brancos a rarear encimando uns olhos baços que se fixam lentamente no imaginário das suas recordações passadas, o corpo a corroer sei lá se daquilo que, por anos, foi ingerindo para render mais nos estádios da sua vã glória, passeando agora num raio geográfico limitado porque andar custa-lhe cada vez mais.

Por vezes senta-se na escadaria de um prédio próximo do café que atualmente frequenta, fumando lentamente, em silêncio, o cigarro da sua solidão enquanto os amigos palreiam à volta.

Quando nos cruzamos cumprimenta-me sempre num fervor de agradecimento que me custou a compreender; hoje, a tragédia do seu corpo não me permite sequer que desfaça o equívoco.

Lembro-me dele há uns vinte e cinco anos.

Jogava futebol numa equipa da 1.ª divisão que lutou durante anos pelos primeiros lugares.

Via-o chegar ao café entronizado de herói pelos comparsas que o acompanhavam à mesa, abrindo os jornais desportivos onde os comentários ou a sua fotografia eram presença assídua.

Era meão para um atleta desportivo, jovem ginasticado como convinha a quem era titular frequente da equipa principal; e as suas opiniões na roda de amigos e curiosos eram sorvidas por um assentimento tácito no manear da cabeça dos comparsas, e nunca rejeitadas.

Via-o então da minha mesa à distância de meia dúzia de metros; aos fins de semana e aos feriados, enquanto tomava o café do pós-almoço, aí estava ele preparando o jogo da noite ou comentando o da véspera sob o olhar atento do meu filho mais velho que mirava de soslaio, por cima dos seus óculos de menino, aquele artista da bola ali tão perto.

Foi de certeza o período dourado do seu fogo-fátuo de Santelmo.

Estive uns tempos sem o ver, pensando que tinha obtido o sonho ilusório que acalentara – transferir-se para um clube maior que o projetasse de vez para a atmosfera desse mundo irreal.

Reapareceu tempos depois; as canadianas denunciavam uma lesão que teimava em arrastá-lo pelos ladrilhos da esplanada do café, mas a cara e os olhos, esses ensaiavam já o testamento de um despojo de batalha perdida e sangrenta.

Foi então que, verdadeiramente, o fixei do fundo da alma, assumindo-me como relojoeiro que meticulosamente cronometra os seus "cornos de cronos" como diria Américo Guerreiro de Sousa.

Durante largo tempo foi-se recompondo, jogando e lesionando num carrocel com montanha russa em que cada descida era sempre maior e cada subida sempre menor que a anterior; os seus movimentos tornaram-se quase impercetivelmente mais lentos e o seu olhar mais vago e mais denso.

Um dia percebi que, embora ligado ainda ao clube de futebol, raramente jogava ou era simplesmente reservista; tinha a silhueta pungente de um esquiador ensaiando uma descida alpina a alta velocidade sem perceber sequer onde era o ponto de chegada.

Os meses passaram-se naquele rame-rame profissional a que nos habituamos e fui-me habituando àquela visão que ele nos transmitia nos fins de semana em que o avistava.

Num deles, numa conversa esparsa de clientes sentados na mesa do lado, percebi que tinha acabado para o futebol e começara uma longa luta jurídica contra o clube, nos tribunais de trabalho, para que lhe fosse reconhecido o direito a uma indemnização por acidente de trabalho.

* * *

Era noite numa daquelas épocas cálidas que prenunciam a primavera; brincava com os meus filhos ao futebol na garagem da casa, à margem da rua, esperando pela hora de jantar.

Tocaram à campainha.

Inchado pelo suor dos pontapés na bola fui à porta, perguntando a mim mesmo quem seria numa hora tão fora de tempo.

Era ele.

Fiquei estupefacto: vestido o melhor que podia, de gravata (a primeira gravata que lhe vi porque – percebi depois – falar com o juiz impunha que pusesse gravata), um embrulho na mão direita, a esquerda querendo explicar melhor o que as palavras mal conseguiam, os olhos balbuciantes que me pareceram marejados na penumbra da noite, e eu sem jeito que se visse a dizer-lhe que não, não podia nem queria receber fosse o que fosse, a vida de juiz é assim, distante das pessoas porque a nossa madrinha é uma mulher de pedra, vendada, de balança na mão e o prumo na vertical.

Não falei muito, mas ele percebeu tudo.

Fez uma ligeira vénia (a primeira das várias que a partir daí faz quando me vê), despediu-se e partiu.

Continuava estupefacto: a que propósito viera ali, a noite já caída, aquele homem com quem os esparsos contactos se limitavam a uns bons-dias de café?

Soube depois, por entre perguntas reticentes que sugeria a amigos de um dos meus filhos, que ganhara gordamente a ação em tribunal, fora indemnizado de acordo com aquilo que para si era justo, e o anjo bom do seu sucesso só podia ser eu e mais ninguém já que mais ninguém, a não ser eu, sabia direito nas redondezas e via – com aquela nitidez e certeza que ninguém discute – a tragédia que o atingira e a justiça que ele merecia.

Tive a reação instintiva de qualquer juiz nessas condições: ir ter com ele, explicar-lhe que estava errado porque eu nada fizera, nem sequer conhecia os juízes que tinham feito o julgamento, e que continuava fiel à minha madrinha de pedra de prumo vendado numa balança na vertical.

E ele acreditaria na minha palavra de homem honrado?

Sim e não: sim, porque a minha honra era tanta que até fora o anjo da justiça que lhe fizeram e falar ou não falar era indiferente para a sua definição de homem honrado; não, porque por maior que fosse a minha jura ela seria incapaz de o demover da certeza da minha intervenção.

Por dias matutei no que fazer, na maneira racional de o levar a perceber a inevitabilidade do seu erro de paralaxe.

Mas como explicar-lhe o que para mim era óbvio, quando para ele os pressupostos do óbvio se situavam nos antípodas dos meus?

O tempo passava e o nó górdio crescia na minha cabeça à espera que chegasse Alexandre, o Grande, e resolvesse o busílis num golpe de magia; entretanto, no café, nos cumprimentos cruzados que trocávamos, o seu rosto tinha, cada vez mais, o reflexo de uma múmia antiga amortalhada que regressava à conversa com a mesma dificuldade com que se sentava ou saboreava o breve prazer de um cigarro.

Desisti de me explicar: afinal para quê, se qualquer explicação que lhe desse seria sempre longa de mais para ele e curta de mais para mim?

Tinha-me lembrado de um antigo juiz com quem muito aprendera nos meus tempos de iniciação e me dizia que pouca gente acredita na retidão daquilo que fazemos ou julgamos; o importante – dizia ele – é ficarmos sempre de bem connosco, com a nossa consciência porque esse é o pêndulo correto da balança imparcial da nossa madrinha, e esta (a nossa madrinha) temos que a apear do seu pedestal granítico e torná-la igual a nós próprios.

*   *   *

Vi-o ontem, fim de semana, à hora do café quando me cumprimentou com aquela vénia habitual e antiga.

A minha mulher ficou petrificada com os olhos abertos ao perceber quem era; não o reconhecera sequer.

Planava como uma sombra branca, desajeitado no andar desequilibrado e as formas faciais de um fantasma que nos visita ao crepúsculo dos deuses.

Ao entrar no carro, pus maquinalmente um CD; Leo Ferré cantava os versos finais de "Vie d'artiste", essa canção de amor de fim de ciclo.

"Que je m'en fiche", era o último verso com o piano a sublinhar a decisão abrupta.

Que se lixe, repeti.

146

Ao menos para alguém ali tão perto eu era o reflexo de um calor que não se esquece.

Luís António Noronha Nascimento
Texto segundo o Novo Acordo Ortográfico.

UMA QUESTÃO DE RITO

Comarca do Baixo Alentejo, território extenso, população diversificada: urbana; rural, mini e latifundiária; industrial (operária) em grande parte desenraizada. Por isso mesmo, era o trabalho do Tribunal variado e, por vezes, de alguma complexidade.

Um crime, na sua maioria, característico das zonas urbanas não deixando de aparecer, no entanto, o próprio dos meios rurais.

Um cível cheio de surpresas, ou por razões processuais (incidentes da instância, todos os permitidos pelo código; réplica, tréplica, quadrúplica, constituíam o "articulado nosso de cada dia...", excepção seja feita para dois dos advogados residentes na comarca), ou pelas próprias questões substantivas: "uma vaca que resolveu desequilibrar-se e cair em cima do «capot» do carro que tranquilamente passava na estrada subjacente"; "um navio que sem aviso prévio resolveu explodir no porto"; "uma grua que alçando-se mais do que devia resolve destruir uma ponte da via rápida que, no local, cruzava com a estrada por onde era suposto passarem gruas".

Direito do trabalho de relevo quer em quantidade quer em qualidade.

Questões de família e menores intensas, sobretudo nas zonas urbanas de maior desenraizamento da população aí residente.

Apesar de tudo, a vida no Tribunal, então com dois juízos, corria serena sem incidentes dignos de nota. O relacionamento dos Juízes com o M°P°, os advogados e funcionários pautava-se pela cordialidade no trato e pelo respeito mútuo das respectivas funções.

Corria o ano de 1983. Manhã de Inverno, fria, chuvosa, com um Sol que de quando em vez aparecia em explosões de luminosidade reflectida pelo casario molhado da vila e que dava aos gabinetes, biblioteca e à própria sala de audiências, todos voltados a oeste, um certo conforto quase bucólico.

Os julgamentos correccionais (trabalhava-se, então, com o processo penal de 1929); as acções cíveis sumárias, sumaríssimas e outras próprias de juiz singular como a grande maioria dos julgamentos de processo de trabalho iniciavam-se impreterivelmente às dez horas da manhã dos três primeiros dias úteis. Já que, para os julgamentos de querela e outros próprios do Tribunal Colectivo, estavam reservadas, pelo corregedor de Beja (ainda era, na altura, este o trato) as quintas e sextas-feiras de cada semana.

E era impossível fazer os julgamentos mais cedo, dadas as distâncias que, por vezes, as populações tinham de percorrer, utilizando, a maioria delas, transportes públicos que saindo, embora, cedíssimo dos lugares de partida, só próximo daquela hora chegavam à comarca.

Naquela manhã, entre outros, estava agendado um julgamento correccional. Tratava-se de um crime de especulação levada a efeito por um pequeno comerciante de géneros alimentícios residente numa das vilas da comarca. Crime de menor importância quer pelo valor especulado quer pelas repercussões económico-sociais que o mesmo pudesse catalisar.

De qualquer forma tratava-se de um julgamento e porque sempre entendemos que a audiência é o lugar do símbolo e o momento da Justiça, também sempre atribuímos à audiência o ritual que ela impunha: os julgamentos feitos na sala, em traje profissional e de acordo com ritual legalmente previsto.

Assim, entrado o Tribunal, cumpridas as formalidades legais e tendo-se iniciado o interrogatório do réu, foi este perguntado, segundo o código da altura que, como dissemos, era o de 1929, pelo seu nome, estado, filiação, idade, naturalidade, residência, se já esteve preso ou respondeu. Foi também advertido que àquelas perguntas devia responder com verdade, sob pena de cometer um crime de falsas declarações se respondesse sem verdade ou um crime de desobediência se não respondesse.

— "Então o Senhor já alguma vez respondeu ou esteve preso?"

— "Eu, senhor doutor juiz, nunca estive preso nem respondi!"

— "Tome atenção, insistimos, a estas perguntas é obrigado a responder e com verdade. No mais que lhe irá ser perguntado é que responde se quiser e como quiser."

— "Não senhor nunca estive preso, nem respondi!"

— "Que nunca esteve preso é certo, mas que já respondeu já! Pois consta aqui do seu certificado do registo criminal. Pode é, eventualmente, não se lembrar!"

— " Ah! Senhor doutor juiz quando é que isso foi?"

— "Foi já há bastante tempo, em 19…e…, numa comarca vizinha desta e por motivos semelhantes a estes por que vem, agora, acusado."

— "Ah! Não senhor. Dessa vez não fui julgado. Fui ouvido por um barbeiro qualquer."

— "Foi ouvido por um barbeiro qualquer? Como assim?"

— "Não, insistia, não fui julgado. Agora é que estou…"

E era a sua verdade. Embora formalmente julgado, ele tinha, na realidade, sido ouvido por um substituto do juiz da comarca, naquele tempo, o presidente da Câmara, que era barbeiro de profissão.

A falta da sala, das becas, das togas, do rito não tinha interiorizado nele uma das dimensões essenciais da Justiça, a simbólica.

Lisboa, 13 de Janeiro de 2012

Orlando Afonso

EU E OS MEUS IRMÃOS QUE NÃO NASCERAM

Antes de escrever estas breves recordações da minha existência, quero deixar registo do meu nome e da minha naturalidade: chamo-me Letícia Dinis e nasci numa vila da Beira Interior.

Recordo-me muitas vezes, tantos anos passados, dos dias, ao romper do sol, em que minha mãe me levava até um pinhal distante coisa de uma légua da nossa casa. Embrenhávamo-nos mata adentro e, em breve clareira, detínhamo-nos por largo tempo. A minha mãe choramingava, secava com um lenço as lágrimas que lhe escorriam pela cara e dizia-me:

— Vês, aqui jazem os teus cinco irmãos, aqueles teus irmãos que não chegaram a nascer, que não puderam vir ao Mundo. Tu, sim, estás viva e, por isso, estás em dívida para com eles. Tens uma grande obrigação para com esses teus irmãos, não te esqueças nunca disso; tens obrigação de viver por eles as vidas que eles não puderam ter.

Depois deste discurso, a minha mãe recolhia-se num grande silêncio. Julgo que rezava. Findas as rezas pelas almas desses meus irmãos que eu não conhecera, regressávamos a casa, quase sempre caladas.

A minha mãe era costureira. As clientes que lá por casa apareciam para pequenos trabalhos de costura tratavam-na por Sra. Anastácia. Eu tratava-a por «mamã» e, mais tarde, tratá-la-ia por «mãe». O meu pai era artista circense, fazia um número de acrobacia e usava o nome de *Tarzan do Circo*. Por causa da profissão, passava longos períodos fora de casa, e eu só o via no Inverno.

Aquelas peregrinações, com a minha mãe, à campa dos meus cinco irmãos que não haviam nascido começaram quando eu tinha dez anos e prolongar-

-se-iam por mais seis. De princípio não percebia muito bem o que sucedera a esses meus pobres irmãos. Com o tempo, porém, à medida que ia crescendo, fui compreendendo, com horror e tristeza, que havia sido a minha própria mãe que os não deixara nascer, e que fora ela, depois, que a todos eles, ali, naquela perdida clareira, dera clandestina sepultura. Ao longo dos anos, ouvira em silêncio o discurso que, com leves variantes, e diante da campa colectiva desses seus filhos que não o haviam chegado a ser, a progenitora de todos nós, de mim, que estava viva, e deles, que estavam mortos, regularmente, sempre pelo claro das manhãs, me fora fazendo. Um dia, porém, tendo já dezasseis anos, e ciente de toda a situação, não me pude conter mais e comentei:

Mas, mamã, porque hei-de ter uma dívida para com esses meus irmãos? Que culpa tenho eu? E como iria viver por eles as vidas que não tiveram? Já será tão complicado viver a minha própria vida. E ainda que o quisesse, como poderia viver as suas próprias vidas? Sei lá a vida que cada um teria. E, ainda que soubesse, como, no tempo de uma só vida, poderia eu viver seis vidas?

A Sra. Anastácia — nesse momento de raiva e fúria olhava-a com um distanciamento igual àquele com que a olhavam as suas clientes de costura — olhou-me longamente e limitou-se a dizer:

— Eu também não tive culpa. Não tive, não, não tive nenhuma culpa, podes crer-me, se quiseres. A culpa foram as circunstâncias, as circunstâncias da minha vida de pobreza e miséria. Eu queria apenas compensá-los das vidas que não puderam ter, e por isso te pedi, tenho pedido, que vivas também as vidas deles. Julgava que poderias imaginar as vidas que eles teriam tido, e vivê-las a par da tua própria vida. Seria assim tão difícil? Mas, se não podes não podes. E, de todo o modo, eu perdoo-te a má vontade.

Voltámos para casa. Eu vinha muito zangada com a Sra. Anastácia. Em especial pelo perdão que me concedera. O que é que eu fizera de mal, que precisasse do perdão dela? Não era justo. A partir daí, não mais a minha mãe me levou a visitar a sepultura dos meus irmãos. Via, porém, que ela, de vez em quando, ia lá sozinha; e eu mesma, às ocultas da minha mãe, visitava a campa desses meus irmãos que deveriam ter nascido antes de mim, e, por acção da minha própria mãe, não tinham podido ver a luz do Mundo. Meditava nas vidas que poderiam ter tido e lamentava-me a mim, que estava viva, e lamentava-os a eles, que estavam mortos.

Um dia, a minha mãe foi presa, julgada e condenada a muitos anos de prisão. Também por essa altura, o meu pai, o Tarzan do Circo, caiu em pleno espectáculo, e faleceu uma semana depois. Como diz o povo da minha pequena vila beirã, um mal nunca vem só.

Fiquei sozinha no Mundo. Tinha dezoito anos e a vida pela frente. Para continuar a estudar, o meu sonho de sempre, e com a ajuda de uma amiga que seguira igual percurso e me ensinara, entretanto, os truques do «métier», parti para a capital e fiz-me prostituta por conta própria.

Desses tempos de estudo e de prostituição, recordo-me – oh, se me recordo! – da vida dupla que era a minha, dos dois mundos em que vivia, e que tentava não misturar. De dia, na faculdade, deixava que os meus cabelos, compridos e lisos, me caíssem esparsamente até aos ombros, levava a cara lavada e sem pintura, e usava saias compridas até aos tornozelos e sapatos rasos. Ao fim da tarde, prendia os cabelos no alto da cabeça, armava, com auxílio de múltiplos ganchos, um penteado sofisticado e maquilhava-me muito. Calçava sapatos altos e vestia, quase sempre, saias travadas até aos joelhos. Esperava então, no telemóvel, as chamadas dos clientes que haviam lido o anúncio que, dia a dia, publicava nos jornais e onde, sem mentira alguma, me intitulava universitária. No entanto, quando algum dos homens com quem ia queria saber algo da minha vida de estudante, eu dizia-lhe a rir que era «universitária de cama». E tudo ficava por ali. Apesar das minhas cautelas, do cuidado que punha para que os dois mundos que levava se conservassem separados, por duas vezes estive quase a ser descoberta. Uma vez foi com um professor da faculdade que, conforme o combinado ao telefone, procurei num quarto de hotel. Felizmente não me reconheceu. Outra vez, foi com um colega de curso, com quem, na sequência de outro telefonema, me encontrei na casa dos pais e que, volta e meia, comentava: «Parece-me que a tua cara me não é estranha!» Escapei, porém, ilesa dessas duas situações, não só porque eu, à noite, em trabalho, era visualmente uma pessoa diferente da que era de dia, na faculdade, mas ainda porque treinara, e usava, nesses encontros de negócio, uma outra voz. Em certas ocasiões, na faculdade, divertia-me a pensar: «Se os meus colegas soubessem ...» Mas não sabiam. Nunca nenhum soube. E eu nem às minhas amigas mais íntimas da faculdade contava.

Ganhei muito dinheiro, e concluí o curso de Filosofia na Faculdade de Letras de Lisboa. Já formada, abandonei a prostituição, e fui professora em dois liceus da província.

Apesar do tempo decorrido, o pedido da minha mãe, aquele seu velho pedido que me acompanhara toda a adolescência, continuava a ecoar-me na alma. Sentia um aperto no coração ao recordá-lo, e não sabia como satisfazê-lo. Não me atrevia a visitá-la na cadeia, sem nada para lhe dizer, e interrogava-me, muitas vezes me perguntava: *«Como poderei viver também a vida dos meus irmãos não nascidos?»*

Passaram anos; e um dia, nem sei bem porquê, fui de novo visitar a velha clareira do pinhal onde a minha mãe sepultara os cinco filhos que não haviam nascido. Escolhera, como ela o fizera, uma hora bem matutina. Estava eu, solitária e só, em plena clareira, reflectindo, congeminando como poderiam ter sido esses meus irmãos, como poderiam ter sido as suas vidas, quando os primeiros raios do Sol que a essa hora nascia me tocaram ao de leve os olhos. E, de repente, ocorreu-me uma ideia, a ideia de contar, de escrever, as suas vidas.

Regressei a casa. Abandonei o lugar de professora num liceu do Minho; e, pelos dois anos que se seguiram, fui escrevendo as vidas, completas e totais, desses meus cinco irmãos, as vidas que todos eles, se tivessem nascido, teriam efectivamente levado até morrer. Escrevi-as como se as suas histórias me estivessem a ser ditadas por alguém que não eu, talvez apenas por outro dos meus eus, que todos nós, descobriram-no há muito velhos sábios, antigos filósofos da Babilónia, somos feitos de vários eus. E, enquanto as ia escrevendo, vivia intensamente as suas próprias vidas. Concluídos os relatos, as biografias desses meus cinco irmãos, que eu agora já conhecia e sabia, procurei editor, e, depois de demoradas buscas, descobri um, na cidade de Braga, que se dispôs a publicar as *«Estórias de Cinco Irmãos»*. Foi um êxito de vendas, e as edições sucederam-se.

Uma tarde, fui ver a minha mãe à cadeia, levei-lhe o livro, e disse-lhe:

— Sabes, mãe, eu vivi já, como tu tanto querias, as vidas dos meus irmãos que não chegaram a nascer. Vivi-as, ao escrever as suas vidas, porque experimentei, senti tudo o que eles, em suas vidas, se as tivessem vivido, teriam de verdade sentido.

Quinze dias mais tarde, voltei a visitar a minha mãe. Ela já lera o livro duas ou três vezes. Chorava ao abraçar-me, e perguntou-me:

— Como soubeste que um dos teus irmãos era uma menina? Abraçámo--nos outra vez e chorámos as duas por muito tempo.

Saí da cadeia ao cair da noite. Experimentava agora um enorme alívio, um grande peso saíra de cima de mim. E, daí por diante, pude já só viver a minha própria vida.

Raul Mateus

ACONTECIMENTO NA ALDEIA

Era um dia de plena Primavera em que o sol se espraiava pelos campos realçando o colorido das árvores em flor e apenas se ouvindo o zumbido dos insectos.

Naquela aldeia da Beira, esquecida pelo próprio Município e isolada do Mundo, verificava-se grande movimento. Ninguém fora trabalhar nos campos, mas todos estavam nas ruas e não se falava noutra coisa, a não ser o grande acontecimento, que nunca acontecera por aquelas bandas, a deslocação do tribunal à aldeia.

Todos se dirigiam para o cemitério.

Na sede da Comarca, o Delegado do Ministério Público, acompanhado por um funcionário do Tribunal e por dois peritos médicos, entravam num automóvel de praça a caminho da aldeia.

Ao fim de meia hora, acabava a estrada e era preciso caminhar pelos pinhais. O Magistrado e um dos peritos médicos optaram por seguir a pé. O outro médico, mais velho, seguiu de burro, tal como o funcionário judicial, que levava duas grandes caixas. O grupo caminhou mais de meia hora, através de pinhais, antes de chegar ao destino.

Quando a autoridade judicial chegou, o cemitério estava cheio. Toda a gente ali se juntara, sob vigilância da Guarda Nacional Republicana. Falecera uma mulher e ali fora enterrada. Só meses depois se avolumaram as dúvidas do possível envenenamento. O viúvo não era ali muito bem visto e tinha uma amante, que era muito mal vista.

Iria proceder-se à exumação do cadáver, autópsia e recolha de vísceras para análise. A autópsia realizava-se na casa mortuária do cemitério, onde recolheram o Magistrado do Ministério Público e os dois peritos médicos.

O funcionário judicial saía e voltava a entrar com frequência e, em certo momento, disse ao Magistrado que a Professora da aldeia perguntava se podia falar com o Sr. Delegado.

O Magistrado interrogava-se: o que quereria dizer a Professora da aldeia? Seria alguma coisa relacionada com o possível envenenamento?

Convinha esclarecer o assunto. E o Magistrado foi ouvir a Professora. E ela desabafou: nascera numa cidade, sempre ali vivera e tirara o seu curso de Magistério Primário. Fora colocada naquela aldeia em 1.ª nomeação. Só podia ir visitar a família à cidade, nas férias. Ali só lhe falavam das crianças ou da agricultura. Sentia-se num deserto cultural angustiante, gostava de encontrar alguém com quem pudesse conversar sobre literatura, arte, música e cinema, ou qualquer outro tema cultural.

Falaram, então, os dois, de vários temas culturais, com satisfação para ambos, o Delegado pela ajuda que podia dar, a Professora por sentir quebrado o seu isolamento cultural.

Naquele dia, a Professora encontrara um oásis, mas a travessia do deserto iria continuar.

Era grande e espinhosa aquela profissão, e na altura mal compreendida, nos sacrifícios que exigia.

Roberto Ferreira Valente

RECORDANDO

INTRODUÇÃO

— É a primeira vez que entro numa casa destas!

Esta, uma resposta ouvida, muitas vezes, à pergunta obrigatoriamente dirigida ao acusado (ou acusada), a propósito dos seus antecedentes criminais...

Entre princípios de 1963 e princípios de 1984, data em que, costumo dizer, "perdi a boa companhia do crime"... o que significa que, passando a integrar a secção cível de uma determinada Relação, deixei de participar em julgamentos de matéria criminal.

Com toda a paciência, lá explicava que não era uma "casa má", que as pessoas erravam por vezes, que as pessoas também podiam zangar-se umas com as outras, que podiam querer, várias, uma mesma coisa...

Que as pessoas eram ouvidas com o respeito devido, que havia um escrúpulo muito grande no sentido de resolver os seus problemas punindo, apenas, quem o merecesse, que iriam ser definidos Valores, que... que...

Sentia que as pessoas ouviam com toda a atenção.

I

JUIZ BOM/JUIZ JUSTO

É altura de relembrar uma grande lição sobre o que deverá ser um juiz, que me foi dada por um então já velho advogado, final de 1962 princípio de 1963, pai de um condiscípulo da então "Escola Primária", à mesa de um café, em Lisboa.

Prestara as minhas provas públicas no concurso para juiz depois de uns anos no Ministério Público, ficara aprovado, aguardava a primeira colocação...

Por um lado, a alegria de uma etapa vencida... por outro, a natural apreensão pelo que iria seguir-se.

Esse advogado, que era uma pessoa de todo o respeito, recebia-me em sua casa (sempre fui amigo do filho) e mostrou-me, no seu escritório, o primeiro processo que tive em mãos, quando frequentava, no 4.º ano da Faculdade, a cadeira de Processo Civil e, lembro-me até muito bem, de que procurei logo, afanosamente e sem resultado, claro, as já estudadas petição inicial, a contestação, o despacho saneador...!

Seguiu-se a necessária lição sobre o Processo de Inventário.

Pois à mesa da "Brasileira do Chiado", depois de tomados os cafés, ele foi desfilando:

— Olhe, Roger, você vai ser juiz mas não se esqueça, nunca, de que em Portugal somos oito milhões de pessoas mas... um milhão não come, outro milhão come mal (seguiram-se mais números de portugueses, com as suas respectivas dificuldades...).

Depois de mais algumas considerações, acabou desta forma, inesquecível:

— Não queira que digam de si que é um juiz bom! Queira é que digam que é um juiz justo! É que, concluiu ele, há por aí uns "gajos" que merecem levar uma "porrada"... e a gente gosta de ver que está lá um juiz... para a dar!

Esta dicotomia "juiz bom/juiz justo" pode não ter sido, porém, interiorizada por alguns... a menos que eu não tenha conseguido...

Tive umas tantas vezes a sensação de que havia, realmente, pessoas que mereciam a tal reacção... e tive-a mesmo, sempre que o julguei necessário. E ainda, perante coisas ditas em voz alta, em público (diga-se, em audiência de julgamento), que se afiguravam demagógicas, reagia também.

Numa comarca em que era o juiz do 1.º Juízo, numa manhã, entra um dos escrivães (aliás homem muito leal, delicado e cumpridor) no meu gabinete e dispara:

– Oh senhor Dr. ... já me ri!

E não era para menos. Que se tinha passado?

Eu ia, muitas vezes, à Secretaria, para tratar imediatamente coisas que iam aparecendo... e, nessa manhã, acontecera o inusitado.

Encontrei-me com um advogado com quem tenho tido, sempre, a melhor das relações. Ao ver-me, depois dos cumprimentos habituais, ele sentiu-se no "dever" de ir dizendo:

– Ainda bem que o encontro...tenho ouvido dizer muito bem de si!

– ...

– Gostam muito de si!

– ...

– Gostam muito das suas decisões!

– ...

– Está a desempenhar o seu lugar muito bem!

– ...

– Mau, mau, é o juiz do 1.º Juízo!

– Pois esse é que sou eu!

II

EM AUDIÊNCIA

1 – Divórcio

As audiências de julgamento são momentos de tensão muito elevada.

Nas de divórcio litigioso, por exemplo, estamos perante uma família que poderemos ir desfazer, temos presente que se terão desfeito laços de afecto, que se frustraram expectativas, que... que...

A produção de prova é muitas vezes difícil, as coisas passam-se, em larga medida, na intimidade do casal, as pessoas são amigas de ambas as partes... que sei lá...

Na audiência a que me reporto, a prova da autora pretendia ser no sentido de que o marido tinha outra. Ela fundava o seu pedido de declaração do divórcio em adultério.

Mas as testemunhas diziam (e sabiam?) pouco, pouquíssimo... ele tinha sido visto acompanhado de outra mulher, não se dizia que muitas vezes, não se descreviam pormenores, enfim, tudo eram dificuldades para conhecer factos reais, factos concretos.

A presidir, eu ia tentando obter factos, mas nada.

Uma dada testemunha, garantia que existia mesmo adultério. No entanto, quanto a pormenores...

Tinha-os visto algumas vezes, eram amantes com certeza (mas para profissionais, ela referia conclusões, não factos concretos).

A insistência minha foi de certo modo longa, mas acabou por fazer-se luz.

A testemunha era uma mulher jovem, esbelta e, depois de muito diálogo, lá disse, com olhos brilhantes e sorriso maldoso, como era o comportamento desse casal que a levara a concluir pelo modo que tinha referido:

– Olhe, senhor Dr. Juiz, faziam mel...

2 – O mioma.

Durante a produção de prova numa Investigação de Paternidade, várias pessoas vinham dizendo que a mãe do investigado se queixava de um mioma... que ela tinha um mioma... que ela dizia que sofria muito, por causa do mioma!

Ora não é que um dos "operadores judiciários" faz sinal de que pretende usar da palavra e diz isto: – Senhor Presidente, eu entendo que deve ouvir-se o Mioma! Fala-se tanto dele...

Um silêncio.

Raciocínio rápido e resposta rápida: – Muito bem, quando acabar a prova, decidiremos...(!)

O que se não esperava era que a "sugestão" fosse repetida: – Sr. Presidente, eu insisto! Deve ser ouvido o Mioma!

Só vislumbrei esta saída: – Nesse caso, a audiência é suspensa e vamos para o gabinete para deliberar!

Passados poucos momentos, o Colectivo pôde voltar à sala e o julgamento prosseguiu, sem que tivesse sido necessário ditar despacho para a acta...

3 – O álcool.

Muita coisa pode passar-se entre as pessoas, por causa do excesso de álcool.

Em geral, de grande gravidade. Muitas pessoas levam vidas difíceis por causa dele.

Mas, reportando-me ao meu amigo advogado que acima recordei: será que se bebia muito ou, antes, que se comia pouco?

Vou repetir diálogos que ocorreram em julgamentos, por factos com aquele relacionados. Sempre matéria crime.

a) A testemunha.

Era uma testemunha de defesa que, sem demagogia mas com convicção, lá ia descrevendo todas as muitas virtudes do acusado: bom homem, trabalhador, honrado, amigo do seu amigo, ele até fazia umas matanças do porco...

Aí, haveria que averiguar (o juiz começa a pensar rapidamente e em voz alta), nas matanças as pessoas são muitas, serve-se vinho (o acusado não terá mau vinho?), começa-se a beber...

A indagação do juiz é interrompida pela testemunha que, de olhos brilhantes, atalha, certamente que com conhecimento de causa:

– Quando a carne é salgada, senhor Dr. Juiz!

b) O assaltante nocturno.

Certa noite, noite alta, alguém vê que, na rua, um homem partia com uma pedra o vidro de um estabelecimento comercial. Alvoroço natural. Telefonema para a Polícia.

A captura acabou, afinal, por ser imediata e fácil.

O "temido" gatuno (só depois se viu que embriagado), entrara, apoderara-se apenas de um frasco que continha rebuçados, saíra, sentara-se pacatamente na beira do passeio e ia tirando de dentro do frasco rebuçados que, depois de desembrulhados, metia na boca...

c) O engraxador.

O crime cometido e julgado foi o que hoje é denominado de violência doméstica...

Embriagava-se e então...

E embriagava-se tanto que, antes do julgamento, apareceu notoriamente embriagado à entrada do Tribunal e até eu o vi.

Fazia a vida de todos num inferno.

Mas era um homem que, dentro da sua humildade, deu respostas que, lamentavelmente, não consigo recordar todas.

Julgamento em Tribunal singular, durou bastante tempo…

Assim, em determinado momento, verificou-se este diálogo:

– Não é verdade! Não sou um bêbado como ela diz.

– Ela diz que sim… E há muita gente que diz que o viu bêbado!

– Não é verdade!

– Bem… até eu (eu juiz) já o vi… e foi ontem…

(Silêncio) – Não estou habilitado a desmentir um juiz… mas também, nunca ninguém me viu vomitar!

Passados momentos:

– Está visto que o senhor bebe demais (talvez fosse mais exacto ter dito que ele comia de menos)… mas, afinal, conte lá: porque é que bebe tanto?

– Olhe senhor Dr. Juiz: engraxar é quatro escudos… o freguês dá-me uma moeda de cinco e diz: – toma lá… o resto é para beberes um copo… eu podia fazer uma desfeita ao freguês?

d) O "Parafuso".

Era um cadastrado, meia idade, humilde também, só (nem trazia testemunhas de defesa), acusado de furto.

Acontecera que, no terminal de uma carreira de camionetas, uma família que vinha do Sul, trazia umas tantas malas, que foram sendo descarregadas… Contadas elas, verificou-se que faltava uma.

Ninguém queria acreditar.

Contaram-nas e recontaram.

Faltava mesmo uma delas.

Ditas as coisas em voz alta, pessoa que se encontrava próximo deu um aviso: há pouco, ia ali um homem com uma mala!

Juntou-se gente, trocaram-se impressões e chegou-se rapidamente a uma conclusão: o homem em causa era conhecido como o "Parafuso".

A autoridade foi ao quarto em que ele vivia sozinho, estava lá uma mala… confessou de imediato.

166

Em julgamento, deu uma resposta que me tem feito pensar, durante os mais de quarenta anos que já decorreram... a sua explicação para as várias condenações, tanto quanto me lembro todas por furto, era sempre esta: o álcool. Tinha bebido.

O juiz faz então uma pergunta: – Se é assim... porque é que continua a beber?

– Senhor Dr. Juiz... um prato de sopa ninguém oferece!

Voltei a vê-lo, cumprida que foi a pena, encostado ao balcão de um pequeno estabelecimento comercial onde se servia vinho a copo, por várias vezes, sempre sozinho...

III

SOLIDARIEDADE

Termino, recordando uma demonstração de grande, melhor diria uma enorme e exemplar lição de solidariedade que recebi e que não me canso de contar quando relembro, perante pessoas, o que pode acontecer a um Juiz.

E foi logo na minha primeira comarca – nos Açores.

Vão mais de quarenta e cinco anos.

Ao que me diziam, em toda a ilha, haveria um pouco mais de seis mil pessoas... realizava-se, em média, um julgamento por mês (!) – é que podiam decorrer mais de quarenta dias, entre a requisição e a chegada do Certificado do Registo Criminal (já que não havia, na altura, Aeroporto e se tinha barco apenas duas vezes por mês). Como cadeia, servia uma sala com saída para a rua, que era dependência do Hospital.

Parte das audiências de julgamento decorria a horas que permitissem, a pessoas com emprego sujeito a horário, assistir a elas. A sala enchia. As pessoas estavam sempre respeitosas e muito atentas.

Foram num máximo de três, em dois anos, as condenações em prisão efectiva (entre elas, num processo então por "atentado ao pudor", hoje seria por "pedofilia"), não recordo o número nem das absolvições, nem das penas suspensas, nem o das de multa resultante da conversão da pena de prisão prevista na Lei.

Recordo sim, que soube que tinha cometido um, talvez, "erro judiciário".

É que houve um condenado que não tinha dinheiro suficiente (ao contrário do que eu supusera) para pagar a multa resultante da conversão da pena de prisão… e as pessoas da terra, sentindo que ele não merecia estar preso, juntaram-se e pagaram-lhe a multa.

Publicamente e quando soube do facto, sala de audiências cheia, elogiei esse grande acto de solidariedade.

E não me fiquei por aqui.

Quando substituía uma pena de prisão por multa, na exortação final lá vinha o comentário: o senhor tem de ser condenado… não merece ir direitinho para a cadeia… eu estou convencido de que consegue pagar esta importância… no entanto, se me enganar e não puder pagar… mesmo assim, estou descansado… porque, se eu me tiver também enganado sobre o facto de não merecer ir já para a cadeia, as pessoas da terra deixam-no ir… caso contrário, quotizam-se e ajudam-no a pagar esta multa…

Pelos vistos, terei cometido mais um outro erro judiciário – certo dia, seguia pela rua e dirige-se-me um homem que nunca tinha fixado, que me falou, delicadamente, nestes termos: – Senhor Dr. Juiz, nós estamos a juntar dinheiro para pagar a multa do… (disse o nome do último condenado em julgamento)… quer contribuir?

Senti como que um golpe seco em todo o corpo, vieram-me à cabeça pensamentos em turbilhão, seguiu-se um pequeno momento para reflectir e julgo que tomei aquela que era a decisão certa.

(Em silêncio): – Se a comunidade não quer que ele vá para a cadeia… se o juiz pertence a esta comunidade… se eu tenho elogiado publicamente este tipo de acção… (agora em voz alta): – Sim senhor! Quanto estão a dar?

– Vinte escudos, senhor Dr. Juiz.

E o condenado não deu entrada na cadeia.

Roger Lopes

TRIBUNAIS

Salão Nobre do Supremo Tribunal de Justiça
"nanquim" de Hugo Lopes

A CRISE DA JUSTIÇA

A crise da Justiça é, hoje, um leitmotiv politicamente correto de tema diário, como poderá ser qualquer outro da nossa vivência coletiva: a crise do sistema económico, do sistema político, do ensino, da saúde, da informação, da fraude e da fuga ao fisco, da segurança e/ou da invasão dos direitos fundamentais do cidadão.

A crise – seja qual for o capítulo que se aborde – provém de algo palpável e previsível que os sociólogos e filósofos de há décadas previram: a evolução "uniformemente acelerada" da ciência e tecnologia altera, com velocidade cada vez maior, as estruturas sociais, estas, por arrastamento, alteram as ideologias sociais centradas sobre aquelas e provocam ruturas cada vez mais profundas entre o que é e se pensa hoje e entre o que era e se pensava ontem, sendo certo que entre ontem e hoje não medeia mais do que o espaço de duas décadas.

Crise vem do grego antigo que significava escolha, decisão, ou seja, aquilo que implicava a necessidade de escolher a direção certa para não nos enganarmos e assumirmos a decisão que nos leve ao destino que queremos.

Num mundo em aceleração contínua, a mãe de todas as crises tem a ver com isso; e se rememorarmos a imprensa escrita dos anos que imediatamente se seguiram à Revolução de Abril confirmaremos facilmente esta asserção com a referência constante que então se fazia à crise da Justiça.

A ideia liminar que daqui poderemos reter é a de que talvez seja menor a mudança objetiva das coisas do que a perceção que cada geração faz dela, ciosa como está – no início da jornada – de que a descoberta da India é uma revelação que os antigos nunca tiveram.

*   *   *

A crise da Justiça é o produto confluente de fatores variados, por vezes muito díspares, mas que – conjugados – conduzem a efeitos corrosivos de difícil resolução e que somente são solucionáveis através de uma terapêutica multidisciplinar.

Tentaremos, sinteticamente, formular o diagnóstico das várias causas e das correspondentes mezinhas.

Vejamo-las sucessivamente; mas antes façamos uma prevenção metodológica para obviar a equívocos.

Ao falar da crise da Justiça, referir-nos-emos exclusivamente ao funcionamento dos Tribunais, deixando de lado o que está a montante do Poder Judicial (ou seja, a investigação criminal) e ainda tudo aquilo que, na linguagem informativa, é publicitariamente "a Justiça" ainda que nada tenha que ver com o funcionamento do Poder Judicial; porque já vimos escrito que o facto do diretor de um jornal não ser jornalista e, por isso, não poder ser seu diretor, era um problema da "Justiça" e não um problema de ética jornalística que tinha a ver, afinal, não com o funcionamento dos Tribunais, mas com a complacência corporativa de uma profissão que não quer trazer à praça pública aquilo que a diminui.

*　*　*

As grandes causas da crise da Justiça inserem-se numa bissetriz cruzada de elementos estruturais.

Desde logo (e este é o primeiro ponto a salientar) a falta de poderes processuais atribuídos ao juiz (seja no processo civil, no criminal, laboral ou administrativo) para impor um programa de tramitação célere do processo, a fixação de regras temporais vinculadas e a não admissão de incidentes dilatórios; e a falta de concessão de poderes deste tipo tem motivações diferentes que entroncam essencialmente em razões de ordem política ou de ordem corporativa.

As de ordem política reportam-se ao processo criminal; as restantes reportam-se a qualquer tipo e forma de processo.

O processo criminal tende a transformar-se, cada vez mais, num processo ideológico de classe; ou seja, a transformação das sociedades ocidentais em economias de manipulação financeira de lucro rápido sem criação efetiva de riqueza (agora a cargo de países asiáticos, africanos e sul-americanos, crescentemente mais ricos), conduziu a formas sofisticadas de alta criminalidade de colarinho branco, onde frequentemente encontramos cidadãos dos estratos sociais mais elevados.

Manipular o processo criminal com objetivos ocultos é, por isso, uma prioridade não confessada – sem prejuízo de casos excecionais que funcionam como exemplo de um conto moral – com o mesmo significado que tem a opção económica de nacionalizar entidades bancárias privadas e falidas num sistema que apregoa as vantagens incontornáveis da iniciativa privada e o papel redutor e residual do Estado.

É precisamente aqui que se situa, no processo criminal, a velha questão da prescrição dos crimes.

A prescrição criminal tem por detrás de si a questão óbvia de obviar à investigação eternizada da autoria de um crime; mas condenado o arguido por um crime ou, no mínimo, pronunciado ele por um juiz, a presunção de inocência evola-se e o prazo da prescrição deve interromper-se ou suspender-se.

Solução que nem nova é no nosso direito penal.

Manter o que está, tantos anos depois de testados os seus efeitos nefastos, é tão-só uma opção política de significado evidente que ninguém quer assumir; daí que as sucessivas prescrições criminais em casos mediáticos (que são tantos que me dispenso de enumerar) mais não sejam do que a transferência encoberta para os tribunais da responsabilidade de um fracasso que entronca numa opção política que se pretende fazer crer que radica num falso conceito de direitos fundamentais.

Razões de ordem corporativa temo-las nos restantes tipos processuais.

Com o número excessivo de advogados que Portugal tem (acima de uma capitalização equilibrada que existe em inúmeros países europeus) a sua subsistência passa muito por uma tramitação lenta dos processos que lhes permita manter um trabalho larvar que beneficia mais da morosidade processual do que de uma carteira de clientes.

No fundo, o que está, aqui, por detrás deste labirinto processual é o fenómeno da proletarização de grande parte da advocacia, cindida cada vez mais entre dois extremos definidos pela sua riqueza.

Enquanto o processo – todo o processo – não tiver uma tramitação fluída à disposição de poderes discricionários processuais do juiz (como sucede nos tribunais arbitrais e nos processos de jurisdição voluntária) continuaremos enredados numa teia que Penélope não abandonará.

* * *

Outra causa maior do bloqueio dos tribunais tem que ver com o lixo processual que inunda, de há décadas, o nosso país; lixo processual que se reporta obviamente ao conjunto de ações de dívida conexionadas com os incentivos publicitários ao consumo adveniente da nossa entrada na União Europeia.

A entrada na União trouxe tranches sucessivas de fundos comunitários que criaram a ilusão da nova descoberta das Índias; logo a seguir, a queda do muro de Berlim trouxe a ilusão de que o Ocidente ia ser o dono incontestado do mundo, vivendo à sua custa através de manipulações financeiras tóxicas que os países não ocidentais iriam subsidiando.

Os fundos comunitários criaram esse "boom" nacional (importado de fora) de que era preciso consumir para aquecer a economia; e o imobiliário foi a face mais visível de uma longa área de economia oculta que navegava nas mesmas ondas.

A política da aquisição de casa própria com crédito mutuado, das tvcabos, da net cabo, dos telemóveis, das sfacs que concediam crédito publicitado para aquisição de todo e qualquer produto, foi o longo caminho que levou, a prazo, aos endividamentos pessoal e familiar.

Simultaneamente, os países ocidentais foram assistindo a uma lenta compressão salarial de quem trabalhava por conta de outrem e que permaneceu anos a fio; de sorte que passamos a ter uma situação económico-social contraditória: enquanto, por um lado, se facilitava o consumo para que a economia (ficticiamente) crescesse, por outro, não se subiam os salários reais de modo a permitir sustentadamente o aumento do consumo.

Durante duas décadas esta contradição foi-se aparentemente resolvendo: publicitou-se enganosamente a concessão de crédito ao consumo como símbolo e manifestação de uma vida superior encharcando-se as famílias em dívidas para que pudessem comprar a crédito e, de outra parte, foi-se dizendo que as empresas não podiam subir os salários reais sob pena de falir porque a margem de lucro era já mínima.

Com isto, o endividamento individual foi subindo em espiral, as sfacs e os agiotas continuaram a enriquecer e as sociedades ocidentais entraram na manipulação financeira pura sem produção de riqueza que se visse e com os auditores a falsificar a contabilidade das empresas auditadas.

O caso Enron/Anderson foi o início de muitos outros a seguir; estava-se na viragem do milénio (em 2000).

A previsão de Robert Reich, há mais de 30 anos atrás, avalizada mais tarde por P. Kennedy e E. Todd, tomava corpo para mal dos nossos pecados: 1/5 da população ocidental enriquecia cada vez mais, 4/5 empobrecia cada vez mais.

Ou seja, as nossas nações entravam num processo erosivo de coesão social interna.

Com tudo isto misturado, num Portugal acabado de aceder à democracia, o Poder Judicial viu-se confrontado com a enxurrada do lixo processual das ações de dívida que o submergiram impedindo o seu funcionamento saudável.

Os anos de viragem foram 1989/1992, dizem-no as estatísticas oficiais.

Se as revirmos, tiraremos uma conclusão expressa de forma visível: em todos (*todos*, sublinho) os tipos processuais introduzidos em juízo, a subida anual de processos foi gradual e previsível, fossem eles processos criminais, de trabalho, de instrução criminal, de família, de menores, o que permite uma projeção racional para um futuro de médio prazo.

O mesmo não sucedeu na esfera das ações cíveis: de 1989 a 1994 o número de ações entradas passou subitamente de 201.552 para 405.034 (ou seja, teve um aumento percentual de mais de 100%) fissurando as estruturas logísticas dos Tribunais que passaram a cobrar a pequena dívida cível sem meios para esse crescimento exponencial, e nos anos subsequentes os índices anuais de entradas processuais do cível mantiveram-se permanentemente muito elevados.

Os Tribunais passaram a ser, assim, os "cobradores de fraque" das grandes empresas.

Os benefícios/malefícios deste modelo (que tritura o cidadão e a pequena empresa e agrada à grande empresa) são-nos dados por dois indicadores.

O primeiro é o do relatório de 2006 do CEPEJ do Conselho da Europa: por 100.000 habitantes, Portugal tinha 5966 ações cíveis, a Espanha 1926, a França 2862, a Alemanha 3738 e a Noruega 292.

Portugal tinha, pois, o triplo das ações cíveis da Espanha, mais do dobro da França, quase o dobro da Alemanha e vinte vezes mais que a Noruega, o que mostra bem a impunidade concedida aos nossos agentes económicos ao abrigo de um falso conceito de liberdade negocial que mais não é senão a predação social do endividamento individual generalizado e a prazo.

O segundo indicador é-nos dado pela reação da sociedade.

As críticas ao mau funcionamento dos tribunais são frequentes.

Mas são críticas de cidadãos e de empresas que não têm logística financeira para suportar que a decisão de um tribunal demore e que o reembolso do seu crédito tarde em demasia.

Os grandes utilizadores dos Tribunais não criticam a lentidão judiciária; porque para eles o sistema funciona, ora porque têm agentes de execução próprios para a fase coativa ora porque suportam a demora através de preços sobreavaliados do produto fornecido e pagos pelos contraentes cumpridores que, assim, compensam os que não cumprem.

Nunca se fez a correção ética e jurídica deste modelo: nem se fiscalizou a aplicação dos fundos comunitários com a imposição de sanções punitivas ao prevaricador, nem se controlou a publicidade enganosa dos grandes agentes económicos que concediam produtos e crédito num conúbio fraudulento (em casos que, juridicamente, eram uma verdadeira coligação de contratos destinada a burlar o consumidor), nem se desenhou uma autêntica política de proteção ao consumidor que reduziria drasticamente o lixo processual que continua a invadir-nos.

* * *

A terceira causa da situação atual é um prolongamento da anterior: o bloqueio da ação executiva, principalmente desde que em 2002/2003 se fez a sua privatização através da implementação de um sistema entregue autonomamente a agentes de execução sem qualquer controlo fiável.

Ou seja, criou-se uma nova profissão liberal que cumpre funções de autoridade do Estado e sobre a qual o Estado se demitiu por completo de exercer qualquer controlo público.

A filosofia inicial do modelo estava correta: definida, pelo juiz, a existência e a amplitude do direito não mais fazia sentido que continuasse a ser o juiz a superintender e controlar a execução material do que ele próprio havia julgado.

Fazia sentido, sim, que fosse um organismo público, preenchido por juristas, que desse cumprimento àquilo que o Tribunal tinha julgado, sem embargo – como é óbvio – de recurso residual ao juiz nos casos de dúvida justificada aquando da execução da sentença.

Subitamente esta filosofia foi modificada.

Como? perguntar-se-á.

Simulando-se copiar o modelo francês do "huissier" sem qualquer vantagem e com três defeitos estruturais: em primeiro lugar, com a falta de formação do agente de execução (ao contrário do "huissier" altamente especializado); em segundo lugar, com a falta de controlo do agente de execução (que era um solicitador) e entregando-se ao seu organismo corporativo de classe (a Câmara de Solicitadores) uma fiscalização que nunca se fez verdadeiramente porque as previsíveis reações corporativas se impuseram, levando (como é de conhecimento público) a ações de responsabilidade civil do Estado por parte de credores lesados e a um processo criminal contra um elemento altamente qualificado da própria Câmara; em terceiro lugar, com o surgimento de um novo estrato profissional que exerce funções do Estado, à margem deste, com interesses próprios na redistribuição da riqueza que é reconhecida em juízo aos credores/vencedores e que se veem confrontados à força com mais alguém que vai compartilhar consigo o seu crédito.

Com tudo isto misturado, a ação executiva deixou de ser controlada pelo juiz, pela parte e pelo seu advogado e ficou entregue a terceiros.

Mas atenção: este modelo interessa a alguém; caso contrário teria desaparecido já, dez anos volvidos.

Interessa aos mesmos agentes económicos a quem interessa o "lixo" processual da enxurrada das ações de dívida atrás referida; ou seja, interessa aos grandes utilizadores dos Tribunais, em regra empresas em relação de grupo, em domínio total ou coligadas que cativam agentes de execução, monopolizando-os na satisfação exclusiva dos seus créditos ou trabalhando para si preferencialmente.

Os restantes – pequenas empresas ou cidadãos indiferenciados – permanecerão com o tempo indefinido das obras de Santa Engrácia.

É aqui que se dá a confluência entre os efeitos sociais da política de concessão de crédito ao consumo (com o endividamento pessoal ou familiar generalizado) e o sistema coxo da ação executiva dificultando aos mais débeis a cobrança dos seus créditos, tudo amalgamado numa visão jurídica neoliberal de consequências nefastas.

A má consciência do Estado ao implementar um modelo assim reflete-se no ato falhado do próprio modelo: ele foi construído para vigorar entre privados mas não para os créditos do Estado que continuam sujeitos ao processo clássico.

Os efeitos danosos de tudo isto patenteiam-se de modo inequívoco nos números objetivos das estatísticas oficiais.

Vejamo-las nos seis anos que vão de 2006 a 2011, ou seja, num período de tempo que permitiu a implementação do sistema e o visionamento a frio dos seus efeitos.

Com uma vantagem: de 2006 a 2008 – por razões que mereciam um estudo mais aprofundado – os Tribunais assistiram a uma diminuição contínua e sustentada das pendências processuais, não tanto à custa das ações executivas mas do restante conjunto da tipologia processual; mas mesmo na esfera da ação executiva, o ano de 2007 foi um marco a sublinhar já que foi nele que esse tipo de ação atingiu o seu menor défice com o número negativo de 2.134.

Nesse período – de 2006 a 2011 – e se as nossas contas estiverem corretas, o número de ações executivas aumentou nos tribunais em 232.796 (188.117 para o último triénio e 44.679 para o triénio de 2006/2008); no mesmo período de seis anos, em todos os restantes tipos de ações (cíveis, criminais, laborais, de menores, de família, excetuadas apenas as executivas) houve uma diminuição geral de pendências em 151.742 processos (122.797 nos anos de 2006/2008 e 28.945 no último triénio).

É certo que a tendência referida vinha já de trás; mas não é mau pensar no que isto pode significar, ou seja, na ideia-matriz de que o Judiciário funciona muito melhor quando o juiz tem o controlo e a direção processual do que quando esta é exportada para fora do sistema e entregue a agentes privados agindo em roda pouco menos que livre.

* * * *

O carácter antiquado do nosso mapa judiciário é outro dos fatores de bloqueio.

Temos o raciocínio pequeno de quem, tendo um país pequeno, tem a dimensão limitada do espaço; daí que ter a "justiça ao pé da porta" corresponde, para o comum do cidadão, a ter um Tribunal quase em cada bairro ou em cada povoação.

As nossas orgânicas administrativa e judiciária existem estratificadas há cerca de século e meio; tempo longo de mais para um novo mundo onde as comunicações não se medem por meses ou semanas mas por horas.

O novo mapa deve-se centrar em unidades territoriais muito maiores, com um juiz-presidente que faça a gestão administrativa da comarca e dos funcionários de acordo com as necessidades específicas de cada tribunal, sem prejuízo da observância estrita das regras que evitem a violação do princípio nuclear do juiz natural.

A comarca deve ser administrada como uma unidade orgânica global pelo juiz-presidente sob a supervisão do CSM.

Mas a macrogestão de todo o sistema implica a coragem de assumir o que nunca se quis: a reunificação dos Tribunais comuns e administrativos numa única orgânica e uma nova matriz para os julgados de paz.

A existência de uma orgânica única traria ganhos acrescidos em eficácia e na eliminação de desperdício dos tempos mortos que advêm dos conflitos de jurisdição, de gestões repartidas por Conselhos diferentes que não conseguem ter uma visão global e única sobre a administração de todos os Tribunais, da indefinição que assalta os próprios cidadãos quando — demandando alguém — se veem confrontados com a floresta de enganos de tribunais diferentes imbuídos de competências fluídas e parcialmente coincidentes como se a secante fosse uma virtude do direito em detrimento da segurança do cidadão.

O mesmo se passa com os julgados de paz.

Tal como estão, são um anexo de luxo e está ainda por fazer a avaliação exata dos custos sociais desse luxo, ou seja, a determinação do custo/ /tempo/salário de cada processo que finda nos julgados.

Os julgados de paz só fazem sentido se tiverem competências exclusivas e complementares das que têm os Tribunais comuns; ou seja, devem julgar processos em patamares menores (processos cíveis e até penais desde que não apliquem penas de prisão), com um sistema de recurso colegial interno (à moda brasileira) de modo a obviar à transferência do diferendo (através do recurso clássico) para o Tribunal comum.

Isto só é possível com uma opção de base: a gestão dos julgados de paz passaria para o CSM que se tornaria destarte o gestor único do Poder Judicial.

Sem embargo de um sistema integrado deste tipo ter efeitos óbvios (que por agora não interessa escalpelizar) na filosofia da formação dos magistrados.

* * * *

Para finalizar, duas referências preocupantes: a primeira, para sublinhar que – com a crise estrutural que nos atinge – os Tribunais não podem ser um meio extensivo para solucionar questões académicas; a segunda, para sublinhar que os Tribunais devem ter condições para funcionar bem para além de uma visão neoliberal das coisas.

A formação contínua dos juízes começa a ser usada como forcing constante de progressão na carreira muito além da racionalidade exigível a quem tem por função a de julgar; o que nos leva a perguntar se a insistência numa formação deste tipo não será o sucedâneo encontrado para financiar instituições académicas quando falha o financiamento público.

Esta pergunta contém em si uma outra que é a sua extensão: será que se pretende transformar o acesso de juristas de mérito aos Tribunais superiores numa forma de solucionar o número excedentário de professores não catedráticos que, com a crise atual, ficariam no limbo da indecisão do seu futuro?

Pergunta tanto mais pertinente quanto a diferença de tempo de serviço exigido a juízes e juristas é simplesmente leonina em desfavor dos primeiros.

Estas são as dúvidas preocupantes da primeira questão.

A segunda reporta-se à necessidade premente de limpar os Tribunais do lixo que os inunda, para que possam servir indistintamente cidadãos e empresas, julgando o que merece ser julgado em tempo razoável e previsível.

Porque se assim não for, brotará obviamente uma justiça cível florescente — a justiça arbitral — que deixará de ser residual para ser um meio insubstituível de financiamento da advocacia de luxo.

Luís António Noronha Nascimento
Texto segundo o Novo Acordo Ortográfico.

A IMAGEM DE OITO SÉCULOS
DE CRISE DA JUSTIÇA EM PORTUGAL

I — O RELEVO DA JUSTIÇA NO DIREITO ANTIGO PORTUGUÊS

Na velha Europa, berço dos direitos do Homem e do Cidadão, a justiça, assente na verdade, é a essência da liberdade, da dignidade e da base patrimonial que aquela sustenta, pelo que uma das funções essenciais de qualquer Estado de Direito é a sua administração.

É dela que emana a confiança e a tranquilidade, que são a base da criação de bens e serviços essenciais ao desenvolvimento harmonioso da sociedade, o que foi consciencializado desde o mais remoto tempo.

Mas isso não se consegue em qualquer sociedade sem leis adaptadas às gentes e por estas conhecidas, como é demonstrado pelo evoluir dos processos legislativos desde sempre.

No *Fuero Juzgo*, oriundo da monarquia visigótica, sobre o modo como devia falar o fazedor de leis, expressa-se que "O fazedor das leis deve falar pouco e bem e não deve dar um juízo duvidoso, mas evidente e aberto, para que tudo o que sair da lei o entendam os que a ouvirem, sem nenhuma dúvida e sem nenhuma dificuldade".[1]

---

[1] Fuero Juzgo, 1.1.6, citado por ANTÓNIO PEDRO BARBAS HOMEM, obra citada, página 78.

Isso mesmo foi explicado por Afonso X de Leão, assim: "A lei deve ser mostrada de modo a que todo o homem a possa entender, que nenhum não seja enganado por ela e que seja conveniente à terra e ao tempo e seja honesta e direita e igual e proveitosa a todos e em conjunto e a cada um por si. Esta é a razão que nos moveu a fazer leis, que a maldade dos homens seja refreada por elas e a vida dos bons seja segura e os maus deixem de fazer maldade por medo das penas".[2]

Na altura da consolidação da independência de Portugal, logo no princípio da nossa monarquia, era corrente a ideia de que não podia ser rei quem não tivesse especial aptidão para fazer a justiça devida, ao que não é estranha a deposição do Rei Dom Sancho II.

Era antiga a doutrina, que já constava do *Fuero Juzgo*, segundo a qual "Rei serás se fizeres direito, e se não fizeres direito não serás rei. No rei deve haver duas virtudes em si, especialmente justiça e verdade. Mas mais é louvado o rei por piedade, que por cada uma destas.".[3]

A centralização do poder real só foi possível em Portugal quando o Estado, então entendido como a Coroa, conseguiu sobrepor-se, na administração da justiça, aos senhores das terras – coutos ou honras -, nobres ou eclesiásticos.

O povo aplaudiu a Casa d'El Rei por ter conseguido impor a colocação no reino dos juízes letrados – meirinhos mores, corregedores e juízes de fora – em progressiva diminuição da participação na administração da justiça dos juízes eleitos pelos concelhos.

Dom Afonso II afirmou em 1211 que a justiça suprema lhe estava reservada e que os juízes ou alcaides eram apenas seus representantes, e, em 1265, Dom Afonso III nomeou magistrados para a Cúria Régia, tribunal de primeira e de segunda instância, que dava apoio ao rei, do qual havia recurso para a Casa d'El Rei, que era o tribunal supremo.

---

[2] Foro Real, livro 1, título VI, na edição de José Azevedo Ferreira, I, Lisboa, INIC, 1987, página 139, citado por ANTÓNIO PEDRO BARBAS HOMEM, "A Lei da Liberdade, Volume 1, Cascais, 2001, páginas 43 e 44.

[3] Fuero Juzgo, título preliminar, II, II, citado por ANTÓNIO PEDRO BARBAS HOMEM, obra citada, página 123.

Dom Dinis, revelando grande interesse pela lei e pela legitimidade dos atos processuais, nomeou corregedores, com vista à moralização da justiça exercida localmente pelos alcaides.

A fim de reformar a justiça local, D. Afonso IV nomeou juízes de fora que não conhecessem pessoas das terras para onde eram mandados, para que imunes estivessem aos enredos e às influências locais.

A Casa d' El Rei, por seu turno, começou por integrar os então designados sobrejuízes, primeiro, e, mais tarde, os chamados ouvidores.

A certa altura, para acelerar o despacho sobre as petições dos particulares em questões *de graça* ou de justiça, matéria em que era auxiliado por desembargadores, designados ministros do despacho, D. Pedro I criou o Desembargo Régio, antecessor do Desembargo do Paço. [4]

O Desembargo do Paço começou por ser ecleticamente integrado por ministros e oficiais de justiça, mas as petições "de graça" eram despachadas por desembargadores com assento na mesa principal da casa da justiça e, no início do século XVI, os últimos referidos magistrados passaram a constituir um órgão próprio, presidido pelo próprio rei. [5]

Nas Cortes de Coimbra de 1385, aclamado D. João I como rei, os povos requereram-lhe "justiças mais vivas e atrevidas", por via do envio de corregedores que não fossem "fidalgos nem seus acostadiços, nem durem mais de um ano no ofício", bem como a descentralização dos tribunais de recurso no Alentejo e em Coimbra enquanto não houvesse mais segurança no país devido à guerra. [6]

---

[4] Eram designados desembargadores os juristas que auxiliavam o rei no desembargo das petições, ou seja, no respetivo despacho.

[5] José Manuel Louzada Lopes Subtil, "O Desembargo do Paço (1750-1833), Lisboa, 2011, página 33; Marcello Caetano, "Desembargo do Paço", Enciclopédia Luso-Brasileira de Cultura Verbo, 6.º volume, Lisboa, 1967, páginas 1095 e 1096. O Desembargo do Paço foi extinto por via do Decreto de 3 de agosto de 1833, no período da guerra civil entre absolutistas e liberais.

[6] Marcello Caetano, "As Cortes de 1385", Revista Portuguesa de História, da Faculdade de Letras da Universidade de Coimbra, Instituto de Estudos Históricos Dr. António de Vasconcelos, Coimbra, 1951, páginas 58 a 61, 78 e 79.

Em 1447, no reinado de D. Duarte, foi concluída a compilação das Ordenações Afonsinas, editadas no reinado de D. Afonso V, sob o título *Ordenações de D. Duarte e Livro das Leis e Posturas*.

No reinado de D. João II, as populações do interior requereram a criação nas suas terras de tribunais de apelação, com o fundamento de que os existentes, em Lisboa, estavam demasiado longe.

As Ordenações Afonsinas começaram a ser revistas em 1505 por ordem de D. Manuel I, revisão que decorreu até 1514, do que vieram a derivar as Ordenações do Reino de Portugal de 1521, data em que foram por aquele Rei promulgadas, chamadas Ordenações Manuelinas.

O Rei D. Filipe I de Portugal, provavelmente já depois de 1583, ordenou nova compilação das leis e posturas dos três anteriores reinados, que foram aprovadas em 5 de junho de 1595, de onde derivaram as Ordenações de 1603, entradas em vigor no dia 11 de janeiro desse ano, já no reinado de Filipe II de Portugal, designadas *Ordenações Filipinas*.

Restaurada a independência do Reino, D. João IV, por via da Lei de 29 de janeiro de 1643, confirmou as Ordenações Filipinas vigentes até que se fizesse nova compilação, as quais passaram a designar-se "Ordenações Confirmadas e Estabelecidas pelo Senhor Rei D. João IV", que acabaram por vigorar até à entrada em vigor do Código Civil de 1867.

Já então havia a ideia de ponderação na elaboração das leis, conforme decorre de uma carta enviada, no dia 2 de janeiro de 1745, por Alexandre de Gusmão, secretário pessoal de D. João V, a um desembargador que preparava uma lei, a quem expressou: "Sua Magestade me manda advertir a Vossa Mercê que as leis costumam ser feitas com muito vagar e sossego e que nunca devem ser executadas com aceleração".[7]

Seguiu-se a publicação de várias leis e normas extravagantes, designadamente cartas de lei, alvarás com força de lei, alvarás simples, provisões, decretos, cartas régias, portarias, avisos dos secretários de Estado e assentos das Casas da Suplicação e do Cível, que foram objeto de várias compilações privadas.

---

[7] ANTÓNIO PEDRO BARBAS HOMEM, "A Lei da Liberdade", volume I, São João do Estoril, 2001, página 240.

Entre as referidas compilações releva a organizada ao reinado de D. José I, ou seja, o "Sistema ou Colecção dos Regimentos Reais", a "Colecção Chronológica de Leis Extravagantes", bem como as elaboradas por José Justino de Andrade e Silva e por António Delgado e Silva.[8]

No direito substantivo, relevou na época a Carta de Lei de 18 de agosto de 1769, chamada a Lei da Boa Razão, que a doutrina considerou um diploma da maior projeção e do mais transcendente significado, no século das luzes, durante o consulado pombalino, na profunda viragem ideológica na linha evolutiva da história do direito português.[9]

A referida Lei, conforme resulta do seu § 9.º, proibiu a aplicação do direito canónico nos tribunais civis, mandou aplicar o direito das nações civilizadas da Europa nos feitos relativos à política, à economia, ao comércio e à navegação e, no mais, o direito romano conforme à boa razão, ou seja, os primitivos princípios que contêm verdades essenciais, intrínsecas e inalteráveis que a ética dos romanos havia estabelecido e que os direitos divino e natural formalizaram para servirem de regras morais e civis entre os cristãos.

II — A DEMORA DA JUSTIÇA NO PERÍODO DAS ORDENAÇÕES

Sabe-se que a administração da justiça deve ser ponderada, tendo em conta as pessoas, os factos e as provas, pelo que tem o seu próprio tempo, sob pena de poder incorrer na injustiça.

---

[8] O "Sistema ou Colecção dos Regimentos Reais" envolve uma edição de Menescal e outra de Monteiro de Campos, aquela de 1718 e 1724, e esta de 1783 a 1791. A "Colecção Chronológica de Leis Extravagantes" vai de 1603 a 1761, e a de José Justino de Andrade e Silva vai de 1685 a 1702, e a de António Delgado e Silva, de 1750 e 1820. MARCELLO CAETANO, "Lições de História do Direito Português", Coimbra Editora, Coimbra, 1962, páginas 267 e 268

[9] GUILHERME BRAGA DA CRUZ, "O Direito Subsidiário na História do Direito Português", Revista Portuguesa de História, Tomo XIV, Coimbra, 1975, páginas 279 e 280.

Mas vem de longe a queixa do mal da excessiva morosidade da administração da justiça, que tanto preocupou os nossos reis, como o registo histórico seguinte nos revela.[10]

Com efeito, D. Afonso IV mandou publicar uma lei motivada pelo desiderato de impedir as dilações processuais e o abuso dos recursos pelos fabricadores de demandas, para evitar que as causas não tivessem fim e as partes perdessem os seus direitos.

Fernão Lopes, na «Crónica de D. Pedro I», referindo-se a este rei, escreveu: "Foi muito mantenedor de suas leis e grande executor das sentenças julgadas, e trabalhava quanto podia para que as gentes não fossem gastadas por razão de demandas e prolongados pleitos".[11]

O Infante D. Pedro, irmão do Rei D. Duarte, ciente do atraso na realização da justiça no Reino, escreveu ao último uma carta, em meados do século XV, em que lhe recomendava várias medidas tendentes a evitá-lo, expressando que "aquelles que tarde vencem ficam vencidos".[12]

Numa das leis inseridas nas Ordenações Afonsinas expressava-se que "[O corregedor] deve ver se os juízes que são postos pelos concelhos e confirmados por Nós ouvem os feitos cíveis e crimes, e os desembargam sem detença como por Nós é mandado; e como os ouviram e desembargaram os juízes que por Nós foram postos em essas vilas e lugares [juízes de fora]".[13]

Mais tarde, D. Manuel I, em ordenações e regimentos, decretou medidas de abreviação das demandas, mandando encurtá-las em relação ao que ocorria no pretérito, mas, ao que parece, sem o resultado pretendido.

A referida preocupação de encurtamento do tempo das demandas não existia, porém, apenas no Reino de Portugal. Com efeito, D. Fernando II de

---

[10] Veja-se, neste ponto, PAULO VENTURA, "A Ordenação da Ordem do Juízo da Nova Ordem do Juízo sobre o Abreviar das Demandas e Execução dellas; A Lei da Reformaçam da Justiça e outras que tais", *Boletim da Ordem dos Advogados*, n.º 44, Novembro//Dezembro de 2006, páginas 4 a 7.

[11] Capítulo I.

[12] OLIVEIRA MARTINS, "Os Filhos de D. João I" 1901.

[13] Ordenações Afonsinas 1.23.35, citação de ANTÓNIO PEDRO BARBAS HOMEM, obra citada, página 105.

Aragão e V de Castela, o Rei Católico, solicitou, no século XV, ao Senado de Milão, a indicação de alguma maneira mais breve e mais rápida de fazer justiça e de resolver as controvérsias.[14]

No Reino de Portugal, depois disso, na Ordenação de 1526, mandada publicar por D. João III, mencionou-se o muito tempo gasto no processamento e a ordenação dos feitos até ao termo das demandas, do que resultavam grandes despesas e danos para as partes.

Passado meio século, os atrasos na administração da justiça continuaram a verificar-se, conforme se expressou no exórdio da Ordenação de 28 de janeiro de 1578, de Dom Filipe I, na parte relativa *à nova ordem do juízo, sobre o abreviar das demandas e a execução dellas.*

O rei referiu, por um lado, estar informado das grandes dilações nos seus reinos e senhorios dos feitos e dos processos das demandas e dos inconvenientes e danos daí decorrentes para os seus povos e vassalos, e, por outro, considerar como sendo a sua principal e maior obrigação a de fazer e administrar a justiça aos seus vassalos inteiramente e com brevidade.

Na sequência, mandou a alguns do seu conselho e a pessoas de letras e de experiência que praticassem sobre as coisas da justiça, para que se não dilatassem os feitos e demandas e se desse breve despacho às partes, e ouviu sobre essa matéria os desembargadores mais antigos das Casas da Suplicação e do Cível.

Dessa reforma resultou a redução do número de articulados, que passaram a ser o *libello,* a contrariedade, a *reprica* e a *trepica,* e a haver *huns só embargos* que, se não fossem recebidos, seria a parte *que com elles veio condenada nas custas do retardamento.*

Baseada a causa em escritura pública, tinha o réu 10 dias para embargar e provar os embargos, mas se os não provasse *perfeitamente ... e os ditos embargos forem taes, que provados relevem de condenação",* seria condenado e a sentença era dada à execução ... *sem mais appellaçam nem agravo.*

A concessão de prazo para mandar vir de fora do reino documentos necessários à prova deixou de obstar ao julgamento. Mas a verificar-se ter

---

[14] João Botero, "Da Razão de Estado", página 31, citado por António Pedro Barbas Homem, "A Lei da Liberdade", volume I, São João do Estoril, 2001, páginas 224 e 225.

o autor recebido indevidamente alguma importância, deveria devolvê-la e, além disso, pagar as custas em dobro.

Determinou-se deverem os escrivães ser muito diligentes em *cumprirem os mandados de seus superiores,* e, mensalmente, estarem obrigados a dar conta aos ouvidores *se sam feitas as diligencias que por bem da justiça foram mandadas fazer, e a causa por que se não fizeram, sob pena de suspensão por seis meses,* sem appellaçãm nem agravo".

Os advogados passaram daí em diante a dever estar presentes *às audiências ordinariamente,* sob pena de *nam se aceitarem pera elles procurações, nem seram recebidos artigos, nem rezões, nem petições feitas por elles em feitos, nem casos alguns.*

Era necessário um exame prévio para se advogar na Casa da Suplicação e os advogados da Casa do Cível, nos feitos da primeira, sob pena de *nam arrazoaram, nem faram artigos nem se aceitaram nos ditos feitos procurações pera elles.*

Os advogados passaram a ser condenados, por virtude do atraso no cumprimento dos prazos, no pagamento de custas a favor da parte prejudicada, e se aconselhassem contra direito expresso, dizendo às partes *que tem justiça em suas causas sem a terem, incorriam na mesma pena em que incorrem os julgadores que julgam contra direito expresso.*

Baseada a execução em sentença de condenação em dinheiro ou de qualquer outra cousa, que se costumasse contar, pesar ou medir, o executado não era ouvido sem pagar ou entregar *penhores livres e desembargados, que valham a contia da condenaçãm.*

Curiosamente, estabeleceu-se que, retardada a execução por virtude de embargos que impedissem que a causa estivesse finda no prazo de três meses, o condenado seria logo preso.

Além disso, foi estabelecido que os meirinhos, alcaides e escrivães eram proibidos de receber dinheiro das partes para a realização das penhoras enquanto elas não estivessem feitas.

Além das devassas normais, era nomeado trienalmente *hum Desembargador de muita confiança, que tire devassa dos escrivães, advogados, meirinhos, alcaides, contadores, esqueredores e de todos os mais officiais.*

Quatro anos depois, em 27 de julho de 1582, o mesmo Rei, Dom Filipe I, fez publicar a Lei da *Reformaçam da Justiça*, em cujo exórdio se expressou que *"a mayor e mais principal obrigação ... he a da justiça"* e, no Regimento do Desembargo do Paço, da mesma data, expressou-se a preocupação do rei de obstar a que as causas e os pleitos se fizessem imortais.

Por via desta reforma, foi aumentado o número de desembargadores da Casa da Suplicação de doze para quinze, e os da Relação do Porto, que passou a ter mais seis lugares extravagantes.

Os desembargadores deviam exercer efetivamente as suas funções, sob pena de não serem pagos e de serem substituídos, limitou-se o tempo da sua licença a vinte dias e cominou-se a suspensão dos que cometessem aos advogados as audiências que deviam fazer.

Ademais, foi determinado que o procurador dos feitos da fazenda "seja contínuo na dita casa", para que os feitos se não atrasassem na Casa da Suplicação, e que determinados *casos* ditos *leves* deixassem de ir à Casa da Suplicação ou à Casa do Porto, e as custas passaram a ser pagas a final, depois de decididos os agravos.

A nomeação dos corregedores deixou de ser perpétua, passaram a julgar em primeira instância, e os agravos de qualquer juiz da cidade de Lisboa passou a subir diretamente à Casa da Suplicação.

O alcaide ou o meirinho que não passasse mandado para qualquer execução era suspenso do seu ofício, e os oficiais de justiça que servissem através de pessoa por eles nomeada ou levassem mais do que o tabelado perdiam o ofício.

Em meados do século XVII, D. Francisco Manuel de Melo escreveu o seguinte: "pois que direi, se a justiça se fizer à sua hora e a mercê à sua hora? A justiça parecerá bem e a mercê melhor, mas se a justiça se faz antes de tempo e fora de horas, e a mercê fora de tempo e a desoras, nem a justiça é justiça, nem a mercê, parecendo a primeira que é da paixão e não do zelo e a segunda fruto do negócio e não da magnificência".

Depois disso, vários foram os diplomas que versaram sobre medidas de abreviação da duração dos feitos nos tribunais, mas sem grande sucesso, conforme os documentos da época revelam.

Na realidade, a problemática do atraso na administração da justiça continuou a suscitar-se, com sucessivas queixas nas cortes, o que motivou a publicação de vários decretos tendentes à eliminação das suas causas.[15]

III — A REFORMA DO PROCESSO CIVIL PELA MONARQUIA LIBERAL

Neste período de filosofia liberal, as iniciativas de superação das causas do atraso na administração da justiça continuaram a incidir na reforma das leis de processo e de organização judiciária, já em quadro de tendência para atribuir ao processo civil a causa do mal.

Esse desiderato foi tentado nas três sucessivas leis de processo civil, nomeadamente a Reforma Judiciária, aprovada pelo Decreto n.° 24, de 16 de maio de 1832, de Mouzinho da Silveira, que substituiu o velho processo das Ordenações do Reino, a Nova Reforma Judiciária, aprovada pelos Decretos de 29 de novembro de 1836 e de 13 de janeiro de 1837, de Passos Manuel, e a Novíssima Reforma Judiciária, aprovada pelo Decreto de 21 de maio de 1841, de Costa Cabral.

Este novo regime processual, ainda inspirado no direito das Ordenações, remetia muito para a praxe do foro anterior ao referido Decreto n.° 24, de 16 de maio de 1832, o que proporcionava a anulação de atos processuais e o entrave à celeridade na administração da justiça.

Sob o mesmo desígnio, prosseguiu a reforma da lei de processo, com base num projeto do advogado Alexandre de Seabra, após sete anos de trabalhos preparatórios, que culminou no nosso primeiro Código de Processo Civil, aprovado pela Carta de Lei de 1876, que versou sobre o processo em geral nos tribunais de primeira instância, nas Relações e no Supremo Tribunal de Justiça, que entrou em vigor em 1877 e vigorou durante 62 anos.

Pensado para proporcionar a possível simplificação dos termos do processo, sem prejuízo da garantia dos direitos dos litigantes, ficou muito marcado pelas ideias liberais da época, designadamente pela excessiva

---

[15] LOBÃO, no "Tractado Pratico Compendiario de todas as Acções Sumárias", citado por PAULO VENTURA, refere os Decretos de 1643, 1645, 1653, 1692, 1695, 1697, 1699, 1700, 1702, 1709, 1710, 1713, 1717, 1718, 1720, 1721, 1722, 1750, 1751, 1753 e 1780.

importância da forma, traduzida em sobrecarga de formalidades, pela intensa rigidez do processo no que concerne à unidade de tipo independentemente do valor da causa, pela regra da obrigatoriedade de seguimento de todas as fases, pelo desproporcionado predomínio do princípio do dispositivo, com o juiz passivo ou inerte e mero árbitro do duelo judicial e pelo predomínio da forma escrita sobre a oral, na medida em que o juiz conhecia dos depoimentos através de extensos relatos escritos sem a sua intervenção.

Era, pois, um sistema processual civil ao serviço dos particulares, que o podiam conduzir como lhes aprouvesse, remetendo-se o juiz para uma atitude passiva, sem iniciativa de prática de atos e diligências tendentes ao apuramento da verdade.[16]

Exemplo manifesto da excessiva rigidez da forma e das formalidades do processo, gerador de atraso na administração da justiça, era a previsão constante do seu artigo 201.º, segundo o qual a citação para começo da ação deveria ser acusada na segunda audiência.

Assim, na audiência competente, o presidente do tribunal declarava poder o advogado requerer, e o do autor ditava um requerimento verbal ao escrivão, que o escrevia, expressando que acusava a citação do réu e requeria que, interpelado na sua presença ou à revelia, se houvesse a sua citação por acusada e se assinasse o prazo de três audiências para a contestação.

Nessa sequência, o escrivão lia o requerimento ao juiz, este pedia informações sobre se era essa a audiência competente para a acusação e, em caso afirmativo, deferia-lho. Então, o escrivão lavrava o despacho do juiz, e o oficial de diligências vinha à teia, chamava pelo réu, e este vinha declarar se ele respondera ou não à interpelação. Se o réu estivesse presente e aparecesse, entregava-lhe a nota da acusação da citação, e de tudo isso o escrivão tomava nota no protocolo.[17]

O referido regime processual, excessivamente inspirado pelo princípio dispositivo, em quadro de conceção jusprivatista, permitia o atraso do

---

[16] Mário Júlio Almeida Costa, "História do Direito Português", Coimbra, Almedina, 1989, páginas 403 e 404.

[17] José Alberto Dos Reis, "Curso de Processo Ordinário e Sumário Civil e Comercial, Lições coligidas por António Batoque e António César Abranches, Coimbra", 1928, páginas 107 e 108.

termo do processo, por exemplo por via do adiamento de julgamentos, não raro requerido de má fé, em quadro de abuso dos meios processuais.

A história regista o caso de um advogado que, sem fundamento, pretendia adiar um julgamento e pediu a palavra ao juiz para ditar um requerimento para a ata, que lhe foi concedida, e foi ditando ao escrivão o conteúdo dos artigos do Código de Processo Civil, desde o primeiro até àquele que se tornou necessário transcrever para que o julgamento não tivesse lugar nesse dia, ao que o juiz teve de assistir sem intervir.[18]

Assim, o Código de Processo Civil de 1876 não proporcionava a brevidade possível na administração da justiça, além do mais porque não facultava ao juiz a direção efetiva da dinâmica processual, salvo em caso de incompetência em razão da matéria, de nulidade insuprível, de ilegitimidade das partes e de arbitramento.

Além disso, pela sua complexidade, não facilitava a aplicação correta do direito substantivo e implicava necessariamente o julgamento atrasado dos litígios pelas partes ajuizados.

Perante esta situação, em 1903, o Ministro da Justiça Campos Henriques, em relatório apresentado à Câmara dos Deputados, expressou: "Quer por parte dos interessados, quer por parte dos mais distantes ornamentos do foro, reclama-se mais do que o desenredar do processo das variadas teias que o embaraçam e ilaqueiam; pedem providências que contenham tanto quanto possível e sem tolher a defesa das partes, a lide que complica, encarece e eterniza os processos, com desrespeito dos tribunais e das leis".

Para tentar superar a referida situação, já muito próximo do fim da monarquia, o Governo publicou o Decreto n.º 3, de 29 de maio de 1907, que inseriu o despacho regulador do processo, para o conhecimento de nulidades, e um processo rápido e económico tendente à cobrança de dívidas comerciais e civis de pequeno valor.[19]

---

[18] José Alberto Dos Reis, "Reforma do Processo Civil e Comercial", Coimbra, 1928, página 16.

[19] Além disso, foi o referido Código objeto de sucessivas alterações, designadamente por via do Decreto n.º 12353, que estabeleceu o processo sumário, e do Decreto n.º 4618, de 3 de julho de 1918, e, depois disso, pelas reformas de 1926 e de 1932.

IV — A REFORMA DO PROCESSO CIVIL NA SEGUNDA REPÚBLICA

Durante a primeira República – entre 5 de outubro de 1910 e 27 de maio de 1926 – não houve alteração da lei processual, embora o Governo tenha desenvolvido trabalhos preparatórios no sentido da alteração do regime processual anterior, essencialmente consubstanciado no Código de Processo Civil de 1876.

Só depois da Revolução de 28 de maio de 1926 é que foi publicada a reforma do Código de Processo Civil de 1876, também envolvida pelo referido desígnio de redução do tempo de duração dos processos judiciais.[20]

Foi esta reforma que implementou em Portugal o processo civil moderno, na medida em que inseriu, além da possibilidade do indeferimento liminar da petição inicial nos casos de ineptidão, de incompetência em razão da matéria e de impropriedade do meio empregado e de evidente inviabilidade da ação, os princípios da oralidade, da concentração e da atividade permanente e intensiva do juiz.[21]

Todavia, o princípio da oralidade não foi estabelecido em termos absolutos, na medida em que o artigo 37.º do Decreto n.º 12 353, de 22 de setembro de 1926, estabeleceu que a discussão escrita só era substituída pela discussão oral se as partes nisso acordassem ou o juiz a considerasse conveniente na situação de simplicidade do pleito.

Ademais, foi criado o instituto dos assentos de uniformização da jurisprudência com força obrigatória geral, ampliou-se o objeto do despacho regulador do processo, que passou a incluir as questões da legitimidade *ad causam*, da regularidade da representação das partes em juízo e das exceções suscetíveis de obstar ao conhecimento do mérito da causa.

---

[20] A reforma de 1926 foi essencialmente instrumentalizada pelo Decreto n.º 12353, de 22 de setembro de 1926, republicado com alterações pelo Decreto n.º 12 488, de 14 de outubro de 1926, alterado pelo Decreto n.º 13979, de 25 de julho de 1927. A reforma de 1932, por seu turno, foi implementada pelos Decretos n.ºs 21 287, de 26 de maio de 1932, e 21 694, de 29 de setembro de 1932.

[21] Luis Correia de Mendonça, "80 Anos de Autoritarismo: uma leitura política do processo civil português", Proceso Civil e Ideología, sob a coordenação de Juan Montero Aroca, Valência, 2006, páginas 398 e 399.

O regime das profissões forenses, por seu turno, passou a constar do primeiro Estatuto Judiciário, aprovado pelo Decreto-Lei n.° 13809, de 22 de junho de 1927, que, no ano seguinte, foi substituído pelo Estatuto Judiciário de 1928.

Entretanto, o Governo procedeu, por via dos Decretos n.°s 21 287, de 26 de maio de 1932, e 21 694, de 29 de dezembro de 1932, a nova reforma da lei de processo, que ficou conhecida pela reforma de 1932.

Foi inspirada numa conceção publicista do processo, extinguiu-se a jurisdição comercial, instituiu-se o tribunal coletivo, bem como, no fim dos articulados, o questionário, organizado pelo juiz da causa, depois do saneamento do processo.

Consagraram-se plenamente os princípios da oralidade pura, da concentração e da imutabilidade ou da identidade real do juiz no seu contacto imediato com as partes, as testemunhas e os peritos.

Os mais relevantes atos processuais, como é o caso da instrução, passaram a decorrer em audiência, oralmente perante os juízes, em regra não reduzidos a escrito, sob a égide do princípio da atividade do juiz ou do inquisitório, relegando-se assim para a história do direito a figura do juiz passivo, inerte, a que se chamou juiz fantoche.

Predominava a ideia de que só com a observância do princípio da concentração era possível a celeridade na resolução de litígios. Mas, ao invés do que se pensava, este sistema da oralidade pura, a par do princípio do juiz ativo, gerou uma enorme sobrecarga de trabalho para os magistrados e consideráveis demoras na ultimação dos processos.

Neste quadro, reconhecia-se que o Código de Processo Civil de 1876, apesar das suas alterações em 1926 e 1932, não correspondia à necessidade de salvaguarda dos direitos dos cidadãos, designadamente no que concerne à atempada administração da justiça, e implementaram-se os trabalhos tendentes à publicação de um novo Código de Processo Civil.[22]

Findos os referidos trabalhos, foi publicado o Código de Processo Civil de 1939, que entrou em vigor no dia 1 de outubro seguinte, inserindo uma

---

[22] Para o efeito, foi nomeada uma Comissão, presidida por JOSÉ ALBERTO DOS REIS, quando era Ministro da Justiça MANUEL RODRIGUES.

pluralidade de normas originárias das reformas de 1926 e de 1932, designadamente as que envolviam os princípios do juiz ativo e interventivo, da oralidade e da concentração.

Os princípios da oralidade e da concentração consubstanciavam-se na audiência de instrução, discussão e julgamento da causa nas ações de processo ordinário, sumário e sumaríssimo e na audiência preparatória para a discussão oral das questões a decidir no despacho saneador.

O princípio da imediação traduzia-se na regra da prestação, em audiência de julgamento, do depoimento das partes e das testemunhas e o esclarecimento dado pelos peritos sobre as suas respostas aos quesitos e na faculdade de o tribunal, em qualquer altura, requisitar e ouvir funcionários especializados ou técnicos.

O mesmo princípio envolvia a faculdade de o tribunal, mesmo após o encerramento da discussão da causa, ouvir as pessoas que entendesse, determinar o depoimento perante o tribunal coletivo de testemunhas residentes fora da área da comarca e de o próprio tribunal coletivo realizar a inspeção judicial e de as testemunhas poderem ser inquiridas no local do litígio.

Também ficou consignado neste Código o princípio da plenitude da assistência dos juízes e o da continuidade dos debates, tal como o princípio da autoridade e da intervenção do juiz por via das vertentes da promoção, da instrução e da disciplina, na medida em que a lei lhe atribuiu poderes de direção do processo, designadamente o de ordenar oficiosamente o necessário para o seu seguimento, determinar as diligências e atos necessários à descoberta da verdade e de recusar o que se lhe afigurasse impertinente ou meramente dilatório.[23]

Este Código, cuja interpretação suscitou muitas dúvidas e controvérsias, foi objeto de várias alterações, a primeira, curiosamente, um dia antes da sua entrada em vigor.

A doutrina criticava-lhe o princípio da oralidade pura e o regime do funcionamento do tribunal coletivo, este não raro acusado de julgar contra o

---

[23] Luis Correia Mendonça, *obra citada*, páginas 420 a 424.

resultado da prova, sem possibilidade de fiscalização efetiva, e de afeiçoar a resposta aos quesitos à sua preconcebida decisão da questão de direito.[24]

Nesse quadro de crítica, seguiram-se os trabalhos preparatórios para um novo Código de Processo Civil, que acabou por ser publicado em 1961, que manteve no essencial a estrutura e os princípios do Código de Processo Civil de 1939, designadamente o da atividade do juiz, o da oralidade e o da concentração.[25]

Mantendo embora a intervenção do tribunal coletivo no julgamento da matéria de facto de primeira instância a fim de evitar os inconvenientes da apreciação livre das provas por um único juiz, instituiu a obrigatoriedade da fundamentação das respostas aos quesitos, com a consequência de os juízes acompanharem *pari passu* a produção da prova e de se "precaverem contra o impacto especial das primeiras ou das últimas inquirições e a passarem pelo crivo da razão as meras impressões de raiz intuitiva".[26]

No que se refere à Organização Judiciária, após sucessivas alterações do Estatuto Judiciário de 1928, foi publicado o Estatuto Judiciário de 1944, e, depois, o Estatuto Judiciário de 1962.

Entretanto, por virtude da entrada em vigor, no dia 1 de junho de 1967, do novo Código Civil, foi necessária a alteração do Código de Processo Civil de 1961, concretizada por via do Decreto-Lei n.º 47690, de 11 de maio de 1967, que nada inovou quanto à estrutura anterior, nem mesmo em termos de consecução de celeridade processual.

Em 1972, falava-se insistentemente na crise da justiça, acentuou-se a crítica ao sistema da oralidade pura mantido no Código de Processo Civil de 1961, atribuindo-se-lhe a causa da referida crise, e sugeria-se a sua elimina-

---

[24] Antunes Varela; J.Miguel Bezerra e Sampaio E Nora, "Manual de Processo Civil", 2.ª Edição, Coimbra Editora, Coimbra, 1985, página 34.

[25] A primeira alteração do Código de Processo Civil de 1939 ocorreu por via do Decreto-Lei n.º 29 950, de 30 de setembro de 1939. O Código de Processo Civil de 1961, que entrou em vigor no dia 24 de Abril de 1962, foi aprovado pelo Decreto-Lei n.º 44 129, de 28 de Dezembro de 1961.

[26] Antunes Varela, J.Miguel Bezerra e Sampaio E Nora, "Manual de Processo Civil", 2.ª Edição, Coimbra Editora, Coimbra, 1985, página 34.

ção, o registo da prova e a admissibilidade do recurso da decisão da matéria de facto do tribunal coletivo.[27]

Não obstante, nos dois anos seguintes, até à Revolução de Abril de 1974, não houve alterações legislativas tendentes a debelar os males que aos tribunais eram assacados.

V — A REFORMA DO PROCESSO CIVIL NA TERCEIRA REPÚBLICA

1. *Generalidades*

Considera-se aqui, como sendo a terceira República, o período que se segue à Revolução de 25 de abril de 1974.

A mudança do regime político decorrente da referida revolução não implicou a imediata alteração das leis de processo. Mas, por via do Decreto--Lei n.º 261/74, de 18 de junho, foram instituídas comissões de reforma judiciária para elaborar e sistematizar as críticas ao regime anterior e sugerir as reformas julgadas mais adequadas à democratização e à eficácia da justiça em todos os seus aspetos.[28]

Curiosamente, o que mais se discutia então era a questão de manter ou não a especificação e o questionário, opinando os juízes no sentido de que aquelas peças processuais lhes implicavam uma sobrecarga de trabalho, e os advogados no sentido de que elas constituíam a causa do estrangulamento da marcha dos processos e do seu atraso.[29]

Era, porém, uma discussão fragmentária, porque não se equacionavam as consequências, em sede de julgamento, da abolição das referidas peças pro-

---

[27] I Congresso Nacional dos Advogados Portugueses de 1972, citado no artigo "Da crise da justiça em Portugal – Os grandes paradoxos da politica judiciária nos últimos cinquenta anos", da autoria de A.M.Pessoa Vaz, Revista da Ordem dos Advogados, Ano 46, Lisboa, Dezembro de 1986, páginas 707 e 708.

[28] O relatório geral sobre os trabalhos produzidos pelas comissões de reforma judiciária consta no Boletim do Ministério da Justiça, n.º 248, edição de Julho de 1975.

[29] Luis Correia De Mendonça, Estudo e obra citada, páginas 426 e 427.

cessuais, designadamente no que concerne ao apuramento dos factos relevantes para a decisão da causa e à estabilização dos atos processuais.

À Revolução seguiu-se um período marcado por um exponencial aumento da litigiosidade, num quadro em que os recursos humanos e materiais do nosso sistema judicial não estavam preparados para o suportar, o que implicou, em vários tribunais, sobretudo nos sediados no litoral, o aumento do tempo da pendência processual por virtude do atraso na administração da justiça.

Nesse quadro, em 1978, aquando do início da atividade de implementação do Centro de Estudos Judiciários, a Ordem dos Advogados expressava, em tom intenso, a rutura do sistema da justiça.

Entretanto, na sequência da Constituição da República de 1976, foi publicada a nova Lei Orgânica dos Tribunais Judiciais, aprovada pela Lei n.º 82/77, de 6 de dezembro.

2. *A reforma intercalar do processo civil*

Pouco tempo depois da elaboração do relatório pelas referidas comissões de reforma judiciária, iniciaram-se os trabalhos preparatórios da reforma da legislação processual civil, através de uma Comissão, integrada por magistrados e outros juristas, sob a ideia de inclusão de todos os seus preceitos num único diploma de caráter global e unitário.

Mas aumentara muito a distribuição de ações cíveis, sobretudo nas comarcas mais populosas, gerou-se uma grande perturbação derivada do acréscimo intenso do serviço, pelo que se considerou a necessidade de inserir em lei, com urgência, certas modificações no direito processual vigente tendentes ao descongestionamento da situação.[30]

---

[30] Alguns juristas afirmavam ser difícil encontrar na vida portuguesa matéria em que o chamado consenso crítico se tenha formado nos últimos anos com a maior facilidade, no sentido de que a situação dos tribunais era de pré-rotura, se não mesmo de rotura pura e simples (JORGE SAMPAIO e VERA JARDIM, "Direito à Justiça", Jornal *Expresso*, 9 de fevereiro de 1985.

Foi neste quadro que ocorreu a primeira reforma da lei de processo depois da Revolução de Abril de 1974, implementada pelo Decreto-Lei n.º 242/85, de 9 de julho, pensada sobretudo com vista à consecução de uma maior brevidade na resolução dos litígios ajuizados.

Esta reforma estabeleceu a citação das pessoas coletivas por carta registada com aviso de receção, o chamamento a juízo dos sujeitos do lado passivo a fim de serem citados, a facultatividade da audiência preparatória, mesmo nos casos de conhecimento antecipado do mérito da causa, a ampliação do conhecimento oficioso pelo juiz no âmbito da incompetência relativa, a regra dos dois articulados nas ações com processo ordinário, a supressão do questionário nas ações não contestadas, o dever de coperação entre os advogados e o juiz na fixação da matéria de facto por via da menção, no fim dos articulados, dos factos considerados assentes e carecidos de prova, a faculdade da feitura da especificação e do questionário por via da remissão para os articulados, a limitação dos fundamentos da reclamação contra aquelas peças processuais à omissão, deficiência e à obscuridade, a eliminação do recurso autónomo da decisão sobre as reclamações da especificação e ou do questionário, a redução dos adiamentos dos julgamentos, o julgamento antecipado de mérito sem audiência prévia das partes e a restrição do direito de recurso por referência ao valor da sucumbência.

Além disso, sob o desígnio da simplificação das formas de processo, foi inserido no Código o artigo 464.º-A, a fim de as partes poderem afastar a rigidez da legalidade das formas do processo, limitando o objeto da controvérsia a determinados pontos de direito substantivo ou afastando diretamente alguns atos do formalismo processual legalmente previsto.

Foi mais uma tentativa de atenuar o acréscimo das pendências processuais, por via de se facultar às partes a delimitação do objeto do litígio e a dispensa das fases dos articulados, do saneamento e da condensação, com significativa redução no tempo da duração do processo e do montante das custas correspondentes aos processos em geral.

Esperançado na utilização desta simplificação processual, o legislador salientou o seu interesse teórico e prático e a limitação dos respetivos riscos pela necessidade de acordo das partes e de autorização do seu uso pelo juiz, pensando que esta nova forma de tutela de legítimos interesses das partes concorria em alguma medida para o descongestionamento do serviço dos tribunais.

Quatro anos depois, por via do Decreto-Lei n.º 212/89, de 30 de junho, atribuiu-se a este processo simplificado a preferência sobre qualquer outro serviço não considerado urgente e a obrigatoriedade de decisão na primeira instância no prazo máximo de quatro meses, salvo os períodos de férias judiciais e o acordo do juiz com os mandatários judiciais sobre a data das diligências e a pronta menção nos autos da impossibilidade de realização de alguma diligência no dia ou na hora designada, a fim de os convocados serem oportunamente notificados do adiamento.

Este regime consta agora do Decreto-Lei n.º 211/91, de 14 de junho. Todavia, não teve aceitação na comunidade jurídica, na medida em que, em nove anos de vigência, apenas se conhecia um caso de utilização deste processo, admitindo um autor, como hipótese explicativa, "o facto de os advogados não quererem perder a possibilidade de delinear as estratégias de gestão do risco e da prova e da sua interpretação e de negociações colaterais em que o processo judicial é mero instrumento".[31]

Aquela reforma de 1985, embora no geral positiva, não teve o mérito de atenuar as críticas ao nosso sistema processual, que continuaram a apontar o referido regime de oralidade pura como uma das causas da crise da justiça.

Com efeito, pouco mais de três meses depois da sua publicação, a doutrina continuou a apontar, como causas do mal do regime processual vigente, a falta de documentação da prova e de motivação da decisão da matéria de facto e de recurso daquela decisão, a desconexão entre a exigência de um juiz ativo, assistencial e responsável – exigente de quadros judiciais e reforço dos meios materiais e técnicos adequados – e a existência de estruturas anacrónicas e minguadas de organização judiciária, a enorme e intolerável sobrecarga de trabalho dos juízes e a consequente e inevitável demora dos processos, e que tudo isso havia gerado desprestígio e a desconfiança

---

[31] BOAVENTURA SOUSA SANTOS, "Os Tribunais nas Sociedades Contemporâneas – O Caso Português", Porto, 1996, página 393.

dos e nos tribunais, além de provocar uma forte tendência para a fuga à justiça estatual e o retorno à perigosa justiça paralela.[32]

Apontavam-se, por um lado, no plano processual, como medidas de atenuação da crise, o uso de modernas tecnologias com vantagens na descoberta da verdade material, a aceleração, a simplificação e a racionalização do processo, bem como a responsabilização e a moralização de todos os personagens da cena judiciária para o combate à mentira processual.

E, por outro, no plano judiciário, a fim de descongestionar e acelerar os processos, sugeria-se o aumento do número de juízes e de funcionários de justiça, o alargamento da competência do juiz singular, o recurso a assessores judiciais licenciados em direito e a contingentação processual.[33]

Neste período foi publicada a segunda Lei Orgânica dos Tribunais Judiciais, aprovada pela Lei n.º 38/87, de 23 de dezembro, revogatória da Lei n.º 82/77, de 6 de dezembro.

3. *A arbitragem voluntária*

A Constituição da República Portuguesa, desde a sua primitiva versão em 1976, no artigo 209.º, n.º 2, permite a existência, no nosso ordenamento jurídico, de tribunais arbitrais.

---

[32] Salientou-se que os Juízes não são máquinas de sentenças e despachos elaborados a ritmo insuportável e frustrante, nem super-homens com memórias computorizadas, capazes de reter e reproduzir, em tempo breve, na sentença, toda a complicada trama de uma instrução probatória puramente oral, mas sim homens dotados de consciência e sensibilidade e de um irreprimível desejo de administrar autêntica justiça, ou seja, tornarem-se julgadores serenos e refletidos dos melindrosos problemas de forma e de fundo que o processo suscita, o que exige alta capacidade técnico-profissional de um magistrado de carreira, tempo minimamente suficiente para o estudo e ponderação das decisões a proferir (PESSOA VAZ, no II Congresso Nacional dos Advogados).

[33] A.M. PESSOA VAZ, "Da Crise da Justiça em Portugal – Os grandes paradoxos da política judiciária nos últimos cinquenta anos", Revista da Ordem dos Advogados, Ano 46, Lisboa, dezembro de 1986, páginas 707 a 717.

O regime da arbitragem voluntária constava dos artigos 1511.º a 1524.º do Código de Processo Civil, que foram revogados pelo artigo 39.º n.º 3, da Lei n.º 31/86, de 29 de agosto.

A Lei n.º 31/86, de 29 de agosto, passou a integrar o regime da arbitragem voluntária, relativo à convenção de arbitragem, aos árbitros e ao tribunal arbitral, ao funcionamento da arbitragem, à decisão arbitral, à impugnação desta, à sua execução nos tribunais estaduais e à arbitragem internacional.

A existência destes tribunais visa a desjudicialização voluntária ou convencional, como meio redutor da pressão de procura de serviços judiciais junto dos tribunais estaduais.

Cerca de uma dezena de anos depois da entrada em vigor do referido regime de arbitragem voluntária, sob a motivação da simplificação e da redução do tempo de duração dos processos arbitrais, a comunidade jurídica começou a opinar no sentido da sua reforma.

4. *A reforma do processo de falência*

Esta reforma do processo de falência e de recuperação da empresa foi levada a cabo pelo Decreto-Lei n.º 132/93, de 23 de abril.[34]

Integrou-se na jurisdição falimentar a matéria da recuperação das empresas em situação financeira deficiente e eliminaram-se a concordata e o acordo de credores, meios preventivos da quebra falimentar, bem como as câmaras de falência.

Previu-se a possibilidade de declaração da falência no despacho que, na fase inicial do processo, mandasse prosseguir a ação, desde que a tal não houvesse oposição, bem como a extinção do processo no caso de manifesta insuficiência do ativo para o pagamento das custas e demais despesas com o processo, bem como na situação de no património do falido não haver bens penhoráveis.

[34] Foi alterado pelos Decretos-Leis n.ºs 157/97, de 24 de junho, 315/98, de 20 de outubro, 323/2001, de 17 de Dezembro, 38/2003, de 8 de março.

Inseriu-se o princípio da liquidação imediata do ativo independentemente do apuramento exato do passivo, com o desígnio de evitar as frequentes e morosas controvérsias entre os interessados, aceleraram-se as operações de liquidação, eliminou-se o recurso da sentença declarativa da falência, possibilitou-se o recurso *per saltum* para o Supremo Tribunal de Justiça e unificou-se o prazo de alegação de todos os recorrentes.

Esta reforma, parcialmente direcionada para a simplificação do processo especial de falência, e, consequentemente, para a redução da pendência processual em causa, considerando a avaliação de resultados que ocorreu, também não atingiu o objetivo pretendido.

À luz do resultado da sua aplicação, atribuiu-se a sua falta de êxito, principalmente, ao tardio impulso do processo, à demora da sua tramitação, à duplicação do chamamento dos credores e à estrutura da fase da reclamação de créditos, à pluralidade de hipóteses de convolação de formas do processo e ao caráter típico e taxativo das providências de recuperação.

Perante este quadro negativo, o Executivo iniciou o processo tendente à reforma da referida lei de processo falimentar.

5. *A reforma do processo de inventário*

Nesta linha de simplificação processual, também com o desígnio de atenuar as pendências dos processos de inventário, foi o seu regime reformulado, essencialmente pelo Decreto-Lei n.° 227/94, de 8 de setembro.[35]

Desta reforma resultou essencialmente a eliminação da obrigatoriedade do inventário prévio à aceitação da herança por menores e da relação de bens, a simplificação do processo, tendo-se reduzido o número de artigos na ordem dos quinze por cento.

Esta reforma não produziu consideráveis ganhos de celeridade processual, certo que, menos de cinco anos depois, por via da Lei n.° 29/2009, de

---

[35] Em 1 de janeiro de 1992 pendiam nos tribunais da primeira instância 555 455 processos e, no dia 1 de janeiro de 2001, mais do dobro, ou seja, pendiam neles 1 196 942 (Estatísticas da Justiça, Gabinete de Política Legislativa e Planeamento do Ministério da Justiça), páginas 37 e 70.

29 de junho, foi instituído um novo regime, cuja competência de tramitação foi transferida para os notários e os conservadores do registo predial.

Esta transferência de competência, ou desjudicialização relativa, não foi suficientemente ponderada, o que implicou logo a alteração do diploma inicial pelas Leis n.ºs 1/2010, de 15 de janeiro, e 44/2010, de 3 de setembro.

Face à complexidade das questões suscetíveis de se suscitarem nos processos de inventário, não se vê uma razoável motivação desta desjudicialização, tanto mais que a experiência já demonstrou a ineficácia no descongestionamento dos tribunais de outras soluções do mesmo tipo.

Ademais, dada a forma como esta desjudicialização relativa está estruturada, sobretudo no que concerne à fragmentação da competência para os atos processuais do inventário entre os tribunais e as referidas entidades administrativas, é de perspetivar uma acentuada turbulência processual nuns e noutras, com o consequente congestionamento, que afinal se pretendeu superar.

Além disso, para agravar a situação, o legislador omitiu a necessária regulamentação daquela Lei, o que gerou complexas questões de competência entre os tribunais, por um lado, e os cartórios notariais e os conservadores do registo predial, por outro, com o consequente prejuízo para os cidadãos e o descrédito para o sistema de justiça.

Por isso, na sequência de uma decisão do Tribunal Constitucional que apreciou o vazio de competência nesta matéria por falta de normas de regulamentação da Lei n.º 29/2009, de 29 de junho, os processos de inventário continuam a ser integralmente processados nos tribunais da ordem judicial, como outrora.

6. *A reforma do processo civil subsequente à sua reforma intercalar*

A reforma processual intercalar de 1985 acima referida foi implementada sob o signo da transitoriedade, porque já estavam em curso os trabalhos preparatórios de uma ampla reforma da lei de processo, mas dela resultaram ganhos de celeridade nos atos processuais em geral.

Esta ampla reforma da lei de processo foi concretizada pelos Decretos-
-Leis n.ºs 329-A/95, de 12 de dezembro, e 180/96, de 25 de setembro, que
entrou em vigor no dia 1 de janeiro de 1997, e que ficou conhecida como
sendo o Código de Processo Civil Revisto.

Foi envolvida mais pela ideia de garantia do direito das partes do que pelo
desígnio de redução do tempo dos processos, mas deixou-se expresso que a
proteção jurídica através dos tribunais implicava, por um lado, o direito de
obter, em prazo razoável, uma decisão judicial que apreciasse, com força de
caso julgado, a pretensão regularmente deduzida em juízo, e, por outro, a
possibilidade de a fazer executar.[36]

Nela se consubstanciou, designadamente, a proibição de decisões surpresa, a prorrogação acordada de prazos processuais, a suspensão acordada
da instância, a faculdade de citação por mandatário judicial, o conhecimento
do mérito da causa independentemente da verificação de certos pressupostos processuais, a atenuação do ónus de impugnação especificada, a substituição da audiência preparatória pela audiência preliminar, o registo da
prova por via de gravação, a eliminação do efeito cominatório pleno nas
ações com processo sumário e sumaríssimo, a ampliação do despacho de
aperfeiçoamento à contestação, a investigação oficiosa de factos instrumentais no âmbito da instrução e do julgamento, a intensificação do poder do
juiz na direção do processo, a diligência judicial tendente à sanação de pressupostos processuais, a incumbência judicial de investigação de factos ale-
gados pelas partes, a iniciativa judicial de obtenção de depoimento de parte
e de inquirição de testemunhas dispensadas pela parte que as ofereceu, a
ampliação da inquirição judicial de testemunhas não arroladas pelas partes,
a possibilidade de desconsideração de alguns sigilos, a coperação do tribunal e das partes e a igualdade substancial destas.[37]

Dela resultaram, por um lado, alguns ganhos de tempo, designadamente
por virtude da supressão do despacho liminar, de o juiz poder recusar a
expedição de cartas precatórias, da obrigatoriedade de alegação imediata
nos recursos de apelação e de agravo com subida diferida, da atribuição ao

[36] Artigo 2,.º, n.º 1, do Código de Processo Civil.
[37] Luis Correia De Mendonça, Estudo e obra citada, páginas 429 a 432.

relator, nos recursos, dos anteriores poderes da conferência, do diferimento do ato de contagem das custas para o termo do processo, e, por outro, perdas de tempo, designadamente por virtude da possibilidade de prorrogação de prazos por acordo das partes e de diferimento de apresentação de articulados a pedido justificado.[38]

Foi por virtude desta reforma que desapareceu o princípio da oralidade pura em julgamento, que se transmutou em oralidade mitigada, com possibilidade de registo da prova, motivação da decisão da matéria de facto positiva e negativa pelo tribunal de primeira instância e recurso dessa decisão para a Relação.[39]

Mas logo surgiram críticas, designadamente do Professor ANTUNES VARELA, referindo-se, por um lado, ao pesado custo, em contrapartida da gravação da prova, da renúncia à colegialidade do tribunal da primeira instância.[40]

E, por outro, ao afastamento sistemático do juiz enquanto os articulados apareciam e cresciam na secretaria, muitas vezes com centenas de artigos, sobretudo nas ações ordinárias de maior importância e ao erro capital na estratégia da ação à luz do próprio objetivo capital da reforma que é a aceleração do processo.[41]

Acresce que alguns profissionais do foro diziam que o processo civil havia sido estruturado em quadro de postura hiperdialogante entre as partes e o juiz em sistema de "tu cá, tu lá".[42]

Neste quadro de crítica, não desmentida pela prática do foro, apenas três anos depois da entrada em vigor desta reforma da lei de processo civil, o Governo empreendeu a sua alteração.

---

[38] JOSÉ LEBRE DE FREITAS, "Estudos Sobre o Direito Civil e Processo Civil, A Crise da Justiça e o Processo Civil", Coimbra Editora, Coimbra, 2002, página 126.

[39] Acabou, assim, a crítica no sentido de que o tribunal coletivo julgava sem prova, para além da prova e contra a prova.

[40] "Revista de Legislação e Jurisprudência", Ano 128.°, Editorial, página 5.

[41] "A Frustrada Reforma do Processo Civil", "Revista de Legislação e Jurisprudência", Ano 131.°, 1998-1999, página 132.

[42] ARMINDO RIBEIRO MENDES, "As sucessivas reformas do Processo Civil Português", Revista "Julgar", janeiro/abril de 2012, página 85.

7. O procedimento de injunção e a ação especial conexa

O artigo 7.º do Decreto-Lei n.º 329-A/95, de 12 de dezembro, estabeleceu que, sem prejuízo da aplicação do regime do processo sumaríssimo, diploma próprio poderia regular a tramitação dos processos que corressem termos nos tribunais de pequena instância cível.

Nessa sequência, menos de dois anos depois da entrada em vigor da reforma processual de 1995/1996, por via do Decreto-Lei n.º 269/98, de 1 de setembro, foram instituídos, por um lado, o procedimento de injunção, e, por outro, a ação destinada a exigir o cumprimento de obrigações pecuniárias emergentes de contratos, ou seja, a par das ações com processo sumaríssimo, foram instituídas ações especiais para cumprimento das referidas obrigações.[43]

A criação do procedimento de injunção e da referida ação especial foi motivada pela verificação do elevadíssimo número de ações que estavam a ser propostas para cumprimento de obrigações pecuniárias relativas a créditos da titularidade de empresas comerciais, sobretudo nos tribunais dos grandes centros urbanos, com os consequentes atrasos processuais.

A ideia que esteve na base da criação do procedimento de injunção foi, de algum modo, a de desjudicializar a justiça cível de cobrança de dívidas até certo montante, no caso de os requeridos, notificados, não haverem deduzido oposição.[44]

Todavia, se no procedimento de injunção o requerido deduzir oposição ou se tiver sido frustrada a sua notificação, segue-se a sua transmutação em ação declarativa de condenação especial ou de processo comum, conforme o respetivo valor.

---

[43] O procedimento de injunção havia sido institucionalizado em Portugal por via do Decreto-Lei n.º 404/93, de 10 de dezembro, mas sem êxito, porque a comunidade jurídica a ele não recorreu significativamente, e acabou por ser revogado. O Decreto-Lei n.º 269/98, de 1 de setembro, foi alterado pelos Decretos-Leis n.ºs 383/99, de 23 de setembro, 32/2003, de 17 de fevereiro, 107/2005, de 1 de julho, pela Lei n.º 14/2006, de 26 de abril, pelo Decreto-Lei n.º 303/2007, de 24 de agosto, pela Lei n.º 67-A/2007, de 31 de dezembro, pelo Decreto-Lei n.º 34/2008, de 26 de fevereiro, pelo Decreto-Lei n.º 226/2008, de 20 de novembro.

[44] Lei n.º 87-A/98, de 31 de dezembro – Grandes Opções do Plano Nacional para 1999, Justiça, Enquadramento e Avaliação.

Obrigatoriamente implementado por um redutor e conclusivo formulário, ao ser transmutado em ação declarativa de condenação, gera este procedimento a necessidade de despachos de aperfeiçoamento, a complexidade processual, o atraso no termo das ações transmutadas e as excessivas decisões finais de forma.

Acresce que os títulos executivos formados no procedimento de injunção, nas execuções a que serviam de base, envolviam em regra, no âmbito da oposição, a discussão sobre a sua conformidade substantiva como se de ação declarativa de condenação se tratasse.

Na reforma da ação executiva de 20 de novembro de 2008 reduziu-se o âmbito da referida discussão, por via da quase equiparação dos títulos executivos formados nos procedimentos de injunção aos resultantes de sentenças condenatórias, mas logo surgiu a problemática da inconstitucionalidade das normas que instrumentalizaram aquela redução.

A conclusão é, pois, a de que esta reforma da lei processual extravagante não atingiu os objetivos de celeridade e de atenuação da pendência de processos que lhe foi perspetivada.

Nesse período de tempo foi publicada a Lei de Organização e Funcionamento dos Tribunais Judiciais, aprovada pela Lei n.º 3/99, de 3 de janeiro, que substituiu a Lei n.º 38/87, de 23 de dezembro.

8. *A reforma do processo civil no limiar do século XXI*

Esta reforma da lei de processo, inserida pelo Decreto-Lei n.º 183/2000, de 10 de agosto, pouco mais de três anos após a entrada em vigor da reforma de 1995/1996, foi essencialmente motivada, segundo o respetivo exórdio, pela circunstância de a morosidade processual ser um dos fatores que mais afetava a administração da justiça, originando atrasos na resolução dos litígios, perda da eficácia das decisões judiciais e falta de confiança no funcionamento dos tribunais, tudo agravado pelo crescente recurso às instâncias judiciais decorrente de transformações sociais e económicas e da maior consciência por parte dos cidadãos dos seus direitos.

Nessa perspetiva, a reforma incidiu essencialmente sobre a oportunidade de pagamento da taxa de justiça inicial e subsequente, a apresentação dos articulados, as alegações e contra-alegações escritas em suporte digital, a prática de atos processuais através de telecópia ou correio eletrónico, a possibilidade de nomeação de intérprete para o interrogatório de surdos, a notificação de atos processuais entre si pelos advogados das partes, a introdução do regime de citação postal simples, a precisão das condições do recurso à citação edital, a subordinação da intervenção do tribunal coletivo ao requerimento de ambas as partes, a marcação de diligências por acordo, o adiamento da audiência e de inquirições, a substituição em geral da inquirição por carta precatória pela audição por via de teleconferência, o regime das perícias e a subordinação do recurso sobre a decisão da matéria de facto à transcrição da gravação dos meios de prova em causa.

Esta reforma não foi precedida de um estudo nem de uma reflexão necessários, pelo que os seus resultados ficaram aquém do fim de aceleração da tramitação processual pretendida, o que justificou, muito pouco tempo depois, uma ampla reforma estrutural da lei de processo.

Dir-se-á que se tratou de uma reforma processual demasiadamente rápida, conjuntural, pontual, sem uma perspetiva de conjunto dos fatores suscetíveis de condicionar negativa ou positivamente a administração da justiça, da qual se não conhecem sinais positivos.

9. *A desjudicialização da proteção jurídica*

Não tem sido prática entre nós, com as consequências conhecidas, a discussão pública sobre avaliação do resultado – positivo e ou negativo – da aplicação das normas relativas às várias áreas da Administração Pública, incluindo a da justiça.

Desde 1970, por via de uma forma processual muito simples, a decisão sobre a concessão do apoio judiciário nas várias modalidades inscrevia-se na competência dos tribunais.[45]

---

[45] O regime de assistência judiciária constava da Lei n.º 7/70, de 9 de junho, e do Decreto n.º 562/70, de 18 de novembro, e do Decreto-Lei n.º 44/77, de 2 de fevereiro.

E assim continuou no âmbito da vigência dos Decretos-Leis n.° 387-B/87, de 20 de dezembro, e 391/88, de 26 de outubro, funcionando com considerável celeridade, não excedendo a sua duração média um mês, sem implicar a suspensão da instância.

Tínhamos, pois, um sistema eficiente, com judiciosa ponderação, sem custos diretos para o erário público, salvo os concernentes à remuneração dos causídicos no âmbito do patrocínio e da consulta jurídica.

Todavia, sem um estudo prévio aprofundado sobre o seu funcionamento, mesmo quanto à vertente dos encargos financeiros decorrentes da sua alteração por via da Lei n.° 30-E/2000, de 20 de dezembro, foi a referida competência transferida para os serviços da segurança social.

E assim se estabeleceu um complexo e deficiente sistema decisório, baseado em índices e fórmulas aritméticas, instrumentalizado por um simulador, sem garantia de justiça de decisão, com uma absurda previsão do tácito deferimento do pedido de proteção jurídica no caso de não ter sido proferida em trinta dias a decisão sobre a pretensão formulada.[46]

A nova lei de proteção jurídica, constante da Lei n.° 34/2004, de 29 de julho, não alterou significativamente o sistema anterior, tal como o não alterou a Lei n.° 45/2007, de 28 de agosto, regulamentada pela Portaria n.° 10/2008, de 3 de janeiro.

Aquela Portaria foi alterada por duas vezes em curto espaço de tempo, por via das Portarias n.°s 210/2008, de 29 de fevereiro, e 654/2010, de 11 de agosto, sendo por esta última eliminado o último elemento de controlo dos tribunais sobre a efetiva prestação pelos causídicos, nos vários processos, de serviços de patrocínio no quadro da proteção jurídica.

A partir daí, além de indicar o defensor e o patrono, a Ordem dos Advogados passou também a gerir os créditos dos causídicos aderentes ao sistema de acesso ao direito por via da mera declaração por eles do serviço prestado, à margem de qualquer controlo pelos serviços de justiça, incluindo as secretarias judiciais, os serviços do Ministério Público ou de órgãos de polícia criminal.

---

[46] A referida Lei foi substituída pela Lei n.° 34/2004, de 29 de julho, por seu turno alterada pela Lei n.° 47/2007, de 28 de agosto.

No final do ano de 2011, num universo de cerca de 27000 advogados inscritos na Ordem dos Advogados, havia cerca de 9500 candidatos ao serviço do acesso ao direito e aos tribunais, a quem o Estado vem pagando anualmente mais de cinquenta milhões de euros e que tende a aumentar em cada ano.

A referida situação de falta de controlo pelas secretarias judiciais e outras, pelas suas consequências nefastas, acabou por ser corrigida pela Portaria n.º 319/2011, de 30 de dezembro.

Quanto à referida política empreendida em 2000, dir-se-á que, para além do custo dos recursos materiais e humanos implicado pela transferência de competência, temos um complexo e dispendioso sistema de notificações entre os serviços de segurança social, a Ordem dos Advogados e os tribunais, provocando, não raro, incidentes nos processos a que se destina a concessão do apoio judiciário.

Neste quadro, a conclusão que se pode extrair da referida desjudicialização é a de que dela não resultou descongestionamento processual, nem ganhos de celeridade, além de que provocou um défice de justiça de decisão no quadro da proteção jurídica e implicou um exponencial aumento de custos do funcionamento do sistema.

10. *A desjudicialização de ações de jurisdição voluntária*

Na senda de desjudicialização, sob o argumento da tutela do direito a uma decisão em tempo útil por via da desoneração dos tribunais dos processos cujo objeto não fossem verdadeiros litígios, e de facilitar a concentração de esforços nos processos envolventes de reserva de intervenção judicial, foi publicado o Decreto-Lei n.º 272/2001, de 13 de outubro.

Por um lado, foi transferida dos tribunais para o Ministério Público a competência decisória das ações relativas à tutela dos interesses dos incapazes e dos ausentes, designadamente as de suprimento do consentimento dos representantes, de autorização para a prática de atos e as tendentes à sua confirmação em caso de inexistência de autorização.

E, por outro, foi transferida, dos tribunais para as conservatórias do registo civil, a competência decisória relativa aos processos de atribuição de alimentos a filhos maiores e da casa de morada de família, à privação e autorização de apelidos do atual ou anterior cônjuge e a conversão da separação em divórcio, embora com a ressalva de a oposição dos interessados implicar a remessa de processo para decisão judicial no tribunal.

Em qualquer caso, tratou-se de uma transferência de jurisdição relativa, porque é suscetível de reverter para os tribunais da ordem judicial, por efeito da mera impugnação das decisões ou, fora disso, no caso de recurso.

A experiência decorrente desta desjudicialização relativa, considerando o seu limitado objeto e a simplicidade deste, não revela, todavia, que dela tenha resultado o pretendido descongestionamento dos tribunais, ou que disso tenha resultado o seu prestígio.

11. A *desjudicialização decorrente dos julgados de paz*

Nesta dinâmica de desjudicialização, com a intenção de descongestionar os tribunais de causas de menor valor processual, foi publicada a Lei n.º 78/2001, de 13 de outubro, que criou os julgados de paz.

São integrados por juízes não magistrados, com competência relativa às ações declarativas não envolventes de direitos indisponíveis ou patrimoniais de elevado valor, mas com a possibilidade de acesso a serviços de mediação.

Conhecem das ações destinadas a efetivar o cumprimento de obrigações, com exceção das que tenham por objeto prestações pecuniárias e seja ou tenha sido credor originário uma pessoa coletiva, as ações de entrega de coisas móveis, as respeitantes à responsabilidade civil contratual e extra-contratual e as relativas ao incumprimento contratual, exceto as relativas a contratos de trabalho ou de arrendamento rural.

Visam a participação cívica dos interessados e o estímulo à justa composição de litígios por acordo das partes, e os seus procedimentos são concebidos e orientados pelos princípios da simplicidade, adequação, informalidade, oralidade e absoluta economia processual.

Conforme foi decidido em uniformização de jurisprudência, é uma competência concorrente com a dos tribunais da ordem judicial, assistindo aos interessados no acionamento a faculdade de opção pela instauração das ações nos primeiros referidos tribunais ou nos julgados de paz.[47]

Esta desjudicialização, cuja concretização depende da vontade dos interessados, tem contribuído para a diminuição da pressão de acionamento nos tribunais da ordem judicial, mas em escala muito limitada.

Os serviços de mediação existentes junto dos julgados de paz são suscetíveis de utilização como condição prévia ao acionamento nos tribunais da ordem judicial, nos casos em que a lei o vier a estabelecer.

Está em curso uma alteração do estatuto dos julgados de paz essencialmente ao que parece no sentido do fim da sua natureza experimental, do alargamento da rede nacional da sua competência material, da processualização e formalização da resolução dos litígios, da alteração do modelo do seu governo autónomo e do estatuto dos juízes, designadamente por via da atribuição da natureza vestibular em relação às magistraturas.[48]

12. *A reforma da ação executiva no limiar do século XXI*

Esta reforma da ação executiva foi implementada pelo Decreto-Lei n.º 38/2003, de 8 de março, que entrou em vigor no dia 15 de setembro de 2003, concretizou-se na sua desjudicialização por via da atribuição a um solicitador de execução da competência relativa à prática de uma extensa pluralidade de atos executivos.

Partiu-se da consideração de que havia excessiva jurisdicionalização e rigidez do processo executivo que obstava à satisfação, em prazo razoável, dos direitos do exequente, e de que o atraso dos processos se traduzia em denegação de justiça e na colocação em crise do direito de acesso à mesma.

Demarcou-se o plano da jurisdicionalidade, retirou-se ao juiz a direção da ação executiva, alargando-se a intervenção do solicitador de execução, em detrimento do oficial de justiça e de outros intervenientes acidentais,

---

[47] Acórdão de Uniformização de Jurisprudência, do Supremo Tribunal de Justiça, de 24 de maio de 2007, no recurso de agravo n.º 181/2007.

[48] Parecer da Associação Sindical dos Juízes Portugueses, Boletim Informação & Debate, VIª Série, n.º 7, fevereiro de 2012, páginas 95 a 116.

alargou-se o âmbito de exclusão do despacho liminar e da citação prévia do executado aos casos em que a execução começava pela penhora.

Surgiram centenas de escritórios de solicitadores de execução, algumas empresas passaram a contratá-los diretamente, não raro em regime de exclusividade, e o novo regime fracassou.

Assim, logo após a entrada em vigor deste novo regime se acumularam, sem autuação, por todo o País, milhares de execuções, 125 000 delas apenas nas secretarias de execução de Lisboa e do Porto.

Perante essa situação insustentável, muito preocupante, geradora do desprestígio dos tribunais, o Governo implementou o estudo tendente a uma nova reforma da ação executiva.

13. *A desjudicialização da insolvência*

Na sequência de críticas sobre a lei da falência, uma nova reforma da lei falimentar veio a ser implementada pelo Decreto-Lei n.º 53/2004, de 18 de março, na sequência da Lei de Autorização Legislativa n.º 39/2003, de 22 de agosto.[49]

Estabeleceu-se a unidade de processo de insolvência e a figura única de administrador da insolvência, a supremacia dos credores, e, em tema de desjudicialização, reduziu-se a intervenção do juiz, eliminando-se a reclamação judicial das deliberações da comissão de credores.

A pretexto de obtenção de celeridade, a lei eliminou as chamadas falências derivadas, estendeu o caráter urgente aos apensos dos processos de insolvência, inseriu a unidade de convocação dos credores, atribuiu o caráter de urgência aos atos a praticar no âmbito da administração e liquidação da massa insolvente, instituiu a regra da limitação do direito ao recurso a um grau, simplificou e desjudicializou o procedimento de reclamação de créditos, e atribuiu a competência de julgamento ao tribunal do comércio.

---

[49] Foi alterado pelo Decreto-Lei n.º 200/2004, de 18 de agosto, 76-A/2006, de 29 de março, 282/2007, de 7 de agosto.

Esta desjudicialização gerou intensa complexidade, insegurança na decisão e atraso processual, tal como tem acontecido em relação a outras soluções do mesmo tipo, e não se vislumbra que isso tenha conseguido o objetivo pretendido de diminuição da pendência processual da espécie.

E o défice de celeridade acabou por se agravar por virtude do exponencial aumento de processos de insolvência distribuídos nos nossos tribunais, sobretudo em virtude da grave situação de défice económico do País.[50]

Têm sido apontados ao processo de insolvência, por um lado, a deficiência organizativa face aos excessos de pendência e de trâmites burocráticos, o conflito substantivo entre o interesse público e o privado dos intervenientes, a insuficiente formação especializada dos profissionais, a inexistência de seleção adequada no recrutamento dos gestores e liquidatários judiciais, a falta de controlo do desempenho da sua atividade, o não empenho dos credores integrantes das comissões de credores, o défice de comunicação e de cooperação entre entidades públicas.

E, por outro, o deficiente entendimento dos credores sobre o processo de insolvência, considerado por uns como meio de mera cobrança de dívidas, por outros como instrumento de recuperação do imposto sobre o valor acrescentado, por alguns um modo de arrumação interna do ficheiro do cliente e por alguns ainda uma forma de extinguir sociedades.[51]

---

[50] Em 2004, o Governo decidiu privatizar o notariado, cujos cartórios rendiam anualmente ao Estado cerca de € 100 000 000, com que financiava significativa parte do sistema judiciário. Passaram a existir cartórios privados, mas a prática de atos, antes exclusivamente da competência dos notários, passou a poder ser efetuada por advogados, solicitadores, entidades administrativas e pelas próprias conservatórias do registo predial, gorando as perspetivas de rendimento dos notários, com a consequência do encerramento de cartórios (Licínio Lima, "Notários – A falência dos cartórios privados", *Diário de Notícias*,edição de 30 de janeiro de 2012, página 7).

[51] Parecer da Associação Sindical dos Juízes Portugueses sobre o projeto do diploma que altera o Código da Insolvência e de Recuperação da Empresa, relatado por Maria José Costeira, Boletim Informação & Debate, VI/7, fevereiro de 2012, páginas 133 a 158.

14. *O processo civil experimental*

Este regime veio na sequência da Resolução do Conselho de Ministros n.°
100/2005, de 30 de maio, que aprovou o Plano de Ação para o Descongestionamento dos Tribunais.

Inspirado em lei estrangeira extra-europeia, designadamente em alguns
institutos do processo civil norte-americano, foi instituído em 2006, por via
do Decreto-Lei n.° 108/2006, de 8 de junho, no âmbito de uma continuada
e penosa reforma da lei de processo civil, essencialmente com o escopo de
atenuação do congestionamento dos tribunais.

Visou criar um regime processual civil mais simples e flexível, em quadro de confiança na capacidade e no interesse dos intervenientes forenses
na resolução com rapidez, eficiência e justiça, dos litígios em tribunal, com
mitigação de formalismo, e atribuição ao juiz da função de gestor e mentor
da agilização dos termos do processo.

Foi estabelecida a regra dos dois articulados, com indicação neles das
provas, a marcação das diligências por acordo e a tramitação eletrónica,
permitiram-se as decisões judiciais abrangentes de vários processos, designadamente por via da agregação, facultou-se a inquirição extrajudicial de
testemunhas por acordo, bem como a prova testemunhal por documento
escrito e a redução do texto da sentença à sua parte decisória.

Foi como que um retorno à sumarização do processo em quadro de sobrevalorização dos critérios de celeridade e de simplicidade, em detrimento da
equidade processual.[52]

Aplicado inicialmente apenas na área dos juízos cíveis de Almada e Seixal e dos juízos de pequena instância cível do Porto, foi estendida a sua aplicação, em abril de 2011, à área dos juízos cíveis do Porto, do Barreiro e de
Matosinhos.[53]

---

[52] MIGUEL TEIXEIRA DE SOUSA, "Um novo processo civil português: *à la recherche du
temps perdu*", Novos Rumos da Justiça Cível, Conferência Internacional, Centro de Estudos Judiciários, 9 de abril de 2008, Lisboa, julho de 2009, páginas 13, 23 e 24.

[53] O Tribunal Constitucional, no Acórdão n.° 69/2008, de 31 de janeiro, publicado no
Diário da República, II Série, de 4 de julho de 2008, julgou que a vigência deste regime em
algumas comarcas e a do Código de Processo Civil nas restantes não violava o princípio

Mas, pouco tempo depois, o novo Governo suspendeu a sua aplicação na área dos juízos cíveis de Leiria, Portimão, Évora e Viseu, que estava prevista para 15 de setembro de 2011.

Dir-se-á que o estabelecimento deste regime não foi precedido de um necessário estudo no confronto da alternativa de se atingir um melhor resultado por via do aperfeiçoamento dos instrumentos processuais em vigor, designadamente os constantes do Código de Processo Civil.

Com efeito, o nosso sistema já consagrava o processo civil simplificado, a ação declarativa de condenação especial, a transmutação nesta do procedimento de injunção de valor limitado ou na ação comum de valor ilimitado para créditos derivados de transações comerciais.

Acresce que o referido regime, eivado de lacunas, provocou uma intensa divergência quanto ao modo de as integrar, acabando por prevalecer o entendimento de aplicação subsidiária do regime do Código de Processo Civil, motivando acrescida complexidade processual, designadamente a nível do julgamento das ações de valor superior ao da alçada da Relação quando os juízes optassem pela não seleção da matéria de facto objeto da instrução.

Ademais, a maioria dos juízos cíveis e de pequena instância cível continuou a operar a gestão processual, relativamente à maioria dos atos processuais à luz do Código de Processo Civil, para atenuar a complexidade da audiência de julgamento derivada da transferência para a mesma da resolução de questões processuais que antes poderiam ter sido resolvidas.

A opinião de vários magistrados e oficiais de justiça que aplicavam este regime era positiva, ao invés do que ocorria com a maioria dos advogados. [54]

Neste quadro, parece de concluir que a aplicação deste regime processual nas referidas áreas jurisdicionais não logrou produzir, nos órgãos jurisdicionais onde é experimentalmente aplicado, o pretendido efeito de celeridade e de atenuação do seu congestionamento.

---

da igualdade, sob o argumento de o seu caráter experimental significar que, antes da sua definitividade, se procurou testar a sua aplicação limitada no tempo e no espaço de modo a melhor poder avaliar os seus efeitos.

[54] ARMINDO RIBEIRO MENDES, estudo e local citados, página 89.

Isso justificou, porventura, o abandono do plano tendente à sua avaliação e decisão com vista à sua extensão a outras comarcas, projetando-se, agora, nesta reforma em curso do Código de Processo Civil, a sua revogação.

15. *A reforma do regime dos recursos*

O regime dos recursos em processo civil havia sido alterado e simplificado, primeiramente pelos Decretos-Leis n.º 329-A/95, de 12 de dezembro, e 180/96, de 26 de setembro, depois pelo Decreto-Lei n.º 375-A/99, de 20 de setembro, e, posteriormente, pelo Decreto-Lei n.º 38/2003, de 8 de março, e, finalmente, pela Lei n.º 6/2006, de 26 de fevereiro.

Não obstante, conforme resulta da Resolução do Conselho de Ministros n.º 172/2007, de 6 de novembro, a pretexto da garantia de uma gestão racional do sistema de justiça e da libertação dos meios judiciais – magistrados e oficiais de justiça – para a proteção de bens jurídicos que efetivamente merecessem a tutela judicial, foi decidida uma nova reforma do regime processual dos recursos.

A referida reforma foi implementada pelo Decreto-Lei n.º 303/2007, de 24 de agosto, que entrou em vigor em 1 de janeiro de 2008, apenas aplicável aos processos iniciados após aquela data.

Visou uma maior celeridade da fase dos recursos, a simplificação da sua regulamentação e a racionalização do acesso ao Supremo Tribunal de Justiça por via da dupla conforme.

Consagrou-se o chamado regime monista de recursos, essencialmente por via da substituição do recurso de agravo na primeira e na segunda instância pelos recursos de apelação e de revista, respetivamente.

Este novo regime de recursos não se revelava, porém, necessário para eliminar atrasos processuais de decisão, porque se sabia que a média temporal de decisão dos recursos nos tribunais superiores da ordem judicial não excedia quatro meses.

Quanto à espécie de recurso de apelação, sem considerar os seus efeitos negativos em relação à pretendida celeridade e simplificação, proibiu-se o recurso intercalar, relegando-se para o recurso da decisão final a impugnação da pluralidade das decisões sobre matéria processual, ou para o recurso autónomo posterior ao trânsito em julgado da sentença final, o que é redutor do caso julgado formal e suscetível de implicar a abrupta ineficácia da tramitação processual anterior, não raro extensa e demorada.

Assim, este novo regime dos recursos potenciou a complexidade e o abuso processual, proporcionou a precariedade das decisões de mérito transitadas em julgado, e permitiu, em suma, o atraso na ultimação dos processos.

Assim, não se fez todo o possível para evitar a afetação do princípio de celeridade processual, designadamente deixando clara a consequência jurídica da omissão pelo juiz da primeira instância da fixação do valor processual da causa no despacho de recebimento do recurso e a admissibilidade de pareceres no âmbito do recurso de revista.

Ademais, não deixou clara a possibilidade da ampliação do objeto do recurso de decisões intercalares desfavoráveis ao recorrido no caso de a ação ser, a final, julgada improcedente e de da respetiva sentença o autor interpor recurso.

Acresce que não deixou clara a admissibilidade do recurso de revista das decisões violadoras das regras de competência absoluta ou do caso julgado ou da jurisprudência uniformizada independentemente do respetivo regime limitativo, incluindo o que decorre da dupla conforme.

A dupla conforme traduz-se na restrição ao recurso de revista dos acórdãos da Relação, no rescaldo da prevalência, em relação à solução de o direito ao recurso envolver uma vertente do acesso ao direito e aos tribunais, daqueloutra de racionalização dos meios processuais, de aceleração do trânsito em julgado das sentenças e de valorização da intervenção do Supremo Tribunal de Justiça direcionada para a interpretação e a aplicação das leis e a uniformização de jurisprudência, omitindo a clarificação sobre se a fundamentação essencialmente diferente do acórdão da Relação e da sentença da primeira instância justifica ou não a inadmissibilidade do recurso.

Acresce que o regime anterior, em relação ao recurso de agravo para o Supremo Tribunal de Justiça, já inseria considerável limitação da sua interposição, pelo que esta solução, a par das exceções que comporta e da atividade processual tendente à sua verificação, não produz o efeito absoluto de celeridade que lhe foi associado.

Quanto às referidas exceções, designadamente no que concerne à admissibilidade da revista excecional, falta a explicitação legal sobre o âmbito do voto de vencido e a competência da formação tripartida de juízes conselheiros no confronto da do relator do tribunal da Relação, omissão que tem gerado atividade processual retardadora do termo dos processos.

Perante este quadro jurídico, pode concluir-se no sentido de que esta reforma dos recursos não era necessária para qualquer atenuação de pendências processuais, potencia a anulação de atos processuais, os ganhos de tempo que decorrem da restrição ao recurso de revista são parcialmente anulados pelo tempo necessário à decisão sobre a admissibilidade excecional do recurso de revista a proferir pela Formação prevista no n.° 3 do artigo 721.°-A do Código de Processo Civil.

A nova proposta de alteração do Código de Processo Civil inclui a modificação de alguns pontos do referido regime recursório, mas sem afetar a sua estrutura essencial.

16. *A reforma do regime das custas processuais*

No dia 1 de janeiro de 1997, aprovado pelo Decreto-Lei n.° 224-A/96, de 26 de novembro, entrou em vigor o Código das Custas Judiciais, adaptado às leis de processo e à nossa cultura judiciária, que foi objeto da primeira alteração de monta por via do Decreto-Lei n.° 324/2003, de 27 de dezembro, a qual entrou em vigor no dia 1 de janeiro de 2004.

O referido sistema veio a ser alterado por via do Decreto-Lei n.° 34/2008, de 26 de fevereiro, sob o expresso desígnio de repartição mais justa e adequada dos custos da justiça, da moralização e racionalização do recurso aos tribunais, do tratamento diferenciado dos litigantes em massa, da adoção de critérios de tributação mais claros e objetivos, da reavaliação do sistema de isenção de custas, da simplificação da estrutura jurídica do sistema de custas processuais, da unificação da respetiva regulamentação e da redução do número de execuções por custas.

O referido regime entrou em vigor, após sucessivos adiamentos, já depois de ter sido alterado, no dia 20 de abril de 2009, e envolveu a modificação das leis de processo civil, penal e tributário.

Todavia, esta nova versão da lei de custas, porque foi elaborada sem prévio adequado estudo da realidade envolvente, não atingiu parte considerável dos objetivos que lhe foram associados, como aliás se infere das seis alterações a que foi sujeita até 20 de maio de 2011.

Tratou-se, com efeito, de uma reforma eivada de lacunas, incongruências, erros de perspetiva e de lógica jurídica, complexidade, incluindo a falta de base de adaptação de um programa informático adequado, o que gerou dificuldade de interpretação normativa, implosão de recursos para os tribunais superiores em matéria de taxa de justiça e acumulação de processos na fase do ato de contagem de custas.

A conclusão é, por isso, no sentido de que esta reforma do regime de custas nada trouxe de positivo em termos de celeridade processual, antes pelo contrário, na medida em que gerou o aumento da pendência processual em geral.

17. *A nova reforma da ação executiva*

Decorridos menos de dois anos sobre o início da vigência da reforma da ação executiva de 2003 ocorreu a perceção da sua deficiência normativa, o que motivou o Governo a empreender uma nova reforma, o que veio a ocorrer por via do Decreto-Lei n.º 226/2008, de 20 de novembro.

Foi envolvida pela ideia, além do mais, de facultar aos advogados o exercício de funções de agente de execução e de criar a Comissão para a Eficácia das Execuções, com competência disciplinar quanto aos agentes de execução.

Por via dela reduziu-se ainda mais a intervenção do juiz e da secretaria na ação executiva, reforçou-se a função do agente de execução, alargou-se o seu desempenho a advogados e instituiu-se a problemática arbitragem institucionalizada, até agora ainda não regulamentada e, ao que parece, abandonada.

Intensificou-se, assim, a desjudicialização da ação executiva, deixando o juiz de poder destituir o agente de execução, que passou a ser livremente destituído pelo exequente.

Excluiu-se, porventura por falta de previsão nesse sentido, a solução de aproveitamento das potencialidades de afetação dos funcionários judiciais à prática dos atos processuais e de criação de grandes armazéns para a recolha dos bens móveis penhorados.

Com défice de ponderação e de previsão de consequências, esta reforma logo revelou a sua desadequação ao estado da economia portuguesa e à nossa cultura judiciária, deixando prever o respetivo fracasso e, consequentemente, a sua transitoriedade.[55]

É relativamente às ações executivas que se verifica a maior pendência judicial, entendida como o resultado do encontro entre o número de processos entrados em juízo e o de processos findos, ou seja, de 135766 no fim de 1993 e de 1186390 no fim do ano de 2010.

A maioria das ações executivas instauradas está atualmente nos escritórios dos agentes de execução, profissionais liberais, a maior parte em poucos deles, e muitíssimas sem tramitação, o que agrava o cômputo geral da pendência processual nos tribunais em geral.

De entre 2837 solicitadores inscritos na Câmara dos Solicitadores, 739 exerciam a função de agente de execução, a par de 173 advogados, gerindo uma pendência de 1200000 ações executivas – 55% deles em apenas 24 tribunais – com o valor global de cerca de € 19000000000.[56]

O fracasso desta reforma – e da que a antecedeu – deveu-se essencialmente à opção de política legislativa de desjudicialização, por via da transferência dos atos processuais das referidas ações para entidades estranhas aos tribunais, sem organização ou preparação técnico-jurídica para o efeito.

Esta situação de rutura que ocorre em relação à colossal pendência de ações executivas revela que esta reforma, e a anterior, geraram uma agravada

---

[55] José Lebre De Freitas, "Apreciação do Projecto de Diploma de Reforma da Reforma da Acção Executiva", Separata da Revista da Ordem dos Advogados, Ano 68, I – Lisboa, janeiro de 2008.

[56] Licínio Lima "Sistema de justiça gastou milhões de euros em reformas fracassadas", *Diário de Notícias*, de 30 de janeiro de 2012, páginas 6 e 7.

morosidade, em alguns casos um bloqueio, prejudicaram-se os exequentes e a economia, onerou-se o custo dos processos e afetou-se negativamente a confiança das pessoas no funcionamento dos tribunais, sem que estes para o efeito tenham contribuído.

18. *O Memorando* Troika

Como condição de financiamento externo à República Portuguesa, esta, o Fundo Monetário Internacional, a Comissão Europeia e o Banco Central Europeu subscreveram, no dia 17 de maio de 2011, o referido Memorando *Troika*, com importante incidência na área da justiça.

Convencionaram, nesse âmbito, dever o Governo apresentar, até ao final de 2011, uma proposta de revisão do Código de Processo Civil no sentido da implementação de medidas tendentes, designadamente, à melhoria do sistema judicial, considerado essencial para o funcionamento correto e justo da economia, ao aumento da sua eficiência por via da adoção de novos modelos de gestão dos tribunais, da atribuição aos juízes de poderes para despachar processos de forma célere, da redução da carga administrativa dos juízes, da aceleração da resolução das pendências e da sua eliminação até ao segundo trimestre de 2013.

Acordaram, ademais, a reforma e o aperfeiçoamento da lei da arbitragem voluntária e dos regimes do arrendamento urbano e da insolvência, da extensão do mapa judiciário, do alargamento do regime processual civil experimental e das custas processuais.

Inicialmente previa-se neste Memorando o alargamento do regime processual civil experimental a quatro tribunais até 30 de setembro de 2011, bem como a sua avaliação global até ao fim daquele ano, o que não aconteceu.

Todavia, o novo Governo considerou que a revisão do Código de Processo Civil e o alargamento do âmbito de aplicação daquele Regime eram incompatíveis, e, por via da revisão do aludido Memorando, foi eliminada aquela previsão de alargamento e encarregada a Comissão de Revisão daquele Código do aproveitamento de soluções nele previstas.

No que concerne às custas processuais, a referida Convenção incidiu sobre a imposição de custas e sanções adicionais aos devedores não cooperantes nos processos executivos, a introdução de uma estrutura de custas judiciais extraordinárias para litígios prolongados desencadeados pelas partes litigantes sem justificação manifesta, a sua padronização – a aplicação do mesmo regime a todos os processos – e a introdução de custas judiciais especiais para determinadas categorias de processos e procedimentos com o objetivo de aumentar as receitas e desincentivar a litigância de má-fé.

19. *A reforma do mapa judiciário na primeira década do século XXI*

No decurso do ano de 2008 foi publicada a nova Lei de Organização e Funcionamento dos Tribunais Judiciais – n.º 52/2008, de 28 de agosto – por virtude da qual foram instaladas as grandes comarcas do Baixo Vouga, do Alentejo Litoral e Grande Lisboa-Noroeste.

Vigorava transitória e paralelamente com a Lei de Organização e Funcionamento dos Tribunais Judiciais, aprovada pela Lei n.º 3/99, de 3 de janeiro, aquela aplicável nas comarcas do Baixo Vouga, do Alentejo Litoral e Grande Lisboa-Noroeste, e esta às restantes comarcas.

Na sequência do Memorando *Troika* foi publicado o Decreto-Lei n.º 74/2011, de 20 de junho, que alargou às comarcas de Lisboa e da Cova da Beira o regime do novo mapa judiciário, para entrar em vigor no dia 1 de dezembro de 2011, o que não chegou a acontecer.

Mas logo após a tomada de posse do novo Governo, na sequência da primeira revisão do Memorando *Troika*, logo se começou a afirmar a necessidade de uma nova reforma do mapa judiciário, desta feita com base em grandes comarcas de área coincidente com a dos distritos administrativos.

20. *A arbitragem necessária para direitos de propriedade industrial e matérias relativas ao desporto*

A arbitragem necessária para direitos de propriedade industrial necessária foi instituída pela Lei n.º 62/2011, de 12 de dezembro.

Trata-se de um regime de composição dos litígios emergentes de direitos de propriedade industrial, incluindo os procedimentos cautelares, quando estejam em causa medicamentos de referência ou genéricos, independentemente de estarem em causa patentes de processo, de produto ou de utilização ou de certificados complementares de proteção.

Dele resulta, além do mais, que da decisão arbitral respetiva cabe recurso para o tribunal da Relação competente, com efeito meramente devolutivo. Trata-se de um regime especial de desjudicialização, na medida em que se refere à composição de litígios sobre a propriedade industrial atinente a certo tipo de medicamentos.

Não se seguiu a opção alternativa da arbitragem voluntária, não obstante estar autorizada a várias entidades, designadamente à Associação Portuguesa de Consultores de Propriedade Industrial e ao Centro de Arbitragem para a Propriedade Industrial, Nomes de Domínio, Firmas e Denominações, competentes para promover a resolução de litígios na matéria referenciada ao nome daquele Centro, a criar em Lisboa, de âmbito nacional e caráter especializado.[57]

Este novo regime especial foi pensado, porventura, como medida idónea ao descongestionamento dos tribunais. Mas esta desjudicialização apenas se reporta à primeira instância, pelo que aos tribunais da Relação vai chegar a complexidade acrescida resultante desta nova justiça paralela de primeira instância.

Acresce que está projetada a criação do Tribunal Arbitral do Desporto, com uma vertente de arbitragem necessária para conhecer dos litígios emergentes de atos e omissões das federações e outras entidades desportivas e ligas profissionais, no âmbito dos correspondentes poderes de regulamentação, organização, direção e disciplina, bem como para conhecer dos recursos das deliberações em matéria de violação das normas antidopagem.

Talvez seja de ponderar quais são as vantagens e os inconvenientes para a justiça global, no âmbito da sua qualidade e celeridade, das várias justiças paralelas que têm sido implementadas em Portugal, tendo em conta que o

---

[57] A referida autorização derivou do Secretário de Estado da Justiça, de 28 de outubro de 2008, publicado no *Diário da República*, 2.ª série, n.º 216, de 6 de novembro de 2008.

simplismo é suscetível de conduzir à preterição dos valores da certeza e da segurança jurídica de que o Direito não prescinde.

21. *A continuação da reforma do mapa judiciário*

Conforme acima se referiu, na linha da reforma do mapa judiciário implicada pelo Memorando *Troika*, o Decreto-Lei n.°. 74/2011, de 20 de junho, cuja vigência foi prevista para o dia 1 de dezembro de 2011, alargou às comarcas de Lisboa e da Cova da Beira o regime do novo mapa judiciário que já vigorava nas comarcas do Baixo-Vouga, Alentejo Litoral e Grande Lisboa-Noroeste.

Todavia, no âmbito da primeira revisão do mencionado Memorando, ocorrida no dia 1 de setembro de 2011, as partes acordaram em que as novas unidades territoriais não haviam permitido, em muitos casos, a assimilação de centralidades *naturais*, e que isso obrigava à seleção de sedes daquelas unidades com pouca adesão à realidade, nomeadamente nos circuitos de mobilidade interna em cada região.

Na sequência do referido entendimento, foi aquele diploma revogado pelo Decreto-Lei n.° 113-A/2011, de 29 de novembro.

Mas estão em curso, conforme já se referiu, estudos para a continuação da reforma do mapa judiciário, por via de um novo modelo de organização judiciária de base distrital administrativa.

22. *A reforma da lei da arbitragem voluntária*

Cerca de vinte e cinco anos depois do início da vigência da Lei da Arbitragem Voluntária de 1986, na sequência do referido Memorando Troika, foi publicada a nova Lei da Arbitragem Voluntária – n.° 63/2011, de 14 de dezembro – deliberadamente com vista a facilitar a resolução da pendência e os acordos extrajudiciais.

Por via dela, além do mais, otimizaram-se as condições de funcionamento dos tribunais arbitrais, os quais passaram a poder decretar providências cautelares e ordens preliminares a uma das partes sem a sua audiência, facilitou-se a execução da sentença arbitral, associou-se-lhes a competência dos tribunais estaduais para o suprimento de eventuais inações das partes, a produção de provas e a resolução de incidentes, incluindo os relativos a honorários dos árbitros.

E assim, por esta via, na linha de política legislativa já antiga, alargou-se em grau muito intenso o fenómeno da desjudicialização, porventura sem a ponderação global das suas vantagens e inconvenientes face aos valores da certeza e da segurança jurídica inerentes ao Direito.

No prosseguimento do referido desiderato de desjudicialização, está projetado que o referido Tribunal Arbitral do Desporto também envolva uma vertente de arbitragem voluntária para os litígios relacionados com a prática do desporto não abrangidos pela arbitragem, suscetíveis de decisão arbitral segundo a Lei da Arbitragem Voluntária, incluindo os emergentes de contratos individuais de trabalho.

23. *A novíssima reforma da lei de custas*

Como se sabe, a lei de custas assume uma estreita conexão com a lei de processo, sobretudo com o Código de Processo Civil que contém várias normas que regem sobre custas processuais.

O Regulamento das Custas Processuais, diploma específico relativo a custas, voltou a ser alterado, na sequência do Memorando Troika, desta feita por via da Lei n.º 7/2012, de 13 de fevereiro, para entrar em vigor no dia 29 de março seguinte, juntamente com as normas de alteração da Portaria n.º 419-A/2009, de 17 de abril, complementar daquele Regulamento, por via da Portaria n.º 82/2012, de 29 de março.

Esta alteração teve principalmente o mérito de revogar o anacrónico sistema de pagamento intercalar de encargos e de conversão da taxa de justiça paga em encargos, e de elaboração da conta ao longo do processo, geradores de acrescida complexidade e de atraso nos atos de contagem.

Estabeleceu, por um lado, a padronização dos vários regimes de custas, o estímulo ao termo dos processos por ato das partes, a moderada ampliação e diminuição do âmbito das isenções de custas, a redução do reembolso dos gastos feitos pelo erário público, a consolidação da regra de pagamento da taxa de justiça em duas prestações, a obrigação de pagamento prévio de encargos relativos a despesas com as diligências processuais sob pena da sua não realização.

E, por outro, a redução da taxa de justiça a metade em algumas espécies processuais, a ampliação dos casos de dispensa de pagamento prévio da taxa de justiça, a redução da taxa de justiça destinada à Ordem dos Advogados e à Câmara dos Solicitadores, o ajustamento do regime das custas de parte, o aperfeiçoamento das regras da conta, a eliminação das contas provisórias e a dispensa da elaboração das contas definitivas em determinadas situações.

Esta reforma valorizou extraordinariamente a nova solução de padronização do regime das custas processuais, para obviar à complexa tarefa de determinação do regime de custas aplicável a cada processo, face às suas sucessivas alterações, assente na regra de aplicação do novo regime aos processos pendentes, e não apenas aos processos ajuizados desde 29 de março de 2012, data da sua entrada em vigor.

Apesar de esta padronização ser meramente relativa, porque não prescinde da aplicação de algumas normas das leis velhas de custas a processos pendentes no dia 29 de março de 2012, vai contribuir para a transparência do sistema e para a simplificação da tarefa de partes, advogados, funcionários judiciais e magistrados.

Todavia, dada a complexidade das normas que se referem à mencionada padronização, que implicam, na sua aplicação, considerável dificuldade, não se vislumbra a sua virtualidade específica de aceleração do trânsito em julgado das decisões sobre os litígios ajuizados.

Considerando a vertente financeira do sistema de custas processuais, incluindo as suas vertentes de transparência, de rigor contabilístico e de aceleração processual proporcionados pela elaboração das contas, provisórias e definitivas, afigura-se errática a eliminação das primeiras e a dispensa de algumas das últimas.

Ademais também se afigura errática a revogação de normas relativas ao reembolso de encargos devidos ao erário público, sem ponderação do seu custo financeiro, do défice orçamental do Instituto de Gestão Financeira e dos Equipamentos da Justiça, IP, em desrespeito das obrigações da República Portuguesa decorrentes do Memorando *Troika*, ao que parece sob o mero desiderato corporativo de redução significativa dos atos de contagem.

24. *A reforma da lei da insolvência*

Na sequência do Memorando *Troika*, em que foi acordada, foi preparada a reforma da lei da insolvência, que se concretizou por via da Lei n.º 16/2012, de 20 de abril, e implicou a sexta alteração do Código da Insolvência e da Recuperação de Empresas, aprovado pelo Decreto-Lei n.º 53/2004, de 18 de março, nos termos seguintes.[58]

Visou-se essencialmente com esta reforma a agilização da tramitação do processo de insolvência e o reforço das soluções tendentes à recuperação ou revitalização dos devedores.

Nessa perspetiva, temos que a satisfação do direito dos credores passou a ser primacialmente instrumentalizada pelas soluções previstas no plano de insolvência baseado na recuperação da empresa ou, se isso não for possível, por via da liquidação do património do devedor insolvente e da divisão por eles do seu produto.

O devedor deve requerer a sua insolvência no prazo de 30 dias a contar da data do conhecimento dessa situação ou da data em que podia e devia conhecê-la, e indicar os seus administradores de direito e de facto.

Se ele estiver em situação económica difícil ou de insolvência meramente iminente, pode agora requerer ao tribunal a instauração do processo especial de revitalização, que tem caráter urgente e se destina a permitir-lhe, se estiver em condições de recuperação, a negociação com os seus credores com vista a acordo de revitalização.

A sua situação económica difícil traduz-se na dificuldade séria para cumprir pontualmente as suas obrigações, designadamente por falta de liquidez ou por não conseguir obter crédito.

---

[58] Foi alterado pelos Decretos-Leis n.º s 200/2004, de 18 de agosto, 76-A/2006, de 29 de março, 282/2007, de 7 de agosto, 116/2008, de 4 de julho, e 185/2009, de 12 de agosto, e agora pela Lei n.º 16/2012, de 20 de abril.

A declaração da abertura do incidente de qualificação da insolvência pelo juiz passou a depender da existência de elementos que a justifiquem, e agora pode, fundadamente, dispensar a assembleia de credores, especificando-se na sentença a pertinente adequação processual.

O máximo prazo da sua reunião foi reduzido em quinze dias, e o anúncio relativo à citação dos credores que o não sejam pessoalmente passou a ser publicado no portal Citius.

No caso de o processo de recrutamento do administrador da insolvência assumir grande complexidade, pode o juiz, a requerimento de qualquer interessado, nomear mais do que um.

O administrador da insolvência passou a dispor de poderes para desistir, confessar ou transigir, mediante concordância da comissão de credores, em qualquer processo judicial em que o insolvente ou a massa insolvente sejam partes.

A responsabilidade do administrador da insolvência está agora declarada limitada às condutas ou omissões danosas ocorridas posteriormente ao ato da sua nomeação.

A renúncia dos titulares dos órgãos sociais do devedor à sua manutenção nos cargos depende do seu depósito das contas anuais com referência à data da decisão de liquidação em processo de insolvência.

As ações executivas suspensas extinguem-se, em regra, quanto ao executado insolvente, após a realização do rateio final ou quando o administrador constate a insuficiência da massa insolvente para satisfazer as custas do processo e as restantes dívidas da massa insolvente.

VII — A ANUNCIADA REFORMA DA LEI DO ARRENDAMENTO URBANO

Seis anos depois da reforma do regime do arrendamento urbano instrumentalizada pela Lei n.º 6/2006, de 27 de fevereiro, designada Novo Regime do Arrendamento Urbano — NRAU — tem sido anunciada uma nova reforma do aludido Regime, na sequência e na conformidade do mencionado Memorando *Troika*.

Preconiza-se com a referida reforma a recuperação do mercado de arrendamento, por via de medidas relativas ao aumento das rendas antigas, tendo em conta a duração dos contratos de arrendamento e os rendimentos dos inquilinos, bem como a simplificação do processo de despejo com vista à redução do tempo de execução das sentenças.

Assim, neste anúncio de reforma há uma vertente de natureza processual relevante, tendente, por um lado, a evitar o ajuizamento de alguns casos de incumprimento de contratos de arrendamento, e, por outro, à aceleração da sua resolução nos tribunais a que os casos sejam ajuizados.

VIII — A ANUNCIADA REFORMA DO PROCESSO CIVIL

Trata-se de mais uma reforma do processo civil, desta feita também convencionada no referido Memorando *Troika*.

No limiar dos trabalhos preparatórios da alteração do Código de Processo Civil, um autor com considerável influência doutrinária e experiência de foro apontou uma pluralidade de práticas judiciárias contrárias aos objetivos de celeridade e de eficácia dos meios processuais.

Em síntese, referiu-se, por um lado, à deficiente alegação da matéria de facto nos articulados, à não separação na contestação dos factos de impugnação e de exceção, à omissão de despacho de aperfeiçoamento dos articulados ou tendente à correção de vícios processuais e de recusa dos atos impertinentes ou dilatórios, à dispensa indevida da audiência preliminar, à não colaboração efetiva nela de advogados, ao abuso da suspensão da instância por acordo, à falta de contacto substancial entre os mandatários até ao julgamento.

E, por outro, à omissão da diligência de adequação formal, ao atraso na prática de atos processuais pelas secções, ao adiamento de audiências por motivos fúteis, designadamente a pretexto de junção de documentos, à apresentação na audiência de documentos já disponíveis na fase dos articulados, à falta de calendarização de sessões de julgamento e de contingentação de audição de testemunhas, ao défice de apresentação de depoimentos escritos, à sobrevalorização da prova testemunhal, ao arrastamento excessivo da audiência de julgamento, ao não uso de presunções judiciais derivadas das regras de experiência e à omissão de condenação por litigância de má fé.

E, finalmente, à excessiva arguição de nulidades e da obscuridade das sentenças e acórdãos, ao défice de formulação de conclusões de alegação de recurso, ao deficiente incumprimento das regras de impugnação da decisão da matéria de facto, à falta de efetivo poder de direção das secretarias pelos juízes, à deficiente gravação das provas e, quanto aos órgãos jurisdicionais mistos, à prevalência temporal da tramitação dos processos criminais em relação aos processos cíveis.

Na sua opinião, a reforma do processo civil devia assentar na regra da obrigatoriedade de apresentação das provas com os articulados, na secundarização do relevo da prova testemunhal, na limitação da condensação da matéria de facto aos factos essenciais, na proibição do adiamento de audiências agendadas por compatibilização de agendas ou por via de acordo de suspensão da instância, a penalização de atuações processuais imprudentes e a imposição da objetividade na alegação das partes relativa aos factos essenciais.[59]

Quanto às ações executivas, é consensual a opinião de que a falta de celeridade na sua tramitação e de eficácia de que se falava antes da reforma de 2003 se agravou consideravelmente por virtude da atribuição, sem o devido controlo disciplinar, da competência para a prática dos respetivos atos executivos a quem não estava tecnicamente preparado para o efeito.

É neste quadro de circunstâncias que agora se estão a desenvolver os trabalhos preparatórios da reforma do processo civil, declarativo e executivo, uma vez mais sob o escopo de agilização e de aceleração da tramitação dos procedimentos tendentes à administração da justiça.

As ideias apresentadas, envolventes da referida reforma, quanto ao processo declarativo, têm a ver com o reforço dos poderes de flexibilização e de adequação formal, a direção efetiva do processo pelo juiz com vista à justa composição do litígio, a implementação de medidas de simplificação processual e de reforço dos instrumentos de defesa contra expedientes dilatórios, a reformulação do regime da tutela urgente e cautelar, incluindo a via da inversão do contencioso, a restrição do âmbito dos incidentes de interven-

---

[59] ANTÓNIO SANTOS ABRANTES GERALDES, "O Memorando de Entendimento e a Reforma do Processo Civil", Revista da Ordem dos Advogados, ano 71, outubro/novembro de 2011, páginas 977 a 993.

ção de terceiros e o reforço dos poderes do juiz para rejeitar intervenções injustificadas ou dilatórias e providenciar pela apensação de causas conexas, a reformulação do regime de competência internacional dos tribunais portugueses, articulando-a com o disposto no artigo 22.º do Regulamento n.º 44/2001, a reformulação das formas de processo declaratório comum e o reforço do princípio da concentração do processo no mesmo juiz.

Acresce que se visa a implementação de um novo figurino da audiência preliminar, de novas regras de direito probatório e, quanto ao julgamento, a eliminação do coletivo da primeira instância e a inserção da regra do seu não adiamento.[60]

Entre as alterações mais visíveis temos a extinção da forma de processo sumaríssimo e do tribunal coletivo, a consagração na primeira instância do juiz único do processo, a regra da indicação dos meios de provas nos articulados, a substituição do despacho de seleção da matéria de facto assente e da base instrutória pelo despacho que identifique o objeto do litígio e enuncie as questões essenciais de facto que constituem o tema da prova, o planeamento concertado da dinâmica e do programa da audiência final e a obrigatoriedade da gravação desta.

Agora uma palavra final sobre uma ou outra das mais emblemáticas soluções de reforma do processo declarativo e executivo, propostas da Comissão que empreendeu o estudo em apreciação.

No processo declarativo, um dos pontos mais emblemáticos desta reforma centra-se na eliminação da seleção da matéria de facto assente e da base instrutória, que se dizem originais no contexto dos demais ordenamentos jurídicos europeus, e na sua substituição por um despacho identificativo do objeto do litígio e enunciativo das questões essenciais de facto integrantes do tema da prova.

É uma alteração em parte motivada pela errada ideia, que já vem de longe, de que da especificação e do questionário, primeiro, e dos factos assentes e da base instrutória, depois, advém em alguma medida o atraso na tramita-

---

[60] CARLOS LOPES DO REGO, "Os Princípios Orientadores da Reforma do Processo Civil em Curso: O modelo de acção declarativa", Revista Julgar, n.º 16, janeiro/abril 2012, páginas 99 a 129.

ção dos processos cíveis e, consequentemente, a negativa situação de administração da justiça existente.

Mas a nova formulação do referido despacho proposta já foi considerada envolvida de ambiguidade, sob o argumento de as questões essenciais de facto e os temas controvertidos não estarem no mesmo plano e, por isso, dever optar-se por um deles.[61]

Diz-se que não mais fará sentido pensar em quesitos ou em algo de similar por virtude de o tema de prova ter amplitude que se não coaduna com a visão atomística e espartilhada de pontos de facto, e que o depoimento testemunhal é balizado pela razão de ciência de quem o presta quanto ao tema de prova e, nos limites dos factos da causa de pedir e das exceções articulados, a instrução da causa fica livre de qualquer espartilho.

Refere ainda a doutrina serem de considerar os factos instrumentais probatórios e os complementares e concretizadores dos factos essenciais, do que resultará a garantia motivadora das partes à apresentação de articulados curtos e concisos.[62]

Dada a experiência resultante da prática do foro, designadamente sobre o conteúdo e a forma de articular da generalidade dos sujeitos processuais, apesar das inúmeras reformas da lei de processo, sempre visando a modificação das práticas e rotinas processuais desajustadas, não nos parece justificado o augúrio otimista do referido autor.

Considerando o contexto normativo global do Código de Processo Civil, a previsão preconizada do despacho delimitativo do litígio e das questões de facto integrantes do tema de prova vai suscitar divergências de interpretação e de aplicação e, consequentemente, a inerente turbulência processual.

Sabe-se que a celeridade e a eficácia da audiência de discussão no que concerne ao apuramento dos factos previstos nas normas substantivas articulados pelas partes depende de uma rigorosa seleção, para efeitos de instrução, de entre os articulados pelas partes, os relevantes para a decisão da causa segundo as várias soluções plausíveis das questões de direito.

---

[61] Neste sentido, pode ver-se José Lebre De Freitas, "Do conteúdo da base instrutória", Revista Julgar, n.º 17, maio/agosto de 2012, página 70.

[62] Neste sentido, pode ver-se Paulo Pimenta, "Tópicos Para a Reforma do Processo Civil Português", Revista Julgar, n.º 17, maio/agosto de 2012, página 129.

A especificação e o questionário, primeiro, e o elenco dos factos assentes e a base instrutória, depois, de antiga tradição entre nós – que se diz original e afirmando alguns que é causa do mal – visaram a referida condensação e ninguém que conheça bem a marcha dos processos em juízo pode negar a sua virtualidade para a consecução do referido objetivo de simplificação, necessariamente instrumental em relação ao apuramento a final dos factos base de aplicação do direito.

Os referidos atos processuais de seleção dos factos assentes e dos controvertidos integrantes da base instrutória, sobretudo na sequência de articulados extensos e prolixos, constituem um instrumento útil de simplificação, facilitam a instrução da causa, incluindo o julgamento, isto na medida em que tornam este mais célere e suscetível de melhor conseguir a descoberta da verdade dos factos, o mesmo é dizer a melhor realização da justiça do caso.

É configurável que da referida substituição vai resultar o atraso na marcação dos julgamentos, a transferência para o seu âmbito da complexidade dos articulados, a confusão entre as questões de facto e as questões de direito, com o consequente arrastamento das audiências de julgamento, o acréscimo de dificuldade e de risco no apuramento dos factos relevantes para a decisão da causa.

Além disso, é previsível um avassalador aumento dos recursos da decisão da matéria de facto, acompanhado de anulação das sentenças proferidas na primeira instância, de realização de novos julgamentos totais ou parciais, com repetidas deslocações dos intervenientes acidentais, o perigo de erosão da prova, a intensificação do desprestígio dos tribunais e o descrédito no sistema de justiça.

No que concerne à ação executiva, o resultado atual é tão negativo que tudo o que vier na tentativa de o superar é bem visto, designadamente, conforme o anunciado, a diferenciação das formas do processo em função do valor da quantia exequenda e da natureza do título executivo, o eficaz controlo deontológico e disciplinar dos agentes de execução, o reforço da sua independência face ao exequente, o seu controlo funcional pelo juiz da execução, o fortalecimento dos poderes deste sobre a execução, a simplificação e a celeridade dos respetivos procedimentos e a criação de novos mecanismos de equilíbrio dos interesses processuais do exequente e do executado.[63]

Todos esperam, incluindo as entidades da *Troika* que subscreveram o referido Memorando, que esta nova reforma, ou contrarreforma, inverta as causas dos estragos que ocorreram para os cidadãos e para o próprio Estado, por virtude das anteriores erráticas reformas da ação executiva.

A tarefa não se revela, porém, fácil porque se lhe opõe um errado paradigma de base, muito resistente à otimização, designadamente a externização das entidades a quem incumbe a realização dos atos de execução, ao que parece já sem retorno absoluto, mas que ainda pode ser limitada. [64]

IX — A ANUNCIADA REFORMA DO MAPA JUDICIÁRIO

Conforme acima se referiu, na sequência da outorga do Memorando *Troika*, estão em curso estudos para a continuação da reforma do mapa judiciário, por via de um novo modelo de organização judiciária, com a consequente revogação do regime atual das comarcas do Alentejo Litoral, do Baixo Vouga e da Grande Lisboa-Noroeste, naturalmente com a consequente turbulência derivada da mudança tão rápida de paradigma.

Esta novíssima reforma do mapa judiciário tem associada a intenção de eliminação do cargo de juiz de círculo e do tribunal coletivo da primeira instância.

---

[63] Com vista ao combate da pendência processual nos tribunais, em especial no domínio da acção executiva, alegadamente para que o sistema inflita a tendência dos últimos anos de aumento da pendência processual, e esteja em condições de resposta tão célere quanto possível aos pedidos apresentados pelos cidadãos e pelas empresas junto dos tribunais, foi criado um grupo de trabalho pelo Despacho da Ministra da Justiça n.º 16445/2011, de 5 de dezembro, incumbido de proceder à comparação das informações constantes das diversas aplicações informáticas que operam no domínio da acção executiva, de modo a permitir a identificação e a análise dos que estejam dependentes de tarefas meramente administrativas, tendo em vista medidas que promovam a sua agilização ou extinção.

[64] Sobre "A reforma da ação executiva de 2012, um olhar sobre o primeiro projeto", pode ver-se NUNO DE LEMOS JORGE, *Revista Julgar*, n.º 17, maio/agosto de 2012, páginas 75 a 108.

Prevê-se a criação de instâncias centrais nas sedes dos distritos administrativos e noutros pontos das suas áreas urbanas, de competência especializada, e de instâncias locais, estas últimas, em regra, de competência genérica.

Neste quadro, está prevista a extinção de cerca de sessenta tribunais de comarca, em função do seu menor movimento processual, bem como a sua substituição por serviços de extensão judicial.

Curiosamente, está equacionado que a instância central relativa às áreas do Montijo, da Moita, do Barreiro, do Seixal e de Almada se localize na comarca de Lisboa, e não em nenhum dos pontos do concernente distrito administrativo inicialmente previsto, o que, no mínimo, parece *contra natura*.

As referidas soluções têm sido objeto de intensa oposição nas respetivas autarquias.

É consensual que qualquer reforma eficaz do sistema de justiça não prescinde da paralela alteração da organização judiciária. Mas, no caso, há que ponderar a instabilidade inicial que essa adaptação vai proporcionar, bem como a amplitude do ajustamento dos recursos humanos que o modelo preconizado irá necessariamente envolver.

Os resultados destas reformas, incluindo as da lei de processo, não são patentes no curto prazo, e não se pode esperar que no seu decurso se consigam ganhos consideráveis de economia de meios ou de redução da pendência processual.

X — CONSIDERAÇÕES FINAIS

Resumida que foi a dinâmica de cerca de oito séculos de sucessivas reformas das leis processuais e da organização judiciária e o estado da justiça que dela resultou, é altura de terminar, em jeito de conclusão, com algumas breves considerações.

Começa-se com as afirmações de Platão e de Aristóteles, a do primeiro no sentido de que o bom príncipe deve ter o cuidado de não fazer muitas leis, mas boas e saudáveis à República, e a do último no sentido de que a constante mudança das leis é um sinal de decadência da sociedade política.

Certo é, porém, que a sociedade não pode prescindir de um sistema de justiça que garanta aos cidadãos a defesa e a realização dos seus direitos nas mais diversas situações de vida que os envolvam, o que pressupõe, naturalmente, um corpo de leis conformes à vivência em sociedade, tendo em conta as suas mutações.

Do ponto de vista da responsabilidade pela sua administração, a justiça consubstancia-se na ação do poder público que faz com que se dê a cada um o que lhe pertence ou é devido.

Os gregos antigos exprimiam o conceito de justiça pelos vocábulos *dike*, com o sentido de decisão judicial, e *themis*, com o significado de bom conselho inspirador de decisões prudentes.

Em regra, quando se fala de justiça pensa-se nos tribunais, porque, como norma, é a eles que incumbe, com independência, a sua administração em nome do povo respetivo.

É que os tribunais são a última instância de garantia da justiça humana, por via da aplicação do direito aos casos ajuizados, pelo que é normal que os cidadãos, as instituições e o Estado se interessem por conhecer o modo como eles o fazem em cada momento.

Ouve-se constantemente, a quem a comunicação social empresta a voz ou a escrita, não raro a quem não conhece suficientemente a realidade de que fala, que o estado da justiça é de crise e que esta põe em causa, além do mais, o desenvolvimento económico do País.

Mas nem todos esses falam da mesma realidade. Com efeito, há quem fale da crise da justiça por razões de insucesso em casos concretos ajuizados em que foi ou é parte, ou se limite a repetir a mera opinião alheia, em regra abstraindo de qualquer referência às suas verdadeiras causas.

Não raro, parte-se de um ou outro facto isolado – erro num julgamento, atraso de um processo, arquivamento por prescrição – e dele se extrai uma injustificada conclusão genérica, em quadro de indevida moldagem dos factos passados às palavras ditas em quadro de mera opinião.

Uns dizem que a crise da justiça se traduz na deslegitimação democrática do aparelho judiciário moderno, outros que ela se consubstancia em falta de eficácia e consequente perda de confiança dos cidadãos nos tribunais, e alguns discordam da própria designação, preferindo a referência à justiça própria de uma sociedade em crise.[65]

Quanto às causas da crise da justiça, alguns atribuem-na essencialmente aos profissionais forenses – magistrados, advogados, solicitadores, agentes de execução e funcionários de justiça – e outros a fatores externos, incluindo os sociais e políticos.[66]

A própria designação de crise da justiça, difícil de definir, parece pouco adequada à realidade envolvente, na medida em que o conceito de crise se traduz no ponto natural e temporal de desequilíbrio entre uma situação de positivo funcionamento de determinada realidade e uma outra consubstanciada relativa em funcionamento negativo.

Tendo em conta o facto de antes das Ordenações do Reino de Portugal terem sido realizadas reformas processuais, e outras, alegadamente com vista a pôr termo à crise da justiça, designadamente por via da aceleração do termo dos processos, a conclusão é a de que a deficiência do estado atual da justiça não se adequa à mera qualificação de crise.[67]

De qualquer modo, o conceito de crise da justiça vem sendo utilizado essencialmente com o sentido de desempenho negativo dos tribunais em geral, incluindo os serviços do Ministério Público, traduzido no atraso na ultimação dos processos em geral, o mesmo é dizer na não prolação neles, em prazo razoável, de uma decisão final definitiva.

Certo é, porém, que o tempo razoável para a prolação de uma decisão judicial transitada em julgado sobre os casos concretos ajuizados é envolvido de uma acentuada relatividade, além do mais, por estar dependente de

---

[65] ANTÓNIO GARCIA PEREIRA, "A Crise da Justiça em Portugal", Caminhos da Memória, Justiça em Crise? Crises da Justiça, Publicações Dom Quixote, 2000, página 117.

[66] ANTÓNIO CLUNY, "Uma Justiça Dúctil Para Um País Normal", Caminhos da Memória, Justiça em Crise? Crises da Justiça, Publicações Dom Quixote, 2000, página 97. No final de 2011, eram 1961 os juízes da primeira instância, das Relações e do Supremo Tribunal de Justiça, e 1547 o número de magistrados do Ministério Público.

[67] Sobre esta matéria, pode ver-se JOÃO AVEIRO PEREIRA, "O Sistema Judicial Entre a Crise e as Reformas", Boletim Informação & Debate, da Associação Sindical dos Juízes Portugueses, IVª Série, n.º 5, abril de 2005, páginas 79 a 129.

vários fatores, alguns deles não controláveis pelos tribunais nem pelos juízes.

É, porém, visível, conforme resulta da experiência comum, que os tribunais das várias ordens, ou seja, os juízes e as respetivas unidades orgânicas, bem como o Ministério Público, ultrapassam frequentemente o tempo razoável de decisão definitiva dos casos ajuizados ou de acusação ou promoção, conforme os casos.

Mas este atraso na decisão de causas de natureza civil, criminal, tributária ou administrativa, vem sendo exageradamente empolado pelo clamor em volta da rutura concernente à tramitação das ações executivas pendentes nos tribunais da ordem judicial.

O mencionado estado de rutura não pode seriamente, porém, generalizar-se como imagem absoluta da crise, na medida em que, nos processos em geral, na maioria dos tribunais do interior do País, mesmo em grande parte dos do litoral, se respeita o referido prazo razoável de decisão.

Isso mesmo é confirmado no último relatório da Comissão para a Eficácia da Justiça do Conselho da Europa, que situa o sistema de justiça português num ponto muito equilibrado do nível europeu.[68]

Na realidade, o excesso de pendência processual faz-se sentir mais acentuadamente em algumas comarcas do litoral português, onde vivem extensas e culturalmente diversificadas populações, que pressionam os tribunais nelas sediados por via de uma procura assaz excessiva.[69]

Mas não é – importa referi-lo – uma situação específica dos tribunais portugueses, sendo certo que atinge vários sistemas judiciários de outros países, incluindo alguns dos que nos são geográfica e culturalmente próximos.

---

[68] Neste sentido, pode ver-se MÁRIO TORRES, "Por Uma Economia do Serviço Público da Justiça", Caminhos da Memória, Justiça em Crise? Crises da Justiça, Publicações Dom Quixote, 2000, páginas 385 e 386.

[69] Era naturalmente a estas comarcas, em termos de generalização e com algum exagero, que, em 1981, o Professor José Lebre de Freitas se refere ao expressar. "Os atrasos escandalosos dos processos cíveis, que, nos últimos anos, além de terem passado a constituir a regra nas causas mais complicadas, se tornaram habituais em causas de pouca complexidade ..." (Obra citada, página 126).

A situação de atraso desrazoável que ocorre na administração da justiça é complexa, envolvendo, além do mais, a vertente política e económica, na medida em que é suscetível de desincentivar o recurso aos tribunais para a resolução dos litígios e de implicar custos acrescidos.

É um dado adquirido pela experiência que a justiça atrasada se torna onerosa, porque agrava o custo público e o das partes, além de ser suscetível de gerar a ineficácia ou a impossibilidade da prova testemunhal, naturalmente contra o direito substantivo ou o interesse legalmente protegido das partes que, em condições normais, lhes deveria ser atempada e eficazmente reconhecido.

Além disso, o referido atraso de decisão é suscetível de favorecer os interesses de quem não tem razão ou direito, além de desacreditar os tribunais e, consequentemente, desincentivar o acesso aos mesmos, com prejuízo para a segurança e a paz social, socialmente imprescindíveis.

De qualquer modo, há uma excessiva tendência de avaliação do estado da justiça pelo nível numérico dos processos entrados e terminados em juízo e do tempo da sua duração.

A mera vertente quantitativa não deve, porém, ser excessivamente sobrevalorizada, na medida em que a administração da Justiça assume necessariamente uma vertente qualitativa, que exige tempo de análise das provas, de apuramento dos factos e de reflexão e de ponderação na decisão, avessos à excessiva celeridade na tramitação dos processos.[70]

É apodítico que o direito de acesso aos tribunais, isto é, a uma justa decisão, não deve ser negativamente afetado pela celeridade da tramitação dos processos, o mesmo é dizer que a celeridade não deve prejudicar o decurso dos prazos legais nem afetar a realização dos direitos em causa, ou seja, a

---

[70] Napoleão – Imperador da França de 1769 a 1821 – ao passar, em certa ocasião, pela comarca de Chalons, perguntou ao presidente do tribunal se tinham decidido muitas causas nesse ano, ao que o último respondeu que tinham procurado dar mais sentenças justas do que muitas sentenças. Napoleão logo retorquiu ao presidente do tribunal que faziam mal, pois pouco importava à sociedade que um campo pertença a Pedro ou a Paulo, mas sim que se saiba rapidamente a quem pertence (CARLOS FISAS, Historias de la Historia, 1983).

Certamente que ninguém pretende atualmente este tipo *imperial* de justiça.

celeridade não deve preponderar sobre a proteção dos direitos das partes ou de terceiros.

Conforme resulta do acima exposto, tem havido sucessivas reformas da lei de processo, quase sempre sob o desígnio de tornar a justiça mais célere, o que revela que o legislador tem pensado que a causa do mal da demora na tramitação dos processos assenta essencialmente na desadequação das normas processuais.

Esse pensamento é, porém, desmentido pelos factos. Com efeito, o referido reformismo processual, continuado e diversificado, não tem revelado o efeito da desejada redução das pendências processuais, isto porque as causas do referido mal extravasam da mera desadequação das regras processuais existentes, na medida em que também decorrem, além de uma pluralidade de motivos de origem interna, de vários fenómenos exógenos.[71]

Isso mesmo é reconhecido pela doutrina ao referir, por um lado, que as ineficiências que afetam a administração da nossa justiça têm muito mais a ver com a organização judiciária e com as assimetrias regionais quanto à litigância, bem como a forma como se litiga em juízo e se gerem os recursos humanos, do que com a legislação processual civil.[72]

E, por outro, que o insucesso das sucessivas reformas do processo civil nos últimos anos, na maioria dos países da União Europeia, indicam o falhanço das políticas de justiça exclusivamente assentes na dogmática jurídica, e que a solução deve partir de uma ampla análise interdisciplinar.[73]

Feita essa análise interdisciplinar, verificar-se-á que, entre as causas do referido mal, sobressaem a massificação processual decorrente do aumento contínuo de conflitualidade, a crescente intensidade da reivindicação de direitos pelos cidadãos, o acentuado défice de educação para a cidadania, a crescente criminalidade violenta e organizada, incluindo a juvenil, bem como a cada vez mais sofisticada criminalidade económica.

---

[71] Neste sentido, pode ver-se JOSÉ LEBRE DE FREITAS, "Estudos..." citados, páginas 124 a 132.

[72] MIGUEL TEIXEIRA DE SOUSA, Conferência citada, páginas 25 e 26.

[73] JOÃO PEDROSO, "A justiça cível em crise: a oportunidade/necessidade de reformar o processo civil", Novos Rumos da Justiça Cível, Conferência Internacional, Centro de Estudos Judiciários/9 de abril de 2008, Lisboa, julho de 2009, páginas 53 a 55.

Nota-se na sociedade portuguesa uma ânsia de julgar, parecendo que o processo se instalou na via pública, onde cada um julga o outro, o que reverte em judicialização obsessiva de quase toda a conflitualidade social e, com isso, o advento de uma intensa pressão sobre os meios judiciários disponíveis, com importantes reflexos negativos no funcionamento dos tribunais.[74]

Dir-se-á, parafraseando outrem conhecedor da matéria, que a crise da justiça é a soma de muitas outras crises, designadamente a da família, da escola, das igrejas, dos valores, da autoridade, do meio rural, da concentração urbana, do recuo do instinto comunitário, do triunfo definitivo do individualismo, do termo das ignorâncias entorpecentes e do triunfo das sociedades abertas e progressivamente globalizadas.[75]

Até a Europa, que foi durante séculos o paradigma da civilização ocidental, agora face a economias emergentes africanas e asiáticas, está em declínio sob a dinâmica inexorável da mudança global de padrões económicos, laborais, ideológicos, religiosos, políticos e filosóficos.

Em perspetiva próxima da do referido autor temos que o aludido défice dos tribunais se inscreve numa mutação acentuada da sociedade global, que atinge a religião, o ensino, a política, os partidos, as instituições em geral, na realidade imputável a toda a comunidade, incluindo a jurídica, bem como aos políticos e até mesmo aos *media*.

Mas há outras causas que também contribuem para a referida demora do termo dos processos, como é o caso, por exemplo, da recessão económica, do excesso continuado de produção legislativa sobre a mesma matéria, muitas vezes imperfeita, não raro por opção política e sem a amadurecida ponderação da realidade social envolvente.

À mudança dos Executivos segue-se quase sempre a mudança das leis, sendo que, por vezes, o mesmo governo altera as mesmas leis por mais de

---

[74] FERREIRA GIRÃO, Discurso de Abertura do VI Congresso dos Juízes Portugueses, Justiça & Opinião Pública, Edição Especial, VI Congresso dos Juízes Portugueses, Associação Sindical dos Juízes Portugueses, Aveiro, fevereiro de 2002, página 25.

[75] ANTÓNIO ALMEIDA SANTOS, Presidente da Assembleia da República, Discurso no encerramento do VI Congresso dos Juízes Portugueses, Justiça & Opinião Pública, Edição Especial, VI Congresso dos Juízes Portugueses, Aveiro, fevereiro de 2002, página 233.

uma vez, não raro sob a pressão à vista de casos concretos trazidos ao conhecimento público pela comunicação social com desmedida ênfase.[76]

Além disso, no estrito plano dos profissionais forenses, não podem excluir-se do elenco das causas do atual estado da justiça, por exemplo, a litigância temerária, a prolixidade dos articulados, a falta de síntese na expressão, o mau uso da língua portuguesa, a deficiência técnica na indicação seletiva dos factos relevantes segundo as pertinentes normas de direito substantivo, o tempo perdido com a prolação de despachos de aperfeiçoamento não raro deficientemente correspondidos, a repetição de peças processuais e, no limite, o acréscimo de decisões finais de forma e o decréscimo de decisões de mérito.

Também se não pode ignorar que o atraso na tramitação dos processos é por vezes manipulado pelas partes do lado passivo, abusando dos meios processuais, designadamente por via da apresentação de requerimentos anómalos ou inúteis, da provocação ardilosa de adiamentos de diligências, sobretudo as de julgamento, não raro para obter vantagens da demora, designadamente o atraso do trânsito em julgado das sentenças.

É que os adiamentos de diligências, sobretudo as de audiência de julgamento, na sua esmagadora maioria não imputáveis ao tribunal, implicam necessariamente a demora na sua realização, algumas vezes por longo tempo, face ao dilatado preenchimento da agenda dos juízes, em regra sujeitos a enorme sobrecarga de trabalho.

Com efeito, várias são as situações em que ambas as partes, presentes em diligências, acordam temerariamente na suspensão da instância por determinado prazo, sob o pretexto declarado de estarem em vias de chegar a

---

[76] Licínio Lima, na referida edição do *Dário de Notícias*, de 30 de janeiro de 2012, página 6, refere a seguinte declaração do advogado Rui Patrício: "Várias vezes a qualidade da legislação é deficiente, e com alterações cirúrgicas, sem atenção ao sistema global, tornando o sistema incoerente; altera-se a lei muitas vezes a propósito de casos concretos, a quente, sem reflexão e amadurecimento sobre a alteração e as suas consequências e as suas implicações no sistema global".

acordo sobre o termo da demanda, mas em que tal se não concretiza, o que reverte em atraso da tramitação do processo.[77]

Não é, todavia, de excluir que o excesso de garantias das leis de processo, sobretudo do processo penal, também contribui para a excessiva pendência processual, o que é agravado pela circunstância de faltarem nas leis de processo instrumentos claros para obstar ao seu abuso.[78]

Perante este quadro, não é conforme à realidade a opinião de imputação da causa do mencionado défice de celeridade à falta de diligência dos magistrados, cuja esmagadora maioria, assoberbada por uma pendência processual avassaladora e de dificuldade crescente, prolonga o seu trabalho judicial por tempo que lhe é legal e necessariamente reservado ao reduto da sua vida pessoal.[79]

Temos por certo que o ideal da criteriosa ponderação judicial dos direitos dos cidadãos no prazo razoável a que a lei se refere não é fácil de atingir, e não se consegue se à comunidade jurídica, aos políticos, aos profissionais do foro, aos cidadãos em geral faltar o pertinente empenho.

Deve exigir-se ao Estado a simplificação das leis de processo em termos de não afetar a realização da justiça dos casos ajuizados, o aperfeiçoamento da técnica legislativa, a eliminação do experimentalismo na legislação, a conformação do legislado de novo com o existente de pretérito, sem lacunas ou contradições, o investimento em infraestruturas adequadas, a adequação dos recursos humanos, a implementação ponderada de meios alternativos

---

[77] Sobre esta matéria, pode ver-se ANTÓNIO DE ARAÚJO, "A Crise da Justiça Portuguesa", Caminhos da Memória, Justiça em Crise? Crises da Justiça, Edições Dom Quixote, 2000, página 70.

[78] O presidente do Supremo Tribunal Administrativo referiu haver processos que se arrastam de forma indefinida, exemplificando com o acórdão daquele Tribunal que decide a questão de fundo, mas em que uma das partes pede a sua aclaração, argúi a sua nulidade e invoca a inconstitucionalidade de normas nele aplicadas, caso em que o processo vai para o Tribunal Constitucional e depois volta para o Supremo Tribunal Administrativo, concluindo que se não se pode culpar ninguém, mas em alguns pontos talvez a lei precisasse de ser revista (Boletim da Ordem dos Advogados, n.º 86, janeiro de 2012, página 20).

[79] Parafraseando o referido jornalista LICÍNIO LIMA, na referida edição do Diário de Notícias de 30 de janeiro de 2012, dir-se-á que "as causas da crise da justiça não devem ser procuradas nos tribunais".

voluntários de resolução de litígios, a implementação da utilização ponderada das novas tecnologias, a assessoria dos juízes de modo a desafetá-los da prática de atos de mero expediente, a melhoria da gestão de processos e a eficácia da bolsa de juízes, mas tendo em conta a especificidade do corpo judiciário e o rígido estatuto a que está sujeito.

Exige-se, por seu turno, às associações públicas e aos institutos de formação específica de profissionais forenses a sua adequada e permanente formação especializada designadamente de magistrados, de advogados, de solicitadores, de funcionários de justiça e de agentes de execução.

O êxito qualitativo de qualquer reforma do sistema de justiça, pensada em termos de presente e futuro, não depende apenas da referida formação, porque a montante está o ensino universitário do direito, base essencial da formação dos juristas em geral, incluindo os destinados ao exercício de profissões forenses, que está fragmentado por cerca de vinte cursos, ministrados numa pluralidade de universidades públicas e privadas, na sua maioria desta última espécie.[80]

A Convenção de Bolonha, assente na ideia de especialização e de economia de custos, reduzindo a duração do curso de direito a três anos como regra, gerou a necessidade de associação de mestrados e de cursos temáticos livres, de complementaridade deficiente, inserindo mais um elemento negativo na formação jurídica em geral.

Com efeito, este tipo de ensino universitário fragmentário, em regra desenvolvido em cursos semestrais, incluindo os relativos às cadeiras mais relevantes, carentes de muito estudo, piorou a sua eficácia e constitui um entrave à necessária formação sólida dos juristas.

Sem prejuízo da sua essencial vertente formativa, em termos de adequação, deveria o referido ensino ser mais direcionado para o exercício das profissões forenses, no mínimo com a criação de uma cadeira relativa à

---

[80] Sobre esta matéria pode ver-se Luís Bigotte Chorão, "Crise da Justiça, Crise do Direito, Caminhos da Memória, Justiça em Crise? Crises da Justiça", Publicações Dom Quixote, 2000, páginas 337 a 340.
António Almeida Santos, "Sobre a Crise da Justiça, Caminhos da Memória, Justiça em Crise? Crises da Justiça", Publicações Dom Quixote, 2000, páginas 52 e 53.

jurisprudência, com particular incidência na matéria de facto, nas provas que a revelam e nos critérios de aplicação do direito aos factos.

É claro que uma reforma deste tipo exige um trabalho de reflexão e de decisão envolvente de todos os referidos profissionais do foro, dos partidos, dos cidadãos em geral, em clima de franca cooperação, humildade na aceitação de ideias, sem agressividade ou crispação mediática, mas com a colaboração tanto quanto possível objetiva da comunicação social.

É uma perigosa ficção, que nada de positivo traz ao sistema legislativo, nem ao prestígio dos políticos, nem ao funcionamento da justiça, a prática de inserção no processo legislativo da encomenda de projetos de diplomas a entidades privadas que operam em mero regime de mercado, não obstante o Estado dispor de meios humanos, ou seja, de juristas de elevada competência.

Diz-se proverbialmente que o ótimo é inimigo do bom. Ora, o tempo já é pouco para se dar mais um passo na melhoria do sistema da justiça e se calar de vez, abafados pelo ruído da festa de comemoração do êxito da reforma em curso, o som e a palavra *crise*.

Reitera-se que não é de crise que se trata, mas de um prolongado período de oito séculos de estado deficitário da justiça, que mais uma vez se pretende superar, por via das iniciativas legislativas acima referidas.

Parece avisado, por um lado, que os decisores políticos, antes do início da preparação das várias reformas das leis, substantivas – incluindo as de organização judiciária – ou adjetivas, analisem o funcionamento dos tribunais, *in loco*, ouvindo sem pressa, além dos doutrinadores e das instituições representativas dos profissionais forenses, quem neles trabalha, designadamente magistrados, advogados, solicitadores, agentes de execução, administradores judiciais e oficiais de justiça.

E, por outro, que antes da opção legislativa pela desjudicialização para eliminar os defeitos na administração da justiça pelos tribunais estaduais, seja ponderado, em previsão de tempo até duas décadas, o seu impacto futuro na consecução da certeza e segurança jurídicas, tendo em conta, além do mais, a experiência de pretérito em áreas similares.

Salvador da Costa
Texto segundo o Novo Acordo Ortográfico.

BIBLIOGRAFIA

ARAÚJO ANTÓNIO, "A Crise da Justiça Portuguesa, Caminhos da Memória, Justiça em Crise? Crises da Justiça", Edições Dom Quixote, 2000.

CAETANO, MARCELLO, "As Cortes de 1385", Revista Portuguesa de História da Faculdade de Letras da Universidade de Coimbra, Instituto de Estudos Históricos Dr. António de Vasconcelos", Coimbra, 1951.

– "Lições de História do Direito Português", Coimbra Editora, Coimbra, 1962.

– "Desembargo Paço", Enciclopédia Luso-Brasileira de Cultura Verbo, 6.º volume, Lisboa, 1967.

CHORÃO, LUÍS BIGOTTE, "Crise da Justiça, Crise do Direito, Caminhos da Memória, Justiça em Crise? Crises da Justiça", Publicações Dom Quixote, 2000.

CLUNY, ANTÓNIO, "Uma Justiça Dúctil Para Um País Normal, Caminhos da Memória, Justiça em Crise? Crises da Justiça", Publicações Dom Quixote, 2000.

COSTA, MÁRIO JÚLIO ALMEIDA, "História do Direito Português", Coimbra, Almedina, 1989.

COSTEIRA, MARIA JOSÉ, Parecer sobre "O projecto do diploma que altera o Código da Insolvência e de Recuperação da Empresa", Boletim Informação & Debate, VI/7, fevereiro de 2012.

CRUZ, GUILHERME BRAGA DA, "O Direito Subsidiário na História do Direito Português", Revista Portuguesa de História, Tomo XIV, Coimbra, 1975.

GERALDES, ANTÓNIO SANTOS ABRANTES, "O Memorando de Entendimento e a Reforma do Processo Civil", Revista da Ordem dos Advogados, ano 71, outubro/novembro de 2011.

HOMEM, ANTÓNIO PEDRO BARBAS, "A Lei da Liberdade", volume 1, Cascais, 2001.

FREITAS, JOSÉ LEBRE DE, "Estudos Sobre o Direito Civil e Processo Civil, A Crise da Justiça e o Processo Civil", Coimbra Editora, Coimbra, 2002.

– "Apreciação do Projecto de Diploma de Reforma da Reforma da Acção Executiva", Separata da Revista da Ordem dos Advogados, Ano 68, I – Lisboa, janeiro de 2008.

– "Do Conteúdo da Base Instrutória", Revista Julgar, n.º 17, maio/agosto de 2012.

GIRÃO, FERREIRA Discurso de Abertura do VI Congresso dos Juízes Portugueses, Justiça & Opinião Pública, Edição Especial,, Associação Sindical dos Juízes Portugueses, Aveiro, fevereiro de 2002.

JORGE, NUNO DE LEMOS, "A reforma da ação executiva de 2012, um olhar sobre o primeiro projeto", *Revista Julgar*, n.º 17, maio/agosto de 2012.

LIMA, LICÍNIO, "Notários – A falência dos cartórios privados", *Diário de Notícias* edição de 30 de janeiro de 2012.

– "O Sistema de justiça gastou milhões de euros em reformas fracassadas", *Diário de Notícias*, de 30 de janeiro de 2012.

MARTINS, OLIVEIRA "Os Filhos de D. João I", Lisboa, 1901.

MENDES, ARMINDO RIBEIRO, "As sucessivas reformas do Processo Civil português", Revista "Julgar", janeiro/abril de 2012.

MENDONÇA, LUIS CORREIA, "80 Anos de autoritarismo: uma leitura política do processo civil português", Proceso Civil e Ideología, sob a coordenação de JUAN MONTERO AROCA, Valência, 2006.

PEDROSO, JOÃO, "A justiça cível em crise: a oportunidade/necessidade de reformar o processo civil", novos rumos da justiça cível, Conferência Internacional, Centro de Estudos Judiciários, Lisboa, julho de 2009.

PEREIRA, ANTÓNIO GARCIA, "A Crise da Justiça em Portugal, Caminhos da Memória, Justiça em Crise? Crises da Justiça", Publicações Dom Quixote, 2000.

PEREIRA, JOÃO AVEIRO, "O Sistema Judicial Entre a Crise e as Reformas", Boletim Informação & Debate, da Associação Sindical dos Juízes Portugueses, IVª Série, n.º 5, abril de 2005.

PIMENTA, PAULO, "Tópicos Para a Reforma do Processo Civil Português", Revista Julgar, n.º 17, maio/agosto de 2012.

REGO, CARLOS LOPES DO, "Os Princípios orientadores da reforma do Processo Civil em curso: O modelo de acção declarativa", Revista Julgar, n.º 16, janeiro/ /abril 2012.

REIS, JOSÉ ALBERTO DOS, "Curso de Processo Ordinário e Sumário Civil e Comercial, Lições coligidas por António Batoque e António César Abranches, Coimbra, 1928.

– "Reforma do Processo Civil e Comercial, Coimbra", 1928.

SAMPAIO, JORGE, E JARDIM, VERA, "Direito à Justiça", Jornal *Expresso*, 9 de fevereiro de 1985.

SANTOS, ANTÓNIO ALMEIDA, "Sobre a Crise da Justiça, Caminhos da Memória, Justiça em Crise? Crises da Justiça", Publicações Dom Quixote, 2000.

– "Discurso no encerramento do VI Congresso dos Juízes Portugueses, Justiça & Opinião Pública, Edição Especial, Aveiro, fevereiro de 2002.

SANTOS, BOAVENTURA SOUSA, "Os Tribunais nas Sociedades Contemporâneas – O Caso Português", Porto, 1996.

SOUSA, MIGUEL TEIXEIRA, "Um novo processo civil português: *à la recherche du temps perdu*, Novos Rumos da Justiça Cível", Conferência Internacional, Centro de Estudos Judiciários, 9 de abril de 2008, Lisboa, Julho de 2009.

SUBTIL. JOSÉ MANUEL LOUZADA LOPES, "O Desembargo do Paço (1750-1833)", Lisboa, 2011.

TORRES, MÁRIO, "Por Uma Economia do Serviço Público da Justiça, Caminhos da Memória, Justiça em Crise? Crises da Justiça", Publicações Dom Quixote, 2000.

VARELA, ANTUNES, BEZERRA J.MIGUEL NORA, SAMPAIO E, "Manual de Processo Civil", Coimbra Editora, Coimbra, 1985.

– "A frustrada Reforma do Processo Civil", "Revista de Legislação e Jurisprudência", Ano 131.º, 1998-1999.

VAZ, A.M.PESSOA, "Da crise da justiça em Portugal. Os grandes paradoxos da politica judiciária nos últimos cinquenta anos", Revista da Ordem dos Advogados, Ano 46, Lisboa, Dezembro de 1986.

VENTURA, PAULO, "A Ordenação da Nova Ordem do Juízo sobre o Abreviar das Demandas e Execução dellas. A Lei da Reformaçam da Justiça e outras que tais", *Boletim da Ordem dos Advogados*, n.º 44, novembro/dezembro de 2006.

BIOGRAFIAS

ANTÓNIO DE SAMPAIO GOMES

Nasceu em Lamego. Licenciado em Direito pela Universidade de Coimbra, ingressou na Magistratura em 1977, tendo exercido o cargo de Delegado do Procurador da República nas comarcas de Murça, Montalegre, Estarreja e Porto.

Como Juiz de Direito exerceu funções, desde 1979, nas comarcas de Armamar, Loulé e Matosinhos; de 1986 a 1994 nos Juízos Cíveis do Porto; em 1995 no Tribunal de Família do Porto.

Como Juiz Desembargador exerceu funções no Tribunal da Relação de Évora em 1996 e, desde 1997, no Tribunal da Relação do Porto e foi Inspector Judicial entre os anos de 1999 e 2008.

Actualmente exerce as funções de Juiz Conselheiro no Supremo Tribunal de Justiça.

Na sua actividade literária está referenciado in «Dicionário Ilustrado – Literatura Portuguesa no Mundo», de Célia Vieira e Isabel Rio Novo.

Foram-lhe atribuídos prémios de «Conto» e de «Ensaio Literário», sendo distinguido com o Prémio Revelação da Associação Portuguesa de Escritores – 1966, na modalidade de Ficção. Publicou avulsamente outros textos de narrativa curta e tem para publicação um livro de *Contos*.

CUSTÓDIO PINTO MONTES

Nasceu em 1944, em Parafita (Montalegre), e é licenciado pela Faculdade de Direito da Universidade de Coimbra.

Foi Delegado do Procurador da República em Melgaço, Fafe, e no Tribunal de Instrução Criminal de Lisboa e Braga.

Como Juiz de Direito exerceu funções no Tribunal de Instrução Criminal de Santo Tirso, 9.º Juízo Cível do Porto e Vila Verde e Juiz de Círculo em Braga (1986/1995).

Foi Juiz Desembargador no Tribunal da Relação do Porto (1995/2000) e Inspector Judicial (2000/2004).

É Juiz Conselheiro Jubilado do Supremo Tribunal de Justiça, cargo para o qual foi nomeado a 14 de Setembro de 2004.

Com acentuado pendor para a música e a poesia, tem, nestes domínios, assinaláveis execuções.

FERNANDO COSTA SOARES

Nasceu em Vila Nova de Famalicão em 1937. Licenciado em Direito pela Faculdade de Direito da Universidade de Coimbra em 1962, seguiu a carreira da Magistratura. Começou por ser Magistrado do Ministério Público e terminou o seu percurso profissional como Magistrado Judicial do Supremo Tribunal de Justiça, depois de ter exercido funções, também de Magistrado Judicial, nos Tribunais de 1.ª Instância e no Tribunal da Relação de Évora. Publicou os livros de poemas: *Espaços*, 1974; *Subjectivo Imaginado*, 1981; *O Conceptual e o Poético*, 1988; *Entre o Espaço e o Tempo*, 1999; e *Dispersão – da poesia à prosa*, 2010. Traduziu, em co--autoria com Raul Domingos Mateus da Silva, a obra *O Paraíso Perdido*, de John Milton (2002), obra esta que foi a primeira a ser apresentada, no âmbito das actividades do Círculo Cultural do S.T.J., no Salão Nobre desse Tribunal.

É Presidente, desde há alguns anos, da Direcção do Círculo Cultural do S.T.J. do qual é também sócio co-fundador.

FRANCISCO JOSÉ GALRÃO DE SOUSA CHICHORRO RODRIGUES

Nasceu na Rua de Tomar, 8, (Sé Nova) em Coimbra, no dia 13 de Julho de 1930. É o primeiro dos seis filhos de José Jorge Rodrigues e de Maria Antónia Galrão de Sousa Chichorro Rodrigues.

Fez os seus estudos em Coimbra. Frequentou o ensino primário e secundário nos Colégios Luís de Camões e Liceu D. João III e o ensino superior na Faculdade de Direito, licenciando-se no Outono de 1958.

Foi Magistrado do Ministério Público em Mogadouro (30.12.58), Mafra (20.3.61), S. Pedro do Sul (26.2.62), Póvoa de Varzim (02.6.62) e Braga (01.01.64). Foi ainda Magistrado Judicial na Ilha de Santa Maria (Açores) (30.10.65), Esposende (15.04.70), Alcobaça (22.11.72), 1.º Juízo de Oeiras (26.3.74), 6.º Juízo Cível de Lisboa (21.09.79) e na presidência do Círculo de Vila Franca de Xira (21.01.84).

Em 29 de Janeiro de 1988 foi promovido a Desembargador e colocado na Relação de Coimbra, onde serviu até ser promovido ao STJ (18.01.94). Foi eleito Vice--Presidente do CSM em 14 de março de 1995. Jubilou-se em 1998.

É sócio co-fundador do C.C. do S.T.J. e actual Presidente da Assembleia Geral.

GUILHERME FREDERICO DIAS PEREIRA DA FONSECA

Natural de Braga, nasceu em 26 de Outubro de 1940. Licenciado em Direito pela Universidade de Coimbra, iniciou a carreira como magistrado em 1964, primeiramente como agente do Ministério Público, tendo percorrido os degraus de Delegado do Procurador da República, depois Juiz de Direito.

Regressou à Magistratura do Ministério Público em comissão de serviço, e passou, em 1974, a exercer funções no Supremo Tribunal Administrativo (Secção do Contencioso Administrativo) e no Tribunal Constitucional, como representante do Ministério Público e como Juiz Conselheiro naqueles dois Altos Tribunais (e fazendo parte do quadro de juízes-conselheiros do Supremo Tribunal de Justiça, desde 1997), até cessar funções em Dezembro de 2002, ficando na situação de jubilado, por vontade própria, a partir dessa data.

Tem colaborado e participado em iniciativas múltiplas, de âmbito nacional e internacional, incluindo congressos, colóquios, seminários, cursos. Tem obras publicadas na área de Direito e tem publicado artigos de especialidade em revistas jurídicas e não jurídicas. Foi dirigente do Sindicato dos Magistrados do Ministério Público e é professor convidado da Universidade Internacional, regendo a disciplina de Direito Administrativo.

HUGO AFONSO DOS SANTOS LOPES

Nasceu em 11 de Outubro de 1936 na freguesia de Almedina, em Coimbra. Frequentou a Faculdade de Direito da Universidade de Coimbra, onde se licenciou em 1963.

Foi Subdelegado do Procurador da República na comarca de Coimbra – 2.º Juízo e Delegado nas comarcas de Soure, Felgueiras, Albergaria-a-Velha, Anadia, Aveiro e Coimbra – 2.º Juízo.

Juiz de Direito desde 13/05/1971, exerceu funções nas comarcas de Ilha das Flores, Lagos, Ansião, Alvaiázere, Rio Maior, Caldas da Rainha, Cantanhede e Coimbra. Desempenhou o cargo de Juiz Presidente de Círculo no Círculo Judicial de

Coimbra. Colocado como Juiz Desembargador no Tribunal da Relação de Coimbra, onde tomou posse em 06/02/1990, foi eleito Presidente em 1995.

Tomou posse como Juiz Conselheiro em 04/06/1999, vindo a jubilar-se em 18/02/2002.

Com singular propensão para as artes plásticas, tem produzido inúmeras obras de pintura de elevada sensibilidade. A nível do desenho, bastará lembrar o logotipo do CCSTJ e o «nanquim» do Salão Nobre do S.T.J. que vêm reproduzidos no presente volume.

É sócio co-fundador do CCSTJ.

JOAQUIM LÚCIO FARIA TEIXEIRA

Nasceu em 27 de Julho de 1933 na Freguesia de Vilarinho (Santo Tirso).

Licenciado em Direito pela Faculdade de Lisboa em 1963.

Iniciou a sua carreira como Magistrado do Ministério Público, Subdelegado do Procurador da República, no ano de 1964. Desempenhou funções nas comarcas de Ponta do Sol (como interino); e, como efectivo, depois de concursado, em Moncorvo, Paredes, novamente em Moncorvo, Bragança, Lamego, Vila Real e Varas Cíveis do Porto, por esta ordem sucessivamente.

Fez concurso para Juiz de Direito no ano de 1972 e, em Junho desse mesmo ano, foi colocado (nessa qualidade) nos Açores, na comarca de Praia da Vitória; e, sucessivamente, depois, nas comarcas de Lousada, Famalicão, Sintra e Porto.

Foi Juiz Desembargador do Tribunal das Relações de Lisboa e do Porto, pela ordem indicada, com primeira nomeação em 1988.

Jubilou-se como Juiz Conselheiro em Julho de 2000.

Nas artes plásticas, dedicado à escultura desde muito novo, tem inúmeras e imaginativas criações e uma vasta obra no campo da escultura e pintura; algumas delas, de grande eloquência figurativa, podem ver-se na «Casa do Juiz» e no Supremo Tribunal de Justiça. São ainda exemplo da sua arte as duas esculturas cujas fotografias constam deste volume.

JORGE AUGUSTO PAIS DE AMARAL

Nasceu em 1936 em Lobelhe do Mato, concelho de Mangualde, e é licenciado pela Faculdade de Direito da Universidade de Coimbra.

Foi Delegado do Procurador da República na Matola e em Lourenço Marques (Moçambique), em Luanda (Angola), em Matosinhos e em Lisboa. Em Moçambique foi ainda Ajudante do Procurador da República e Auditor Jurídico.

Foi Juiz de Direito em Sintra, Lisboa e, cumulativamente, durante 3 anos, em Vila Franca de Xira e Alenquer.

Foi Juiz-Desembargador no Tribunal da Relação de Lisboa.

Leccionou Direito de Menores e Família na Escola Superior de Polícia (1988/1996).

Foi nomeado Juiz Conselheiro do S.T.J. em 31 de Agosto de 2006, encontrando-se actualmente jubilado.

É Professor convidado na Universidade Autónoma de Lisboa.

JOSÉ ADRIANO MACHADO SOUTO DE MOURA

Nasceu em 1950 no Porto e é licenciado pela Faculdade de Direito da Universidade de Coimbra.

Foi Delegado do Procurador da República em Ponte da Barca, Vila do Conde, Ponta Delgada e Porto e Procurador da República em Setúbal.

Docente do Centro de Estudos Judiciários (1986/1991), e Director de Estágios do Ministério Público até 1993.

Vogal do Conselho Consultivo da Procuradoria-Geral da República (1993/2000).

Membro do Núcleo de Estudos Ambientais do Ministério da Justiça. Perito designado pelo Governo Português para vários grupos de trabalho do Conselho da Europa nas áreas Penal e Processual Penal.

Chefe de Delegação no Comité Director dos Problemas Criminais do Conselho da Europa (1992/2000), também em representação do Governo Português.

Presidente do grupo permanente Direito Penal Material, do Conselho da União Europeia, durante a presidência portuguesa no primeiro semestre de 2000.

Procurador-Geral da República (2000/2006).

Procurador-Geral Adjunto Coordenador no Supremo Tribunal de Justiça (2006/2007).

Realizou inúmeras conferências e publicou vários artigos e estudos, entre outros domínios nos do direito penal e processual penal.

É Juiz Conselheiro do Supremo Tribunal de Justiça.

Altamente vocacionado para as artes plásticas, nomeadamente no âmbito do desenho e da pintura, colaborou nos Boletins do CCSTJ, nos quais apresentou vários desenhos e, no segundo número, um expressivo e profundo retrato do Presidente do S.T.J., Luís Noronha Nascimento.

JOSÉ GERALDES DE CARVALHO

Nasceu em Vale de Prazeres, concelho do Fundão, em 1934.

Publicou:

- *Sombras de Alma* – Poesia – em Coimbra, 1955;
- *A Outra Luta de Jacob* – Poesia – na Beira, Moçambique, 1964;
- *O Caminho* – Ficção, Prosa – em Lourenço Marques, Moçambique, 1974;
- *Introdução ao Método da Aplicação Científica do Direito* – Centelha, 1983;
- *Novos – e Velhos – Cantos* – Poesia – Ambígua Edições, 2006;

Colaborou em várias, e variadas, antologias de textos literários.

Entretanto foi estudante, advogado, professor do ensino secundário e médio, magistrado do M.P, Juiz, professor do ensino superior e, novamente, magistrado judicial como Juiz Desembargador, em Évora, e também professor do ensino superior.

JOSÉ PEREIRA DA GRAÇA

Nasceu em Gamelas, no concelho de Pinhel. Cursou Direito em Coimbra, foi Subdelegado do Procurador da República em Pinhel e Delegado da mesma instituição em Macedo de Cavaleiros, Seia, Figueira de Castelo Rodrigo, Barreiro e Porto. Foi Juiz em Resende, Vila Nova de Famalicão e Porto, Desembargador no Tribunal da Relação de Coimbra e Conselheiro no Supremo Tribunal de Justiça. Foi membro do Conselho Superior da Magistratura, como Juiz eleito e, já depois de jubilado, tem intervindo ao serviço deste Conselho, como inspector judicial.

Tem-se dedicado à escrita. Publicou, para além de vários artigos em revistas:

Témis, a Deusa da Justiça (Almedina), trabalho de base monográfica sobre o Palácio de Justiça do Porto;

Os "Cruzados" da Serra, romance e *O Falcão d'el Rei*, romance histórico, obras apresentadas no Salão Nobre do S.T.J. no âmbito das actividades do Círculo Cultural.

Labirintos, contos;

Maria do Mar, Viagens & Mitos;

O Urso Vermelho, conto para crianças;

É co-autor do livro ilustrado *Tribunal da Relação do Porto, Palácio de Justiça do Porto* e de *O Sétimo Ano de 1955 do Liceu Nacional da Guarda*. Tem em preparação *O Sapinho de Bruxa*, romance.

No âmbito musical, foi fundador do Grupo Coral da Justiça do Porto e co-fundador da Tuna dos Antigos Tunos da Universidade de Coimbra. Foi ainda fundador da Orquestra de Câmara Euterpe, da Associação Cultural Amigos de Gaia, de cuja Assembleia Geral é Presidente.

Foi Presidente da Assembleia Geral da Camerata Musical do Porto.

É sócio co-fundador do Círculo Cultural do Supremo Tribunal de Justiça.

LUÍS ANTÓNIO NORONHA NASCIMENTO

Natural do Porto, freguesia de Santo Ildefonso, onde nasceu em 02/12/1943.

Fez a instrução primária em Cinfães do Douro, o secundário no Porto e o curso universitário em Lisboa.

Entrou na Magistratura em Março de 1967, tendo sido Magistrado do Ministério Público, sucessivamente, em Paredes, Pombal e Santo Tirso.

Desta comarca seguiu para o serviço militar de três anos, entre Julho/71 e Julho/74.

Fez o concurso para Juiz de Direito em 1973, tendo sido Juiz, sucessivamente, em Trancoso, Marco de Canaveses, Vila Nova de Famalicão, Vila Nova de Gaia e Porto.

Foi Juiz Desembargador no Tribunal da Relação de Lisboa e, em Maio/98, foi nomeado Juiz Conselheiro do Supremo Tribunal de Justiça.

De 1992 a 1996 foi Presidente da Associação Sindical dos Juízes Portugueses (de cuja Direcção Nacional já fizera parte entre 1984/1988).

De 2001 a 2004 foi Vice-Presidente do Conselho Superior da Magistratura (órgão de que fora vogal eleito pela 1.ª Instância, em 1989/1990).

Desde Outubro/2006 é Presidente do Supremo Tribunal de Justiça.

ORLANDO VIEGAS MARTINS AFONSO

Nasceu em Lisboa, em 1946. É licenciado em Direito pela Faculdade de Direito da Universidade Clássica de Lisboa.

Ingressou na Magistratura do Ministério Público em 1977 tendo exercido as funções de Delegado do Procurador da República nas comarcas da Ponta do Sol e Funchal, Montijo, Oeiras e Seixal. Em 1980 ingressou na Magistratura Judicial, tendo sido colocado como Juiz auxiliar em Almada e como Juiz de Direito efectivo nas comarcas de Ferreira do Alentejo, Santiago do Cacém, Lisboa.

Foi Juiz Desembargador no Tribunal da Relação de Évora, integrando a secção criminal de que foi Presidente.

Foi vogal do Conselho Superior da Magistratura no mandato de 1992/1995.

É Presidente do Conselho Consultivo dos Juízes Europeus do Conselho da Europa.

Foi Secretário-Geral da Associação Sindical dos Juízes Portugueses nos mandatos de 1988/1990 e 1990/1992 e Presidente nos mandatos de 1996/1998 e 1998/2000.

Foi Presidente da Associação Europeia de Magistrados MEDEL (Magistrados Europeus pela Democracia e Liberdade) de 1997 a 2001.

Publicou o livro *Poder Judicial – Independência in Dependência*, bem como trabalhos, entre os quais "Reforma da Organização Judiciária/instrumentos de racionalização do trabalho dos Juízes"; "Le rôle du Conseil Supérieur de la Magistrature"; "Balanço da Reforma da Acção Executiva/Segredo de Justiça e Dever de Reserva"; "Considerações sobre o associativismo judiciário".

É Juiz Conselheiro do Supremo Tribunal de Justiça desde 7 de Dezembro de 2009.

RAUL DOMINGOS MATEUS DA SILVA

Nasceu em Vila Real de Santo António em 1936. Em 1958 licenciou-se em Direito pela Faculdade de Direito de Lisboa. Foi, primeiro, Magistrado do Ministério Público e, depois, Magistrado Judicial: Juiz de Direito em várias comarcas, Juiz da Relação de Évora e Juiz do Supremo Tribunal de Justiça. Exerceu ainda funções como Vogal da Comissão Constitucional e Juiz do Tribunal Constitucional. Encontra-se actualmente jubilado.

Traduziu, em co-autoria com Fernando Costa Soares, a obra *O Paraíso Perdido*, de John Milton (2002), obra esta que foi a primeira a ser apresentada, no âmbito das actividades do C.C. do S.T.J. no Salão Nobre desse Tribunal.

Tem-se dedicado à investigação histórica, com o brilhantismo que lhe é próprio, tendo elaborado, nomeadamente, *Uma História da Monarquia Portuguesa*.

É sócio-fundador do CCSTJ.

ROBERTO FERREIRA VALENTE

Nascido em 17 de Julho de 1926, em Coimbra, exerceu funções desde Janeiro de 1951 como Delegado do Procurador da República em Moura, Seia, Arganil, Cantanhede, Porto e Coimbra. Foi ajudante do Procurador da República no círculo de Vila Real e Juiz em Montemor-o-Velho, Beja, Vila Franca de Xira, Anadia, Lisboa e Coimbra. Foi ainda Juiz Desembargador e Presidente do Tribunal da Relação de Lisboa. Terminou a sua carreira como Juiz Conselheiro do Supremo Tribunal de Justiça em Abril de 1992.

ROGER BENNETT DA CUNHA LOPES

De 1951 a 1957 foi Escriturário de 1ª classe na Inspecção Geral dos Produtos Agrícolas e Industriais. Foi ainda Subdelegado do Procurador da República, em Almada, entre 1955 e 1957, e Delegado do Procurador da República em Arraiolos (1957/59); Alenquer (1959/60); Alcobaça (1960/61); e Lisboa (1961/63), Varas Cíveis.

Como Juiz de Direito, exerceu funções na Ilha das Flores (1963/65), em Mafra (1965/69), em Almada (1969/74), e no Tribunal Militar da Marinha (1974/77).

Foi também Juiz de Círculo em Cascais (1977/84).

Exerceu as funções de Juiz Desembargador em Coimbra (1984/1991) e de Juiz Conselheiro do Supremo Tribunal de Justiça (1991/2001), estando actualmente jubilado.

Integrou a Comissão que apresentou o projecto de Código de Justiça Militar, que foi aprovado pelo Decreto-Lei n.º 141/77, de 9 de Abril.

É co-autor do *Código de Justiça Militar*, actualizado e anotado (Edições Almedina, 1979).

SALVADOR PEREIRA NUNES DA COSTA

Nasceu em 1939, em Meda de Mouros (Tábua), e é licenciado em Direito.

Foi Subdelegado do Procurador da República no 8.º Juízo Correccional de Lisboa (1971) e Delegado do Procurador da República nas Comarcas da Ilha de Santa Maria, Angra do Heroísmo e Lisboa (1972/1977).

Nomeado como Juiz nas Comarcas de Mação, Abrantes, Loures e Almada foi também Juiz de Círculo em Almada (1978/1991).

Desempenhou funções de membro do Conselho Consultivo da Procuradoria-Geral da República entre 1991 e 1996 e de Juiz Desembargador no Tribunal da Relação de Lisboa entre 1996 e 2003.

É docente, em tempo parcial, no Centro de Estudos Judiciários (em 1985 e desde 1993).

Foi Juiz Conselheiro e Presidente da 7.ª Secção do Supremo Tribunal de Justiça. É Juiz Conselheiro, jubilado (desde Julho de 2009), do Supremo Tribunal de Justiça.

Como jurista, tem uma vastíssima obra publicada – pelas Edições Almedina S.A. – , nomeadamente nos domínios do direito civil e processual civil.

Publicou ainda uma monografia, sobre a sua terra natal, denominada, *Meda de Mouros e as suas gentes*, obra esta que foi apresentada no âmbito das actividades do Círculo Cultural no Salão Nobre do S. T. J..